西南财经大学法学院
光华法学文丛

高晋康 主编

机动车强制保险赔偿制度研究

——兼论智能机动车强制保险的变革与展望

印通 著

法律出版社
LAW PRESS · CHINA
北京

本书受教育部人文社科青年项目《社会保险与商业保险并行给付的法律规制研究》（项目批准号：16YJC820042）资助。

图书在版编目(CIP)数据

机动车强制保险赔偿制度研究：兼论智能机动车强制保险的变革与展望／印通著. -- 北京：法律出版社，2021

(光华法学文丛)

ISBN 978-7-5197-5497-6

Ⅰ. ①机… Ⅱ. ①印… Ⅲ. ①汽车保险－理赔－研究－中国 Ⅳ. ①F842.63

中国版本图书馆 CIP 数据核字(2021)第 056748 号

机动车强制保险赔偿制度研究
——兼论智能机动车强制保险的变革与展望
JIDONGCHE QIANGZHI BAOXIAN PEICHANG ZHIDU YANJIU
—JIANLUN ZHINENG JIDONGCHE QIANGZHI BAOXIAN DE BIANGE YU ZHANWANG

印 通 著

策划编辑 郑 导
责任编辑 郑 导 曲 杰
装帧设计 汪奇峰

出版发行 法律出版社
编辑统筹 学术·对外出版分社
责任校对 晁明慧
责任印制 陶 松
经 销 新华书店

开本 A5
印张 8.875 字数 225 千
版本 2021 年 10 月第 1 版
印次 2021 年 10 月第 1 次印刷
印刷 北京虎彩文化传播有限公司

地址:北京市丰台区莲花池西里 7 号(100073)
网址:www.lawpress.com.cn
投稿邮箱:info@lawpress.com.cn
举报盗版邮箱:jbwq@lawpress.com.cn
销售电话:010-83938349
客服电话:010-83938350
咨询电话:010-63939796

书号:ISBN 978-7-5197-5497-6
定价:58.00 元
凡购买本社图书,如有印装错误,我社负责退换。电话:010-83938349

目　录

中文摘要

为交通事故受害人提供基本保障是机动车强制保险的主要目的和制度价值，然而，《机动车交通事故责任强制保险条例》（以下简称《交强险条例》）以及《机动车交通事故责任强制保险条款》（以下简称《交强险条款》）在若干制度安排上背离了《中华人民共和国道路交通安全法》（以下简称《道路交通安全法》）第76条之基本精神，难以实现为交通事故受害人提供基本保障的目标。因此，机动车强制保险赔偿制度亟待完善。本书正文共五章，分别围绕以下几个方面展开研究：

第一章论述机动车强制保险的理论框架。我国机动车强制保险立法的目的在于为交通事故受害人提供基本保障，且该保障应当及时、快速地提供；分散被保险人责任风险只是机动车强制保险保障受害人的反射结果。机动车强制保险赔偿制度之设计应当服务于其目标之达成与实现，然我国现行机动车强制保险在保障对象、责任限额等方面难以实现其制度目标。《交强险条例》以及《交强险条款》违背了《道路交通安全法》第76条之基本精神，创设诸多诱发保险公司以诉讼解决纠纷的诉因，致使受害人不得不通过诉讼机制以实现赔偿之目的，进而导致赔偿久拖不决。

机动车强制保险存在两种基本规范模式，即强制责任保险模式和无过失保险模式。强制责任保险模式以德国、日本为代表，其特征在于按照责任保险之基本原理，明确被保险人之归责原则和免责事由，以此确定保险人的赔偿范围；无过失保险模式以美国、加拿大等国的部分州为代表，其特征在于用保险赔偿替代侵权责任，保险人之赔付不以侵权责任成立为必要，无过失保险在性质上属于人身伤害保险，而非财产保险。在强制责任保险与无过失保险之间存在调整交通事故赔偿问题的边界，《法国1985年7月5日第677号法律——以改善交通事故被害人地位以及加速损害赔偿程序为目的》（以下简称《法国1985年7月5日法律》）以及我国台湾地区“强制汽车责任保险法”在结构上仍然采取第三方保险模式，但保险人不得以不可抗力、第三人行为、受害人过错等事由对抗受害人，致使被保险人之侵权责任要件极为宽松，显然吸收了无过失保险思想；瑞典《交通损害赔偿法》将包括司机在内的所有受害人纳入保险保障范围之内，这与无过失保险的原则一致。但在行人受伤害部分，行人以受害第三人之身份获得保险保障，这又与责任保险之结构相似。

《道路交通安全法》第76条关于机动车强制保险的规定，并未脱离强制责任保险之基本框架，也未实行无责赔付，在性质上仍属第三方责任保险。《道路交通安全法》第76条的特点在于对责任限额范围内和责任限额范围外实行不同的归责原则。在责任限额范围内,加害人及其保险公司不得以不可抗力、第三人行为以及受害人过错等事由对抗受害人,他们唯一的免责事由是受害人故意造成损害。机动车强制保险赔偿范围内不考虑侵权法上的抗辩事由,是一项制度创新,并非无过失保险与责任保险强行结合的“怪胎”。

第二章分析机动车强制保险的赔偿对象和赔偿要件。承保交强险的保险公司应当直接对受害人赔偿保险金,受害人的范围不应限于车外第三人,车上乘客也应当纳入机动车强制保险的保障范围。《交强险条例》关于被保险人的界定存在重大缺陷,投保人并非当然的被保险人。投保人作为车上乘客或车外第三人遭受其机动车伤害的,投保人有权获得机动车强制保险的赔偿。驾驶人是机动车运行危险的实际控制者,在驾驶人下车检查车辆故障、路况等情形而受伤时,该驾驶人并未失去对机动车危险的控制,仍应认定其驾驶人的身份,因此,该驾驶人无权获得机动车强制保险的赔偿。被保险人在向受害人提供赔偿的情况下,保险公司得直接向被保险人赔付保险金。实践中,法院判令受害人向被保险人返还赔偿金的做法违背了责任保险的基本原理,造成了赔偿程序的混乱。

机动车强制保险的赔偿需满足法定的构成要件,保险公司赔偿保险金在性质上属于合同义务之履行,因此,保险公司与投保人之间存在有效的保险合同是其赔偿保险金的前提。机动车强制保险的制度价值在于为交通事故受害人提供基本保障,受害人之财物损害和精神损害已经超越了基本保障的范围,机动车强制保险不应提供赔偿。因此,只有在受害人遭受因人身伤亡而引起的财产损害时,保险公司始负赔偿责任。被保险机动车与特定损害之间存在因果关系,是保险公司赔偿保险金的必要条件。不同类型的交通事故,其因果关系的判断应采取不同的标准。在受害人与机动车发生物理碰撞的交通事故中,只要肇事机动车与特定损害之间存在条件关系,即可认定因果关系存在。在受害人与机动车未发生物理碰撞的交通事故中,受害人必须证明肇事机动车与其损害存在相当因果关系,否则,肇事机动车的保险公司不承担赔偿责任。不仅如此,在此类交通事故中,加害人对损害的发生存在过错是保险公司赔偿保险金的特殊要件。

《交强险条例》第22条关于保险公司除外责任的规定存在重大缺陷。在驾驶人未取得驾驶资格或醉酒驾驶、被保险机动车在被盗抢期间肇事以及被保险人故意制造交通事故的情形下,直接排除保险公司的赔偿责任将导致受害人无法获得基本保障。《最高人民法院关于审理道路交通事故损害赔偿案件适用法律若干问题的解释》(以下简称《道路交通事故司法解释》)第15条在一定程度上克服了《交强险条例》第22条的缺陷,在驾驶人未取得驾驶资格或醉酒驾驶以及被保险人故意制造交通事故的情形下,保险公司仍应当向受害人赔偿保险金。保险公司于支付赔偿保险金后对交通事故肇事者享有追偿权。然该条将机动车被盗抢期间肇事的情形作为除外责任,仍存在局限。我国未来机动车强制保险赔偿制度应当将受害人故意作为保险公司的唯一除外责任,以达到强化保障受害人之目的。

第三章探讨机动车强制保险的赔偿范围和赔偿程序。《交强险条款》规定的以每次事故为标准,无论伤亡人数多寡,均适用统一的赔偿限额,不仅不利于受害人获得基本保障,而且在受害人之间如何分配保险金也存在诸多程序困难。应当以每次事故每一受害人为标准设置赔偿限额。取消无责限额和有责限额的区分，无论被保险人对事故的发生有无责任，均适用相同的赔偿标准。《交强险条例》第23条规定的分项限额不能为不同伤亡程度的受害人提供基本保障，导致伤残严重的受害人难以得到有效救济。机动车强制保险赔偿标准的设置应当对伤残等级不同的受害人提供不同程度的保障，对医疗费用设置统一的赔偿限额，对死亡赔偿金和伤残赔偿金设置定额保险金。现行机动车强制保险赔偿程序以保险公司和被保险人为中心，保险公司处于优势地位。赔偿程序应当借鉴法国立法例，促进赔偿程序的简化和加速。

第四章提出了机动车强制保险赔偿制度的完善建议和具体修法路径。建议《道路交通安全法》与《交强险条例》实行联动修改，统一协调。《道路交通安全法》第76条前段应修改为：机动车发生交通事故侵犯他人人身权利，造成财产损害的，由保险公司按照机动车交通事故责任强制保险赔偿标准予以赔偿。中国银保监会、国务院公安部门、国务院卫生主管部门应共同制定机动车交通事故责任强制保险赔偿标准，取消《交强险条款》关于赔偿限额的限定。

第五章探讨人工智能时代机动车强制保险的改革并对未来提出基本设想。智能机动车致人损害的侵权责任在结构上并未发生根本改变。在传统机动车与智能机动车混合运行的时代，强制智能机动车所有人投保交强险仍具有正当性和合理性。但在被保险人、保险费率、赔付对象、赔付限额等方面应当结合智能机动车的特点建构有别于传统机动车的强制保险制度。在未来智能机动车完全取代传统机动车，交通事故不再构成社会公害的时代，应当取消机动车强制保险制度，回归机动车保险的商业属性。

ABSTRACT

For the traffic accident victims to provide basic security is the main purpose and system of motor vehicle compulsory insurance value. However, compulsory traffic accident liability insurance regulations and compulsory traffic accident liability insurance clause in a number of institutional arrangements on the basic spirit of the departure from the Law of the People's Republic of China on Road Traffic SafetyArticle seventy-sixth, it is difficult to realize to provide basic guarantee for the traffic accident victims to target. This article tries to solve the problems through the study: What is the nature of compulsory motor vehicle insurance. How to determine the object of compulsory motor vehicle insurance compensation. What are the elements of compulsory motor vehicle insurance compensation. How to determine the vehicle compulsory insurance the exclusions. How to improve the vehicle compulsory insurance compensation limit and the scope of compensation. This thesis consists of 5 chapters, respectively on the following several aspects of research.

The first chapter discusses the theoretical framework of compulsory motor vehicle insurance. The main purpose and value of the system of compulsory motor vehicle insurance is to provide the basic guarantee for the traffic accident victims, belongs to the liability insurance in the nature. The premise of the insurance company compensation insurance is the insured motor vehicle has caused damage to the victim. In the basic structure, the vehicle compulsory insurance and no-fault insurance has the remarkable difference, but the vehicle compulsory insurance absorption of no-fault insurance thought to a certain extent, that is, whether the victim has no-fault, shall not affect the insurance compensation. Without considering the fault of the victim and other tort the defenses compulsory motor vehicle insurance compensation range, is a system innovation was not necessary, modify and change.

The second chapter analyzes the object of compulsory motor vehicle insurance compensation and compensation elements. Points out that the object of compulsory motor vehicle insurance compensation is not limited to the car third, passengers should also obtain the vehicle compulsory insurance safeguard. The insurance company compensation insurance must satisfy the general requirements: The validity of the insurance contract, the traffic accident victims suffer special damage, causal relationship between the damage and the insured motor vehicle specific. In the case of the victim and the insured motor vehicle without the occurrence of physical contact, is has the fault is the special elements of insurance company for indemnity insurer of the accident happened. Special damage refers only to property damage caused by the victim personal infringed, the mental damage and property damage should not be included in the scope of compulsory motor vehicle insurance protection. Judge not a causal relationship to apply traditional theory of causation in tort law, as long as the insured motor vehicle damage condition, there is a causal relationship between the insured motor vehicle and the damage can be identified. The provisions of regulations oncompulsory traffic accident liability insurance article twenty-second exclusions of compulsory motor vehicle insurance is too wide. The reason the insured without driving qualification driving, drunken driving, deliberately making traffic accident does not constitute exemption from liability insurance company. Judicial interpretation article eighteenth is to modify the compulsory traffic accident liability insurance regulations twenty-second parts, there are still perfect space. Even if the insured motor vehicle stolen during a traffic accident, the insurance company shall also pay the insurance money.

The third chapter discusses the scope of compensation and compensation procedures of compulsory motor vehicle insurance. Significant defects of compulsory motor vehicle insurance compensation quota system. Compulsory traffic accident liability insurance rules to each accident for reference, regardless of the number of victims, the limit of compensation shall apply uniform, not conducive to the victim to obtain the basic safeguard, and how to allocate the insurance in between the victims and there are also many procedures difficult. Therefore, should take each accident each victim as the benchmark for setting the compensation limit. The occurrence of the insured to be no-fault of the accident, does not mean that the victim take full responsibility for the accident, therefore, should not have the responsibility quota and the quota distinction is made of no-fault. "Breakdown limit compulsory traffic accident liability insurance regulations" provisions for different degrees of victims to provide basic security, leading to serious disability victims to get effective relief. Motor vehicle compulsory insurance compensation and the compensation limit shall be set up for the victims of different disability classes provide different levels of security, set the limit of compensation for medical expenses unified, set the quota insurance compensation for death and disability compensation. The existing motor vehicle compulsory insurance compensation procedure by the insurance company and the insured for the center, the insurance company is in a dominant position. The compensation procedure should learn from the French legislation, promotion of simplifying the procedure and acceleration.

The fourth chapter puts forward the concrete path of compulsory motor vehicle insurance compensation system improvement suggestions. Motor vehicle compulsory insurance compensation system should be in the compensation object, compensation elements, exclusions, limitation of compensation, scope of compensation, procedure of compensation and other aspects to make institutional arrangements. On the compulsory traffic accident liability insurance regulationschapter third, compulsory traffic accident liability insurance clauseto amend and formulate relevant provisions, motor vehicle compulsory insurance compensation standard.

导　论

一、问题的提出：为什么要研究机动车强制保险赔偿制度

机动车强制保险自2006年7月1日正式施行以来，围绕机动车强制保险的性质、赔偿对象、赔偿要件、赔偿限额等制度一直存在广泛争议。如何完善机动车强制保险制度，实现其为交通事故受害人提供基本保障的目的，是摆在理论界和实务界面前的重大问题。

针对《道路交通安全法》第76条的基本结构，很多学者认为，该条规定的机动车强制保险已经背离了责任保险的基本原理。该条在未明确规定机动车侵权责任构成要件之情况下，直接规定保险公司的赔偿责任，违反了责任保险“无责任即无责任保险”之基本原理。因此，很多学者建议按照责任保险的基本架构来变革机动车强制保险。然而，《道路交通安

全法》第76条在性质上仍然属于责任保险，与无过失保险在结构上具有显著差异。主张按照责任保险的基本逻辑来建构机动车强制保险的观点，其本质是在保险赔偿限额范围内恢复过失相抵制度。然而，过失相抵的适用将导致当事人过度地纠缠于责任的大小，不利于受害人及时、快速获得赔偿。事实上，《道路交通安全法》第76条关于机动车强制保险制度的规定是一项制度创新。

然而，《道路交通安全法》第76条的立法成果已经被《机动车交通事故责任强制保险条例》（以下简称《交强险条例》）消解。根据《交强险条例》的规定，机动车强制保险的赔偿对象仅限于车外第三人；被保险人醉酒驾驶、无驾驶资格驾驶等均为保险公司的除外责任；被保险人对事故的发生无责时，保险公司仅在无责限额范围内承担赔偿责任。这些规定导致交通事故受害人难以获得有效救济和基本保障。本书以机动车强制保险赔偿制度为中心，试图完善对受害人的救济机制，重新设计和构建机动车强制保险赔偿制度。

二、国内外研究现状

如何理解和规范机动车强制保险，一直是我国法学理论研究的重点。韩长印教授在《我国交强险立法定位问题研究》《交强险中恶意肇事的保险垫付责任》等文章中认为，我国机动车强制保险存在保障不足和立法定位不明的问题，未来机动车强制保险的改革应当将机动车第三者责任强制保险与第三者责任商业保险合二为一，取消第三者责任商业保险的封顶限制。即使被保险人存在无证驾驶、醉酒驾驶、故意制造交通事故等恶意肇事，保险公司也应在责任限额内就受害人的人身伤亡和财产损失承担垫付责任，而非仅垫付医疗费用。① 于敏教授在《海峡两岸强制汽车责任保险法律制度比较研究——从国际趋势和受害人保护看两岸措施综合之必要》一文中认为,机动车强制保险是及时、妥当救济受害人,抑制交通事故,保障机动车事业正常发展的重要法律制度。② 刘锐教授在其《〈道路交通安全法〉第76条评析》《强制责任保险与无过失保险可否兼容?》《中国机动车强制保险的目标定位与模式选择》《交强险制度的解释适用与立法完善》等一系列文章中指出,我国机动车强制保险将无过失保险与责任保险强行结合,存在目标定位不清、模式选择混乱、过度强制与强制不足等问题,未来机动车强制保险应当尽快修改《道路交通安全法》第76条和《交强险条例》相关条文,按照责任保险的基本原理对机动车强制保险进行改造。③ 赵明昕博士在《机动车第三者责任强制保险的利益衡平问题研究》《试论机动车第三者责任强制保险的防灾防损功能》等文章中认为,机动车强制保险不应当以交通事故受害人的利益为中心,而是要平衡保险人、被保险人和受害人三方的利益。我国机动车强制保险在制度构建上忽略了预防和减少交通事故及损失方面的功能。导致交通事故最主要的原因是交通行为参与人的过失因素,因此,促进人们交通行为的谨慎与规范是改变我国道路交通安全状

① 参见韩长印:《我国交强险立法定位问题研究》,载《中国法学》2012年第5期;韩长印、易萍:《交强险中恶意肇事的保险垫付责任》,载《法学》2010年第10期。

② 于敏:《海峡两岸强制汽车责任保险法律制度比较研究——从国际趋势和受害人保护看两岸措施综合之必要》,载《中国法学》2007年第5期。

③ 刘锐:《〈道路交通安全法〉第76条评析》,载《比较法研究》2005年第6期;刘锐:《强制责任保险与无过失保险可否兼容?》,载《中央财经大学学报》2006年第7期;刘锐:《中国机动车强制保险的目标定位与模式选择》,载《保险研究》2011年第7期;刘锐:《交强险制度的解释适用与立法完善》,载《保险研究》2012年第8期;刘锐:《交强险基本模式问题探析——从最高法院司法解释和国务院行政法规的对抗谈起》,载《保险研究》2013年第11期。

况的根本出路。①

与期刊论文相比,关于机动车强制保险制度的专著和博士论文则相对较少。李青武博士在其专著《机动车责任强制保险制度研究》一书中认为,责任保险与无过失保险存在制度差异,《道路交通安全法》第76条混淆了这种差异,导致机动车强制保险定位模糊。保险人给付责任的基础包括被保险人对受害人承担侵权责任以及该责任在保险合同承保范围之内两个方面。尽管保险人的给付责任涉及受害人的利益救济,但是,也不能无限扩展保险人的责任,必须通过合理的制度设计,限制保险人的给付责任。② 丁凤楚教授在其专著《机动车交通事故侵权责任强制保险制度》一书中认为,将财产损失纳入机动车强制保险的保障范围,不适当地加重了保险人的责任,因此,应当对财产损害设定免赔额;《道路交通安全法》第76条将受害人故意碰撞机动车作为保险人唯一的免责事由,不利于交通秩序的维护。应当将驾驶人欠缺驾驶资格、醉酒驾驶、从事犯罪活动、故意制造交通事故作为保险人的免责事由,理由在于故意制造事故或者从事严重违法行为的驾驶人不应得到保险保障,否则不利于正确引导人们的行为。③

在国外,如何规范机动车强制保险引起了侵权法学者和保险法学者的广泛讨论。美国学者罗伯特·基顿(Robert E. Keeton)和杰弗里·奥康奈尔(Jeffrey O'Connell)两位教授于1965年出版了

① 赵明昕:《机动车第三者责任强制保险的利益衡平问题研究》,载《现代法学》2005年第4期;赵明昕:《试论机动车第三者责任强制保险的防灾防损功能》,载《河北法学》2005年第12期。

② 李青武:《机动车责任强制保险制度研究》,法律出版社2010年版。

③ 丁凤楚:《机动车交通事故侵权责任强制保险制度》,中国人民公安大学出版社2007年版。

《交通事故受害人基本保护计划:汽车保险改革的蓝图》一书。[①] 在这部具有里程碑意义的著作里,基顿和奥康奈尔认为,侵权损害赔偿与以之为基础的责任保险制度对交通事故受害人的保护是不充分的,普遍存在对受害人赔偿不足或完全不赔的缺陷,以及对其他受害人过度赔偿的情况,而且整个赔偿程序充满艰辛、浪费和迟延。因此,基顿和奥康奈尔建议用一个详细的第一方保险计划取代侵权责任和第三方责任保险。在该项保险计划中,保险金的赔付不考虑当事人的过错,赔偿针对实际损失,不依据一个固定赔偿费的明细表,受伤的机动车车主以及乘客都可以向保险公司提出索赔。在基本保险的赔偿范围之内,免除侵权责任,而财物损害的侵权索赔不会受到影响。在此建议下,马萨诸塞等州相继通过立法,采纳无过失保险计划。当然,由于无过失保险并没有达到减少制度成本和保险费的目标,部分州已经放弃了无过失保险,改采传统的责任保险模式。[②]

无过失保险的理论研究和立法实践在欧洲引起了广泛争议。奥地利、德国等国家坚持责任保险模式,相关立法没有受到无过失保险的影响。在瑞典,简·海尔纳(Jan Hellner)以及伊瓦尔·斯特拉尔(Ivar Strahl)等教授主张借鉴无过失保险立法,对交通事故受害人给予有效救济,在他们的直接影响下,瑞典于1975年颁布的《交通损害赔偿法》(Traffic Damage Act)采取了无过失保险模式。[③] 在法国,安德鲁·丹克(André Tunc)教授极力主张引入无过失保险

---

① Robert E. Keeton & Jeffrey O'Connell, *Basic Protection for the Traffic Victim: A Blueprint for Reforming Automobile Insurance*, Toronto, Ont: Little, Brown, 1965.

② James M. Anderson et al., *The U. S. Experience with No-Fault Automobile Insurance: A Retrospective*, RAND Corporation (2010).

③ Jan Hellner, *Compensation for Personal Injuries in Sweden*, 41 Scandinavian Stud. L. 249 (2001).

取代责任保险。在其主持起草的改革方案中,保险公司的赔偿与民事责任法完全脱钩,不以民事责任成立为要件,事故受害人的损害是否应予填补,纯粹取决于保险制度设计上的考量,与民事责任问题无关,无须事先探讨民事责任是否成立。① 尽管丹克教授之改革草案因遭到强大阻力而没有得以完全通过,但是,最终制定的《法国 1985 年 7 月 5 日第 677 号法律——以改善交通事故被害人地位以及加速损害赔偿程序为目的》(以下简称《法国 1985 年 7 月 5 日法律》)在很大程度上吸收了丹克教授的改革思想,进一步加强了对受害人的保护。

三、研究方法

(一)规范分析方法

本书紧扣我国现行法律的规定,以《道路交通安全法》第 76 条为中心,围绕《交强险条例》以及《机动车交通事故责任强制保险条款》(以下简称《交强险条款》)的具体规定展开论述,指出《道路交通安全法》第 76 条为交通事故受害人的保护提供了良好的保护框架,但这一立法成果被《交强险条例》《交强险条款》消解。本书从规范出发,指出规范文本存在的问题,最后提出规范修改建议。

(二)实证分析方法

本书在材料选择上使用了大量实践中的案例,结合法院的裁判理由展开论述。通过对法院裁判理由和裁判结果的观察,可以深刻了解机动车强制保险赔偿制度的实际运行状况,避免问题过度抽象化和文本化。

---

① André Tunc, *The French Law of Traffic Victims Compensation: The Present and the Possible*, 31 Am. J. Comp. L. 489 (1983).

第一章　机动车强制保险概述

第一节　机动车强制保险的制度价值

一、对交通事故受害人提供基本保障

德国法学家耶林(R. Von Jhering)在其颇有影响的著作《法律:实现目的的手段》中指出,目的是全部法律的创造者。每条法律规则的产生都源于一种目的,即一种实际的动机。对于整个私法领域来说,耶林的这一论断无疑夸大了立法目的的作用。私法作为调整复杂多样的私人活动的规范,不可能事先预见所有的交往活动并设置具体的规范目的。① 例如,

① [英]弗里德里希·冯·哈耶克:《法律、立法与自由》(第一卷),邓正来等译,中国大百科全书出版社2000年版,第208页。

在合同法领域,合同自由是一项基本原则,当事人通过合同制度欲达到何种目的,立法者原则上不可能预先设定。然而,强制缔约制度作为限制合同自由原则之一种,通常蕴含特定目的,此种目的直接决定着具体法律制度的安排。①

我国机动车强制保险制度的主要目的是对交通事故受害人提供保障,此为《交强险条例》所明定。《交强险条例》第 1 条规定:“为了保障机动车道路交通事故受害人依法得到赔偿,促进道路交通安全,根据《中华人民共和国道路交通安全法》、《中华人民共和国保险法》,制定本条例。”然而,所谓“保障机动车道路交通事故受害人依法得到赔偿”并未明示机动车强制保险将为受害人提供何种程度的保障。根据机动车强制保险对受害人的保障程度,可将其分为基本保障制和完全保障制。在基本保障制下,保险人仅对受害人的损害在基本限额范围内提供赔偿,至于基本限额的额度是多少,则视国情之不同而有相当幅度之差异,一般以让受害人足以维持起码额度之生活为限;在完全保障制下,保险人对受害人的损害提供全额赔偿。② 从域外立法来看,采纳完全保障制的国家和地区仅属少数。《法国 1985 年 7 月 5 日法律》关于损害赔偿范围的规定,仍坚持传统的全面赔偿原则,驾驶人、管领人及其保险人的赔偿范围无最高限额或固定金额限制。③ 在英国,由于道路交通

① 参见冉克平:《强制缔约制度研究》,中国社会科学出版社 2010 年版,第 56 页;郭峰等:《强制保险立法研究》,人民法院出版社 2009 年版,第 22 页。

② 参见林勋发:《〈机动车交通事故责任强制保险条例〉评析》,载胡晓珂、陈飞主编:《保险法律评论》(2010 年第 1 集),法律出版社 2010 年版。

③ See André Tunc, *Loi Badinter-On Traffic Accidents and Beyond*, 67 Tul. Civ. L. F. 27(1991);陈忠五:《新世纪法国侵权责任法的挑战——以交通事故损害赔偿责任的发展为例》,载《台湾大学法学论丛》2006 年第 2 期;张民安:《现代法国侵权责任制度研究》,法律出版社 2003 年版,第 295 页。

法未对责任限制作任何规定，因此，私人汽车保险的保险人签发的保单对人身伤害和财产损害都没有金额限制；而商用汽车保险的赔偿则设置最高限额，超出限额的，保险人不予赔偿。① 美国、日本以及我国台湾地区等均采基本保障模式，对保险人的赔偿范围设置最高限额。当然，不同国家和地区基于经济发展水平和社会政策的差异，在最高限额的设定上存在显著差异。值得一提的是，虽然德国《道路交通安全法》对机动车保有人责任设定了最高限额，但是，该限额通常足以赔偿受害人的损害，因此，机动车保有人在强制保险保障下，并无另行投保商业险的必要。② 我国台湾地区"强制汽车责任保险法"第 1 条规定，为使汽车交通事故所致伤害或死亡之受害人，迅速获得基本保障，并维护道路交通安全，特制定该"法"。该条明确规定强制汽车责任保险采基本保障制。③

根据我国现阶段的经济发展状况和社会保障政策，机动车强制保险采基本保障制，值得肯定。《道路交通安全法》第 76 条以及《交强险条例》第 23 条均规定机动车强制保险实行责任限额制度。可见，我国机动车强制保险的首要价值在于为机动车交通事故受害人提供基本保障，而非全部保障。④ 在审判实务中，为交通事故

① 参见[英]科林·史密斯：《责任保险》，陈彩芬译，中国金融出版社 1991 年版，第 316 页。

② 德国强制汽车责任保险法定最低保险金额，自 2002 年 1 月 1 日起为：每一人身伤害 250 万欧元，财物损害为 50 万欧元。参见叶启洲：《从审判实务检讨现行强制汽车保险机制之难题——以保险汽车与未保险汽车共生事故为例，兼评新法相关修正》，载《成大法学》2005 年第 9 期。

③ 然有学者认为，基本保障模式与交通事故损害赔偿制度的改革目标不合，致使受害人无法获得充分赔偿，因此，主张改采全面保障模式。参见陈忠五：《"强制汽车责任保险法"立法目的之检讨》，载《台湾本土法学杂志》2005 年第 70 期。

④ 参见刘炤、杨华柏、郭左践主编：《机动车交通事故责任强制保险条例释义》，法律出版社 2006 年版，第 2 页。

受害人提供基本保障是机动车强制保险的主要目的,已成为共识。例如,在袁某某等与孔某某等道路交通事故人身损害赔偿纠纷案中,泸州市龙马潭区人民法院认为,交强险制度设立的目的在于为第三者提供及时、有效的救济,具有明显的社会保险属性,保障对象是遭受被保险机动车损害的交通事故被害人,且不因致害人过错而发生转移。① 当然,机动车强制保险具有为交通事故受害人提供基本保障之功能,但机动车强制保险与社会保险具有本质区别。首先,机动车强制保险的保险人为商业保险公司,而社会保险的经办主体通常为国家或公共机构;②其次,社会保险的目的是向因伤害或疾病而需要救助的人提供保护,以满足其基本生活需要。因此,社会保险的赔偿数额通常以固定的公式来计算,③而机动车强制保险的赔偿额取决于受害人所遭受的实际损失。

值得一提的是,根据《道路交通安全法》的立法资料显示,该法设立机动车强制保险的主要目的并非为交通事故受害人提供基本保障。2001 年时任公安部部长贾春旺在立法会议上所作的《关于〈中华人民共和国道路交通安全法(草案)〉的说明》中明确指出,造成城市道路交通拥堵的重要原因之一是缺少国际上通行的机动车第三者责任强制保险的机制,致使交通事故的人身伤亡难以得到及时补偿。对此,应借鉴域外的成功经验,国家实行

① 四川省泸州市龙马潭区人民法院(2009)龙马民初字第 1554 号判决书。相似的裁判理由亦可参见河南省安阳市中级人民法院判决书、湖北省宜昌市中级人民法院(2009)宜中民二终字第 159 号判决书、天津市高级人民法院(2010)津高民一终字第 60 号判决书。

② 参见施文森:《强制汽车保险之基本理论》,载《月旦民商法杂志》2007 年第 16 期。

③ 参见[德]乌尔里希·马格努斯主编:《社会保障法对侵权法的影响》,李威娜译,中国法制出版社 2012 年版,第 355 页。

机动车第三者责任强制保险制度。鉴于这是一种新的保险制度，尚待实践，需逐步完善，因此，草案规定，具体办法由国务院规定。虽然设立机动车强制保险是各国（地区）的通行做法，但这一立法理由实难苟同。因为机动车第三者责任强制保险机制的缺失绝不是城市道路交通拥堵的原因，如果设立机动车第三者责任强制保险的目的是缓解城市道路交通拥堵，那为什么要在城乡范围内全面实行机动车第三者责任强制保险？事实上，将缓解城市交通拥堵作为设立机动车强制保险的目的，直接影响了机动车强制保险的制度设计。《道路交通安全法》第 76 条将“财产损失”纳入机动车强制保险的赔偿范围，显然是为了快速解决城市道路交通事故纠纷，进而缓解城市拥堵。然而，是否应当将“财产损失”纳入机动车强制保险的赔偿范围，学者间认识不一，对此，笔者将在第二章第二节加以详细讨论。

二、对交通事故受害人提供快速赔偿

机动车强制保险不仅应为交通事故受害人提供基本保障，而且该基本保障之提供应当及时、快速。这是因为交通事故致人伤亡后，受害人对基本医疗和基本生活之需求极为紧迫，漫长的诉讼程序难以为受害人提供快速救济。虽然《交强险条例》第 31 条规定保险人或道路交通事故社会救助基金对抢救费用负有垫付责任，在一定程度上可以为受害人的抢救费用提供快速赔偿。但该条为受害人提供快速保障非常有限，仅适用于抢救费用，对于其他费用，受害人只能通过诉讼程序获得救济。

笔者通过中国裁判文书网随机选取 200 例机动车交通事故损害赔偿纠纷案，分别计算出机动车交通事故发生之日至裁判文书作出之日的时间。[①] 其中,一审案件最短时间为 112 天,[②]最长时间为 328 天,[③]平均耗时 256 天。二审案件最短时间为 193 天,[④]最长时间为 763 天,[⑤]平均耗时 312 天。在 200 例案件中,形成争讼的主要原因包括以下方面:损害赔偿的计算分歧、交通事故责任认定分歧、无责限额分歧、分项限额分歧、“第三者”的认定分歧等。

事实上,为交通事故受害人提供快速赔偿是推动美国、法国等相关法制变革的主要原因之一。在美国,交通损害赔偿程序充满艰辛、迟延是推动出台无过失保险方案的重要原因。[⑥]《法国 1985 年 7 月 5 日法律》颁布之前,不可抗力、被害人过错、第三人行为等抗辩事由的存在,创造了以诉讼解决纠纷的诉因,促使或鼓励责任保险人积极提出抗辩,导致法院交通事故损害赔偿案件繁多,受害人难以获得快速救济。[⑦] 正因如此,法国以改善交通事故被害人地位以及加速损害赔偿程序为目的,对其交通事故损害赔偿制度进行了改革,制定了《法国 1985 年 7 月 5 日法律》。

虽然,《道路交通安全法》第 76 条关于机动车强制保险赔偿条件极其宽松,但是,《交强险条例》通过规定分项限额、无责限额、除外责任等,严格限制受害人的赔偿请求权,创造了诸多诉因。不仅

---

① 裁判文书作出之日并不意味着受害人得到实际赔偿,如果加害人及其保险人拒不赔偿,则受害人还必须通过法院执行程序方能获得赔偿。因此,笔者关于赔偿时间的统计和计算只是对赔偿程序的初步衡量。

② 山东省夏津县人民法院(2013)夏少民初字第 26 号判决书。

③ 河北省石家庄市裕华区人民法院(2014)裕少民初字第 15 号判决书。

④ 山西省朔州市中级人民法院(2015)朔中民终字第 19 号判决书。

⑤ 广东省汕头市中级人民法院(2014)汕中法民一终字第 304 号判决书。

⑥ See Robert E. Keeton & Jeffrey O'Connell, *Basic Protection: A Proposal for Improving Automobile Claims Systems*, 78 Harv. L. Rev. 329(1964).

⑦ 陈忠五:《法国交通事故损害赔偿法的发展趋势——以 1985 年 7 月 5 日法律的改革为中心》,载《台湾大学法学论丛》2005 年第 1 期。

如此,《交强险条例》按照商业责任保险的基本原理,规定保险赔偿金的申请由被保险人提出。也就是说,交通事故发生后,受害人不能直接请求保险公司赔偿保险金。① 然而,被保险人与受害人之间本身就存在利害冲突,被保险人不可能为了受害人的利益积极行使保险金请求权。尽管根据《最高人民法院关于审理道理交通事故损害赔偿案件适用法律若干问题的解释》(以下简称《道路交通事故司法解释》)第22条的规定,受害人可以直接以保险公司为共同被告提起诉讼,但正如前文所言,诉讼费时费力,难以为受害人提供快速的救济。

我国台湾地区"强制汽车责任保险法"第1条不仅强调对交通事故受害人提供基本保障,而且强调所提供的基本保障应当迅速、快捷地完成。② 反观《交强险条例》,在立法目的上没有意识到对受害人提供快速赔偿的重要性,导致在实体和程序两方面创造了诸多诉因,显然不利于保障交通事故受害人的合法权益。为此,《交强险条例》应当重新审视机动车强制保险的制度价值,为受害人获得快速赔偿提供制度支撑。

三、分散被保险人的赔偿风险

根据《交强险条例》第41条第2项的规定,被保险人是指投保人及其允许的合法驾驶人。③ 该条的规定与《保险法》关于被保险

① 《交强险条例》第28条前半段规定:"被保险机动车发生道路交通事故的,由被保险人向保险公司申请赔偿保险金。"

② 我国台湾地区"强制汽车责任保险法"第1条规定:"为使汽车交通事故所致伤害或死亡之受害人,迅速获得基本保障,并维护道路交通安全,特制定本'法'。"

③ 该条借鉴了我国台湾地区"强制汽车责任保险法"第9条第2款的规定,该款规定:"本'法'所称被保险人,指经保险人承保之要保人及经该要保人同意使用或管理被保险汽车之人。"

人的规定存在较大差异,该法第12条第5款规定,被保险人是指其财产或者人身受保险合同保障,享有保险金请求权的人。据此,机动车强制保险的被保险人应当界定为对机动车致人损害应负赔偿责任者。投保人及其允许的合法驾驶人并非在任何情况下都是机动车交通事故责任的主体,例如,投保人甲为其机动车投保强制保险后,将该机动车的所有权转让给乙,乙雇用丙为其司机驾驶机动车。如果该机动车发生交通事故致人损害,根据侵权责任法的规定,投保人甲以及驾驶人丙都不是机动车交通事故责任的主体。①所以,将被保险人界定为投保人及其允许的合法驾驶人,必然会导致机动车强制保险与侵权损害赔偿难以对接,造成法律解释和适用的困难。笔者认为,应当借鉴德国、法国、日本等国家立法例,将机动车交通事故责任的主体——保有者、驾驶人、管领人或者运行供用者,作为被保险人。

在任意责任保险中,保障和分散被保险人的责任风险是投保人订立保险合同的主要目的,受害人获得保险赔偿只是保险合同保障加害人的反射结果。换言之,任意责任保险并不以受害人之保障为直接目的。然而,在机动车强制保险中,法律强制机动车所有人或管理人投保强制保险,牺牲私法上合同自由之基本精神,其根本目的不在于保障被保险人,而在于保障不特定的交通事故受害人,进而维护社会公共利益。当然,机动车强制保险在保障交通事故受害人的同时,客观上具有分散被保险人责任风险的反射效果。

有学者认为,对交通事故被保险人的保护应当是强制汽车责任保险的一项独立价值,并非保障受害人的反射结果。因此,在具

① 参见李新天、印通:《论机动车交通事故责任的赔偿主体》,载《时代法学》2014年第6期。

体制度的完善上，应当兼顾被保险人的利益。① 然而，被保险人与受害人处于权利义务关系对抗的两极，如果在具体制度上独立考虑被保险人的利益，必然会降低受害人的保护程度。所以，在机动车强制保险中，被保险人仅仅是受害人获得保险赔偿的通道，通过被保险人寻找到真正的义务承担者。

综上，机动车强制保险的主要目的在于为交通事故受害人提供及时、快速的基本保障，保险人对受害人进行赔付客观上分散了被保险人的责任风险。值得一提的是，《交强险条例》第 1 条将"促进道路交通安全"作为机动车强制保险的制度价值。有学者认为，通过保险费率与机动车及驾驶员安全驾驶情况挂钩，实行"奖优罚劣"政策，发挥保险业的社会管理职能，有助于提高驾驶人安全驾驶的意识，从而促进道路交通安全。② 然而，机动车强制保险在分散被保险人责任风险的同时，有可能降低被保险人的注意水平和安全意识，从而导致交通事故发生。机动车强制保险通过保险费率浮动机制等措施只是在弥补该项制度的内在缺陷，不可能真正地促进道路交通安全。

第二节　机动车强制保险基本模式

一、强制责任保险模式

责任保险是以被保险人对第三者依法应负的赔偿责任为保险

---

① 参见许胜南：《论强制汽车责任保险保障范围之研究》，台湾地区铭传大学 2010 年硕士学位论文。

② 参见刘炤、杨华柏、郭左践主编：《机动车交通事故责任强制保险条例释义》，法律出版社 2006 年版，第 3 页；赵明昕：《试论机动车第三者责任强制保险的防灾防损功能》，载《河北法学》2005 年第 12 期。

标的的保险,因此,责任保险人支付赔偿金的前提是被保险人对第三者的赔偿责任依法成立。易言之,无责任即无责任保险。与任意责任保险相比,机动车强制责任保险的显著特征在于强制性,所有人、管理人必须为其机动车投保强制保险,保险人不得无故拒绝。虽然强制责任保险在性质上仍属责任保险,保险人支付保险金的前提是被保险人损害赔偿责任的成立,但基于法律强制性的特征,强制责任保险在价值取向和具体制度安排上与任意责任保险具有显著区别。首先,任意责任保险的主要目的是增强被保险人的赔偿能力,分散被保险人的责任风险,而强制责任保险的首要价值在于保障受害人获得赔偿,被保险人只是受害人获得赔偿的通道。① 其次,在任意责任保险下,加害人(被保险人)与受害人之间的损害赔偿关系与被保险人(加害人)与保险人之间的保险给付关系坚持分离原则,受害人与保险人不存在直接的法律关系,因此,受害人原则上不能直接请求保险人向其给付保险金。在强制责任保险下,基于保护受害人的思想,分离原则遭到突破,受害人对保险人享有直接请求权。② 最后,任意责任保险的保费、保险金额、除外责任等条款一般由当事人协商确定。在强制责任保险下,保费和保险金额一般由保险监督管理部门统一规定,除外责任条款受到严格限制。

机动车强制责任保险是强制责任保险中最常见的险种,大陆法系国家对交通事故受害人的保护主要采取机动车强制责任保险模式。③

① 参见郭峰等:《强制保险立法研究》,人民法院出版社2009年版,第7页。

② 参见[德]格哈德·瓦格纳主编:《比较法视野下的侵权法与责任保险》,魏磊杰等译,中国法制出版社2012年版,第437页。

③ 参见[德]格哈德·瓦格纳主编:《比较法视野下的侵权法与责任保险》,魏磊杰等译,中国法制出版社2012年版,第437页。

根据德国《机动车保有人义务保险法》第1条的规定，投保机动车强制责任保险的义务主体是保有人，①这与德国《道路交通安全法》第7条规定的责任主体一致。但是，保险契约保障的范围不限于保有人根据《道路交通安全法》第7条承担的危险责任，驾驶人、所有人的损害赔偿责任，保险人也应当提供保障。易言之，机动车强制责任保险涵盖了被保险人或者机动车所有人以及驾驶人所可能面临的各种类型的赔偿义务请求权。② 根据德国《道路交通安全法》第18条第1款的规定，机动车驾驶人仅承担过错推定责任，驾驶人证明"损害非因其过错而导致时"才排除其赔偿责任。③

关于机动车保有人的责任，德国《道路交通安全法》第7条第1款规定，机动车运行之际致人死亡、身体或者健康受到伤害，或者物品受到损坏时，该机动车的保有人对受害人负担由此产生的损害的赔偿义务。如果该事故是因不可抗力所致，那么，可排除其赔偿责任。④ 在受害人对事故的发生具有过失的情形下，机动车保有

---

① 参见江朝国：《强制汽车责任保险法》，元照出版有限公司2006年版，第23页。

② 参见[德]马克西米利安·福克斯：《侵权行为法》，齐晓琨译，法律出版社2006年版，第276页。

③ [德]克雷斯蒂安·冯·巴尔：《欧洲比较侵权行为法》，张新宝译，法律出版社2004年版，第462页。

④ 将"不可抗力"作为免责事由，是2002年德国修改损害赔偿法的结果。修法之前，德国《道路交通安全法》第7条第2款规定，于事故系由非基于机动车构造上之瑕疵或机件上之障害之不可避免事故所致者，排除前项责任。可归责于受害人或未从事驾驶运行之第三人或动物之行为，且保有人及机动车驾驶人均已遵守注意义务时，其事故之发生视为不可避免。修法的理由在于，与变为现实的运行危险相联系的危险责任的作用在于损失补偿，而不在于损失惩罚，因此，从理论上讲，将责任与注意的义务以及过错的观点联系起来是不切实际的。参见[德]马克西米利安·福克斯：《侵权行为法》，齐晓琨译，法律出版社2006年版，第273页；[德]沃尔夫冈·多伊布勒：《德国损害赔偿法的改革》，朱岩译，载南京大学、哥廷根大学中德法学研究所编：《中德法学论坛》（2002年第1辑），南京大学出版社2002年版；江朝国：《强制汽车责任保险法》，元照出版有限公司2006年版，第88页。

人得主张过失相抵，减少损害赔偿额。例如，在行人过马路时未注意来往车辆而被机动车撞伤，公交车乘客未注意抓牢特意为站立乘客所准备的安全保障设施等，行人或乘客均会被认定为对损害的发生有过失，应当扣减机动车保有人的责任。① 不仅如此，在受害人是机动车驾驶人时，受害人驾驶机动车的操作风险也将成为减轻加害人责任的理由。②

日本《机动车损害赔偿保障法》第 5 条规定，只有在缔结了本法所指的机动车责任保险合同或者机动车责任互助合同以后，机动车才能以供运行。该法虽然没有明确规定投保义务人，但实务上一般是机动车之保有者承担投保义务。③ 该法第 11 条规定，责任保险合同因相约投保人向保险公司支付保险费，在运行供用者发生第 3 条规定的损害赔偿责任时，由保险公司填补运行供用者的损害；第 3 条规定，如果被告能够证明其对于机动车的运行没有怠于注意，受害人或驾驶人以外的第三人存在故意或者过失，以及机动车不存在构造上的缺陷或者机能之障害，就可以免除运行供用者的责任。从条文的结构来看，必须是三个免责事由同时具备的情况下才可以免责。④ 但是，如果可以证明机动车的运行与事故

---

① 参见[德]U. 马格努斯、[西]M. 马丁・卡萨尔斯主编：《侵权法的统一：共同过失》，叶名怡、陈鑫译，法律出版社 2009 年版，第 118 页。

② 参见[奥]伯恩哈德・A. 科赫、[奥]赫尔默特・考茨欧主编：《侵权法的统一：严格责任》，管洪彦译，法律出版社 2012 年版，第 228 页。

③ 日本《机动车损害赔偿责任法》上的保有者是指机动车的所有者及有权利使用机动车的人。盗窃驾驶者、未获得机动车保有者之允诺而驾驶的人以及为他人而驾驶机动车的人，显然不构成为保有者。李薇：《日本机动车事故损害赔偿法律制度研究》，法律出版社 1997 年版，第 9 页。

④ 参见李薇：《日本机动车事故损害赔偿法律制度研究》，法律出版社 1997 年版，第 23 页；郭峰等：《强制保险立法研究》，人民法院出版社 2009 年版，第 360 页。

的发生不存在因果关系的话，也可以免责。①

在日本，机动车交通事故受害人对事故的发生具有过失的，运行供用者可以根据其《民法典》第 722 条第 2 款的规定请求减免损害赔偿数额。不仅如此，对于无偿同乘人、好意同乘人受到损害的场合，运行供用者应当承担责任，但是，这些人因无偿或者好意同乘而享受到了移动场所的利益，且通过同乘也可以变更运行路线等，对机动车的运行施加了一定的影响。因此，学界普遍认为，不能认可对这些人的全面赔偿，而必须加以某种限制。②

综上，德国和日本均采纳强制责任保险模式来保障交通事故受害人，在机动车侵权损害的归责原则上，保有人或运行供用者均承担严格责任，责任的成立不以加害人的过错为要件。③ 为了进一步强化对受害人的保障，德国法和日本法均突破责任保险的分离原则，赋予受害人对保险人直接请求权。④ 尽管如此，交通事故受害人在此种强制责任保险模式下，仍然处于不利地位。首先，针对

---

① 参见[日]吉村良一：《日本侵权行为法》，张挺译，中国人民大学出版社 2013 年版，第 204 页；于敏：《日本侵权行为法》，法律出版社 2006 年版，第 311 页。

② 为何对无偿同乘人、好意同乘人的损害赔偿进行限制，一种观点认为，同乘人在一定的场合也具有运行供用者的属性，此时其失去了他人性；另一种观点认为，作为赔偿义务人的运行供用者对作为第三人的受害人（对外关系）承担全面的赔偿责任，但在与同乘人的关系上（内部关系），已经丧失了运行供用者的属性，所以应当对其责任进行限制。参见[日]吉村良一：《日本侵权行为法》，张挺译，中国人民大学出版社 2013 年版，第 204 页。

③ 关于日本《机动车损害赔偿保障法》第 3 条的规定到底是无过失责任还是过失推定责任，学者之间认识不一。一般认为，第 3 条通过使运行供用者负担具有加重内容的无过失的证明责任，使其承担事实上的无过失责任。参见于敏：《日本侵权行为法》，法律出版社 2006 年版，第 306 页。

④ 参见[德]马克西米利安·福克斯：《侵权行为法》，齐晓琨译，法律出版社 2006 年版，第 277 页；[日]吉村良一：《日本侵权行为法》，张挺译，中国人民大学出版社 2013 年版，第 199 页。

受害人的直接请求权，保险人既可主张被保险人对受害人的抗辩事由，也可主张保险人对被保险人的抗辩事由，在制度设计上存在诱发以诉讼解决纠纷的诸多因素。其次，毫无限制的过失相抵致使因生活中犯有轻微过失的受害人不能获得完全赔偿或者根本不能获得赔偿。

在此背景下，是否应当改变责任保险之保障模式，借鉴美国、加拿大等国的经验采用无过失保险模式来加强受害人保护？对此，无论在德国还是日本均有讨论，但保留责任保险处理交通事故赔偿问题的观点处于通说地位。德国法学家瓦格纳认为，在欧洲大陆，已提供针对人身伤害以及疾病的综合性保护，只不过是在社会保障制度的掩饰之下，即通过社会健康保险方案来实施。当然，这些制度并非在对包括财产和非财产损失在内的所有损失进行充分赔偿基础之上运作的，而是所提议的无过错方案也将可能会提供的赔偿水平。由此造就的结果是，那些现在通过侵权制度而获得财产与非财产损失之充分赔偿的受害者在无过错方案下将会获得更差的待遇，而且现在并未从侵权制度中获得赔偿的那些受害者也将不会获得较好的待遇。① 因此，无过失保险方案对欧洲大陆民众并没有太多的吸引力。因为在现有条件下，受害人从无过错保险计划中获得的利益不会高于从各种社会保险方案中获得的相对适度的利益。在日本，加藤雅信教授认为，侵权责任制度不能对受害人提供有效救济，关于过失、因果关系等的判断需要在个案基础上进行，因此，侵权诉讼机制费时费力。对此，他主张借鉴新西兰的无过失综合计划，提出建构损害赔偿综合救济的设想，但其主

① 参见[德]格哈德·瓦格纳主编：《比较法视野下的侵权法与责任保险》，魏磊杰等译，中国法制出版社2012年版，第453页。

张并未获得成功。①

我国多数学者主张，按照德国、日本所采行的责任保险模式对我国机动车强制保险进行制度重构造。然而，责任保险模式在制度构造上存在固有缺陷，难以达到有效保护交通事故受害人之立法目的。根据责任保险之基本原理，责任保险人支付赔偿金的前提是被保险人对第三者的赔偿责任依法成立。因此，保险人可以被保险人抗辩受害第三者之事由对抗受害第三者。虽然德国、日本等采行责任保险模式之国家通常规定机动车交通事故适用无过错责任原则，被保险人之责任不以其过错为要件，但被保险人仍可以因果关系不存在、不可抗力、受害人过错等抗辩事由对抗受害人。这些抗辩事由表面看起来完全符合侵权法上的矫正正义，但其实质是牺牲受害人之利益以保障机动车保有人之通行自由。机动车的发明与推广使原本安全的道路通行环境充斥着交通意外与人身伤害风险，受害人却仅因日常生活中的一般过失就要为此付出沉重的代价。肇事者因强制责任保险之保障而分散其财产损失，受害人却无保险保护只能直面人身损害。

不仅如此，大量抗辩事由的存在，创造了诉因，促使或鼓励责任保险人，或是争执被保险人不是责任主体，或是提出不可抗力或受害人过错等责任减免事由，或是援用特约条款作为拒绝全部或一部分赔偿的理由，导致法院交通事故损害赔偿纠纷案件繁多。②特别是在严重损害案件中，保险人为避免大额赔付，不惜以各种理由对抗受害人以拖延赔付时间或减轻赔偿。因此，在责任保险模

① 参见渠涛：《从损害赔偿走向社会保障性的救济——加藤雅信教授对侵权行为法的构想》，载梁慧星主编：《民商法论丛》（第2卷），法律出版社1994年版。

② See André Tunc, *The French Law of Traffic Victims Compensation: The Present and the Possible*, 31 Am. J. Comp. L. 489 (1983).

式下,交通事故受害人不得不通过艰难而漫长的诉讼程序来救济其遭受的损害。

二、无过失保险模式

基于强制责任保险模式存在对受害人保护不充分的缺陷,美国、加拿大等国纷纷提出无过失保险计划,废除侵权赔偿责任以及与之结合的责任保险。如何界定无过失保险,学者们认识不一。英国皮尔森委员会认为,无过错保险是在侵权制度之外提供的,不需要证明过错就能获得赔偿的保险。① 这一定义极具英美普通法系的特征,因为在大陆法系国家存在大量的无过错责任,无过错责任保险的受害人也无需证明加害人存在过错,也可能获得赔偿。但无过错责任保险其性质属于责任保险,而非无过失保险。② 肯·奥利芬特指出,"不管另一方当事人有没有过错,受害人都可以获得赔偿"的界定方式很容易被反例推翻,因此,他主张通过考察无过失保险的"家族相似性"特征来描述无过失保险。③ 在肯·奥利芬特看来,无过失保险具有以下特征:第一,造成损害的人有无过错并不影响保险赔付。与原因相比,损害才是问题的核心。第二,受害人的过错要么与赔偿数额完全不相关,要么在有限的情况下影响赔偿额,如严重的或故意的不当行为。第三,无过错赔偿不会采用侵权责任法中的完全赔偿原则。这种赔偿通常只涵盖金钱的

---

① 参见[澳]彼得·凯恩:《阿蒂亚论事故、赔偿及法律》,王仰光等译,中国人民大学出版社2008年版,第285页。

② 参见施文森:《强制汽车保险之基本理论》,载《月旦民商法杂志》2006年第16期。

③ 参见[荷]威廉·范博姆、[荷]米夏埃尔·富尔主编:《在私法体系与公法体系之间的赔偿转移》,黄本莲译,中国法制出版社2012年版,第53页。

损失，但可能会例外地扩展至非金钱的损失。① 第四，无过失赔偿的法律基础通常是强制性的，当事人之间没有拒绝的余地。②

在机动车交通事故领域引入无过失保险制度，深受工伤保险制度的影响。在美国，最早提出这一主张的是卡曼（E. C. Carman）教授，他在《交通事故损害赔偿法可行吗》一文中首次提出了建立与劳工补偿相似的、用以解决交通事故损害赔偿的构想。③ 1932 年哥伦比亚大学成立交通事故损害赔偿委员会，该委员会对交通事故侵权责任制度作了深刻的批判。委员会认为，侵权赔偿制度在损害赔偿金的分配上存在严重失衡，对于轻微的损害案件存在过度赔偿现象，而对于严重的伤残损害却赔偿不足。即使在侵权人投保责任保险的情况下，受害人也只能获得 85% 的赔偿额，而侵权人在没有投保责任保险的情况下，受害人只能获得 25% 的赔偿额。④ 委员会得出的结论是，以已经实行的劳工损害赔偿计划为模板，制定一个严格的汽车损害赔偿计划可以解决侵权赔偿制度中存在的问题。在这个计划中，投保无过失保险是机动车登记的必要条件。无论事故是如何发生的，每一个驾驶人都应当严格对待他人的损害。⑤ 在这一建议的直接影响下，加拿大斯卡彻温省于

---

① 例如，在新西兰综合型无过错赔偿方案下，一定比例的非金钱损失也能得到赔偿。See Craig Brown, *Deterrence in Tort and No-Fault: The New Zealand Experience*,73 Cal. L. Rev. 976(1985).

② 参见［荷］威廉·范博姆、［荷］米夏埃尔·富尔主编：《在私法体系与公法体系之间的赔偿转移》，黄本莲译，中国法制出版社 2012 年版，第 53 页。

③ See E. C. Carman, *Is a Motor Vehicle Accident Compensation Act Advisable?* 4 Minn. L. Rev. 164(1919).

④ See A. Ballantine et al., *Compensation for Automobile Accidents: A Sympostum*,32 Colum. L. Rev. 785(1932).

⑤ See A. Ballantine et al., *Compensation for Automobile Accidents: A Sympostum*,32 Colum. L. Rev. 785(1932).

1946 年成为普通法系国家第一个引入无过错机动车事故方案(no-fault automobile accident scheme)的司法区。该方案规定,任何汽车驾驶人都必须购买第一方人身损害赔偿保险,无论事故发生的原因如何,被保险人都可以得到赔偿。损害赔偿数额受伤残等级的限制,非财产损害,如疼痛、痛苦,在该方案下不能获得赔偿。与哥伦比亚委员会的提议不同,当损害超过保险赔偿限额时,受害人仍然享有追诉侵权人的权利。①

随着美国交通事故损害赔偿纠纷和诉讼的案件数量持续攀升,医疗费用不断上涨,通过侵权责任制度来赔偿机动车交通事故受害人的弊端越来越突出。与此同时,学术界对无过失保险制度的研究更加深入。1958 年,美国西北大学法学院前院长列昂·格林(Leon Green)教授出版了《交通事故:侵权法与保险制度》一书,主张采用纯粹的无过失保险,全面废除侵权责任制度。除疼痛、痛苦等非财产损害外,其他一切损失均可获得赔偿。② 1962 年,克拉伦斯·莫里斯(Clarence Morris)教授和詹姆斯·保罗(James Paul)教授首次采用实证研究的方法对侵权制度的实际效果进行分析,他们发现几乎只有一半的交通事故受害人能够获得赔偿。他们认为,那些试图对侵权法律制度作出根本性变革的建议都是徒劳的,因此,建议设立交通事故紧急救助基金,对不能获得侵权赔偿的受害人进行补偿。③

---

① See James M. Anderson et al., *The U. S. Experience with No-Fault Automobile Insurance:A Retrospective*, RAND Corporation(2010), p. 31.

② See James M. Anderson et al., *The U. S. Experience with No-Fault Automobile Insurance:A Retrospective*, RAND Corporation(2010), p. 32.

③ See Clarence Morris & James Paul, *The Financial Impact of Automobile Accidents*, 110 U. Pa. L. Rev. 913(1962).

然而,亦有学者对无过失保险计划持批判态度。沃尔特·布鲁姆(Walter Blum)和哈里·卡尔文(Harry Kalven)两位教授在《公法视野下的一个私法问题:汽车损害赔偿计划》一文中指出,侵权法的首要功能是实现矫正正义,至于分配正义的问题,如何确保对交通事故受害人进行公平有效的补偿,则是社会保障制度所要解决的问题。当然,交通事故受害人只是社会保障制度救济的一部分。在不考虑交通事故发生原因的情况就给予受害人广泛的赔偿,可能会降低相关主体的注意义务,导致更多的交通事故,从而带来更高的社会成本。不仅如此,缺乏监督的索赔将增加保险欺诈的可能性。① 尽管如此,支持无过失保险的观点在某种程度上占据了上风。1968 年,一些保险公司开始在纽约州部分地区进行无过失保险产品的试验。购买无过失保险的消费者可以通过放弃侵权诉讼,来获取更多的伤残赔偿。此外,全国互助保险公司也开始一些无过失保险的试验,但并未取得预期效果。②

在无过失保险制度的发展过程中,影响最大的是罗伯特·基顿(Robert Keeton)和杰弗里·奥康奈尔(Jeffrey O'Connell)两位教授提出的计划。1965 年,基顿和奥康奈尔出版了《交通事故受害人基本保护计划:汽车保险改革的蓝图》一书。③ 在这部具有里程碑意义的著作里,基顿和奥康奈尔认为,侵权损害赔偿制度存在以下五个方面的问题:(1)过错要件导致很多受害人得不到全面赔偿,

---

① See Walter Blum & Harry Kalven, *Public Law Perspectives on a Private Law Problem: Auto Compensation Plans*, 31 U. Chi. L. Rev. 641(1964).

② See James M. Anderson et al., *The U. S. Experience with No-Fault Automobile Insurance: A Retrospective*, RAND Corporation(2010), p. 34.

③ 事实上,在该著作出版前一年,基顿和奥康奈尔已将他们的基本观点以论文的形式公开发表。See Robert E. Keeton & Jeffrey O'Connell, *Basic Protection: A Proposal for Improving Automobile Claims Systems*, 78 Harv. L. Rev. 329(1964).

甚至根本得不到赔偿;(2)损害赔偿程序充满艰辛、迟延;(3)对伤残严重的受害人赔偿不足,而对轻微伤害的人却过度赔偿;(4)过错的识别判断程序(诉讼程序)增加了成本;(5)侵权诉讼制度存在诱发受害人虚假陈述、保险人欺诈抗辩的弊病。① 虽然这本书没有新的实证研究,但基顿和奥康奈尔发现,他们的分析大部分已被哥伦比亚报告中的早期调查的证据证明。尤其是,密歇根对大范围机动车事故所做的一项调查揭示,在人身伤害造成的经济损失中,大约有23%的损失根本没有任何渠道得以赔偿。对于严重伤害和死亡事故案件,其中只有55%的案件获得了侵权赔偿。即使在侵权赔偿制度中,许多事故受害人获得的赔偿远远低于他们的损失,而且赔偿经常迟延。特别是在严重伤害和死亡的索赔案件中,这种情况更为明显。相反,因为没有扣减不同渠道之间的重叠部分,对于轻微伤害又存在过度赔偿。② 基顿和奥康奈尔总结道:“总之,我们的制度对交通事故受害人的保护是不充分的,普遍存在对许多受害人赔偿不足或完全缺乏赔偿,以及对其他受害人过度赔偿的情况,而且整个赔偿程序充满艰辛、浪费和迟延。”③

为了解决侵权赔偿制度所带来的问题,基顿和奥康奈尔建议用一个详细的第一方保险计划取代侵权责任和第三方责任保险。在该项保险计划中,保险金的赔付不考虑当事人的过错,赔偿针对

① See Robert E. Keeton & Jeffrey O'Connell, *Basic Protection for the Traffic Victim: A Blueprint for Reforming Automobile Insurance*, Toronto, Ont: Little, Brown, 1965, p. 21.

② 参见[荷]威廉·范博姆、[荷]米夏埃尔·富尔主编:《在私法体系与公法体系之间的赔偿转移》,黄本莲译,中国法制出版社2012年版,第68页。

③ Robert E. Keeton & Jeffrey O'Connell, *Basic Protection for the Traffic Victim: A Blueprint for Reforming Automobile Insurance*, Toronto, Ont: Little, Brown, 1965, p. 67.

实际损失，不依据一个固定赔偿费的明细表。受伤的机动车车主以及乘客，都可以向保险公司提出索赔。在基本保险的赔偿范围之内，免除侵权责任，而财物损害的侵权索赔不会受到影响。该项保险的运作不需要新的行政管理机构，商业保险市场就可以提供这种保险。基顿和奥康奈尔认为，该项计划反映了“作为车辆损害负担的一种新的分配方式，以两个原则为指导，即驾驶汽车应该承担相应的费用，以及过失驾驶者应该支付相应的费用”。① 为交通事故受害人提供基本保障的负担，作为一种驾驶成本，应当落在驾驶者身上。但是，侵权仍然适用于那些比较严重的案件，也针对财物损害，从而保留侵权责任具有的威慑效果，同时谴责有过错的行为人，要求其为因持久的康复期和永久性的残疾所导致的疼痛和痛苦承担责任。

基顿和奥康奈尔强调，完全取消侵权救济的建议是否会获得十分广泛的政治支持，这无论如何都是值得怀疑的。然而，通过消除较小损害案件中关于过错与疼痛和痛苦的争端，从而获得对事故成本的更公平的分配结果，以及实现比现行安排更低的管理成本，都是切实可行的。新制度的总成本不会比现行制度的成本更高，实际上可能还会更少。尽管基本保险计划存在金钱方面的限制，但它能显著地改善许多严重受害人的状况。当产生了保险赔付范围之内的损失时，赔偿会得到快速支付，从而满足受害人对金钱的急迫需要。不仅计划本身是可取的，而且它还能显著地增强受害人在谈判解决他的侵权索赔过程中的地位。因为，他不再被

---

① Robert E. Keeton & Jeffrey O'Connell, *Basic Protection for the Traffic Victim: A Blueprint for Reforming Automobile Insurance*, Toronto, Ont: Little, Brown, 1965, p. 75.

迫接受一项仅仅是为了缓解急迫金钱需要的不公平的低报价。①

基顿和奥康奈尔非常清楚他们之前的很多无过失的命运，为了避免其他受害人相似的结局，他们起草了一部非常详细的法律草案，并提出一份正式的保险精算意见。该意见显示，无过失保险将为消费者节省金钱。在基顿和奥康奈尔保险计划的直接影响下，马萨诸塞州成为美国第一个通过无过失保险计划的州。② 推动这一立法进程的正是基顿的学生迈克尔·杜卡基斯（Micheal Dukakis）。在马萨诸塞州通过无过失保险立法之后的几年里，无过失保险在美国迎来了立法高峰。到 1976 年，美国共有 26 个州制定并通过了不同形式的无过失保险立法。③

尽管支持无过失保险计划的学者和政治家列举了无过失保险给受害人带来的诸多好处，但是，降低成本成为推动无过失保险立法的最重要的政治目标。对于消费者来说，支持无过失方案的唯一理由就是降低了保费。毫无疑问，无过失保险立法是消费者运动的一个组成部分。然而，当无过失保险的实行并没有降低保费，反而增加了保费的支出时，作为政治力量中坚的消费者转而开始反对无过失保险。无过失保险经历了它的立法高峰之后，开始出现向侵权制度缓慢回归的趋势。内华达州（1980 年）、宾夕法尼亚州（1984 年）、南卡罗来纳州（1989 年）、佐治亚州（1991 年）、康涅狄格州（1993 年）先后取消了无过失保险方案，转而适用传统的侵

① See Robert E. Keeton & Jeffrey O'Connell, *Basic Protection: A Proposal for Improving Automobile Claims Systems*, 78 Harv. L. Rev. 329 (1964).

② See James M. Anderson et al., *The U. S. Experience with No-Fault Automobile Insurance: A Retrospective*, RAND Corporation (2010), p. 55.

③ See James M. Anderson et al., *The U. S. Experience with No-Fault Automobile Insurance: A Retrospective*, RAND Corporation (2010), p. 65.

权损害赔偿制度。

从无过失保险在美国的最新发展状况来看,是否可以断言无过失保险是一场失败的立法试验?对此,学者认识不一。有学者认为,无过失保险计划是一项大胆而富有创新的计划,它声称可以解决侵权赔偿制度所带来的诸多问题。在支付相同或更低保费的情况下,可以显著地改善交通事故受害人的境遇。然而,将受害人关闭在法院大门之外的理念已被证明是失败之举。无过失保险不仅没有控制成本,反而推高了医疗费用。受害人之间的损失也没有得到公平分配。尽管针对无过失保险计划已经提出了一些变革、完善的措施,但这些主张注定不会成功。没有任何一个州会为了“但求无错”而保留无过失保险方案,因为该方案已经在根本上失败了,必将被取代。① 然亦有学者认为,现在断言无过失保险方案失败还为时过早。侵权损害赔偿机制所存在的缺陷仍然存在。没有任何证据证明在最大化社会福利方面侵权赔偿机制比无过失保险方案更好。相反,无过失保险方案在赔偿损害和减少索赔事件方面要比传统的侵权机制要好得多。的确,在采纳无过失保险方案的州,其保险费的确要比其他州要高,但是,在评价制度优劣时应当采纳综合的评价体系。尽管无过失方案的影响力在减弱,但没有任何迹象表明已经采纳无过失保险方案的州会完全放弃该方案。②

无过失保险一般可以划分为纯粹无过失、界限型无过失、附加型无过失和选择型无过失四种类型。纯粹无过失保险的特点在于在人身损害领域完全废除侵权责任机制,事故受害人只能请求他

① See Trevor M. Gordon, *To Reform or Repudiate?* An Argument on the Future of No-fault Auto Insurance, 17 Quinnipiac Health L. J. 63(2014).

② See James M. Anderson et al., *The U. S. Experience with No-Fault Automobile Insurance: A Retrospective*, RAND Corporation(2010), p. 58.

自己的保险人支付保险金。新西兰及加拿大的魁北克省采纳了纯粹的无过失保险方案。① 界限型无过失保险是对纯粹无过失计划的修正，它在一定限度内废弃了侵权责任机制。根据限制方式的不同，界限型无过失又可分为金额界限型(monetary threshold)和描述界限型(verbal threshold)。从文义即可看出，金额界限型将保险赔付的数额限定在一定范围之内，超过该范围的，受害人即可按照侵权法的要求起诉第三方。而描述界限型则通过对特定伤害情况进行界定，伤害超过这一限度即可起诉第三方。例如，在纽约州，这一界限是由“严重”(serious)来决定的。如果伤害达到“严重”或超过“严重”这一界限，即可起诉第三方。至于在具体案件中，如何解释伤害是否严重，则由法官作出判断。在美国，采纳金额界限型的司法区要比描述界限型多，前者包括夏威夷州、堪萨斯州、肯塔基州、马萨诸塞州、明尼达苏州、北卡罗来纳州、犹他州等 7 个州；后者包括佛罗里达州、密歇根州、纽约州等 3 个州。②

无过失保险的第三种类型即附加型无过失保险最为盛行但最不重要。这种类型的保险只有一个方面的特征，即无过失保险不过是侵权责任体系的一个“附加品”，侵权赔偿制度并未被触动。③根据是否强制投保，附加型无过失保险可分为强制附加型(mandatory add-on)和任意附加型(optional add-on)两种。强制附加型要求驾驶人在第三方责任保险之外必须购买第一方无过失保

① See Stepfen Sugarman, *Quebec's Comprehensive Auto No-Fault Scheme and the Failure of Any of the United States to Follow*, 118 Les Cabiers De Droit 39(1998).

② See James M. Anderson et al., *The U. S. Experience with No-Fault Automobile Insurance: A Retrospective*, RAND Corporation(2010), p. 85.

③ 参见[美]肯尼斯·S. 亚伯拉罕：《美国保险法原理与实务》，韩长印等译，中国政法大学出版社 2012 年版，第 700 页。

险。在美国,如今只有特拉华州和俄勒冈州采纳该险种。马里兰州曾经采纳强制附加型无过失保险,但于 1988 年转而改采任意附加型无过失保险。任意附加型要求保险公司必须提供第一方无过失保险,至于驾驶人是否购买则纯属个人自愿。实行任意附加型无过失保险的州包括阿肯色州、科罗拉多州、马里兰州、新罕布什尔州、南卡罗来纳州、南达科他州、得克萨斯州、弗吉尼亚州、华盛顿州、威斯康星州等 10 个州。① 当然,在采纳传统侵权责任机制的州,保险公司是否提供附加型第一人无过失保险,法律并无强制性规定。但通常来说,很多保险公司都为驾驶人提供了这一险种。所以,从实际情况来看,采纳任意附加型的州与采纳传统侵权机制的州并无多大区别。②

无过失保险的第四种类型是选择型无过失保险,其特点在于赋予机动车驾驶人自由选择无过失保险和传统侵权赔偿的权利。③这一方案的提出有两方面的原因:一是在采纳无过失保险的州,保险成本呈现上涨的趋势;二是无过失保险的采纳在理论上引起了很大的争议,且争议双方都没有找到强有力的证据驳倒对方。奥

---

① 有学者认为,阿拉斯加州也采纳了附加型无过失保险。参见郁光华:《走向交通人身伤亡事故处理的完全性无过失保险机制》(下),载中国民商法律网,http://old.civillaw.com.cn/article/default.asp? id =9052,2020 年 3 月 10 日访问。

② 约翰·道宾教授认为,附加型无过失保险纯粹是一种装饰品,在减少保险费方面注定要失败。在该项无过失保险制度下,过错制度的所有毛病都被保存下来,并且增加了无过失制度的费用,没有产生什么收益。参见[美]约翰·道宾:《美国保险法》,梁鹏译,法律出版社 2008 年版,第 38 页。

③ 选择型无过失保险是否属于无过失保险,学者之间认识不一。肯尼斯·亚伯拉罕教授认为,贯穿无过失保险的基本理念是强制要求投保人购买能直接保护受害人的保险,选择型无过失保险不符合强制性要求,因此,不属于严格意义上的无过失保险。参见[美]肯尼斯·S. 亚伯拉罕:《美国保险法原理与实务》,韩长印等译,中国政法大学出版社 2012 年版,第 697 页。

康奈尔教授认为，无过失保险在赔偿范围、赔偿的公平性、赔偿效率等方面，毫无疑问要优于侵权赔偿机制。无过失保险之所以没有实现其降低保险成本的目标，其原因在于立法者在处理无过失保险与侵权赔偿机制的衔接上存在失衡，将无过失保险的保障范围限定在很低的水平上，一般的交通事故受害人就可以突破预先设置的界限起诉侵害人。这种两类机制并用的局面显然会扩大保险成本，因为侵害人在购买无过失保险的同时，不得不购买其他险种以分散风险。① 在奥康奈尔教授看来，最优的方案是实行纯粹的无过失保险或者将交通事故受害人起诉的权利限定在死亡或其他特别严重损害的情形。但是，这种方案在政治上必将遇到强大阻力而难以通过。为此，奥康奈尔教授提出，为什么不让消费者自己选择呢？② 选择型无过失方案赋予消费者根据自己的情况选择无过失保险或者侵权赔偿机制，该方案的优点在于，扩大消费者的自主选择权，让无过失保险与侵权赔偿机制彼此竞争，降低保险成本。当然，无过失保险与侵权赔偿机制是两种不同的赔偿方案，如何协调它们之间的差异，不无疑问。奥康奈尔教授提出的解决方法是，如果发生相互碰撞的双方均选择了无过失保险，则受害方直接请求保险公司赔偿损害；同理，如果发生相互碰撞的双方均选择侵权赔偿机制，则受害方可直接请求侵害人及其责任保险人进行赔偿。如果选择两种不同方案的驾驶人之间发生碰撞，则受害人直接请求其保险公司赔偿，而对方则只能请求其责任保险人赔偿，不得向对方当事人提起诉讼。虽然在无过失保险一方存在过失的情况下，责任保险人将因

① Jeffrey O'Connell, *A Draft Bill to Allow Choice Between No-fault and Fault-based Auto Insurance*, 27 Harv. J. on Legis. 143(1990).

② Jeffrey O'Connell, *No-Fault Auto Insurance: Back by Popular (market) Demand?* 26 San Diego L. Rev. 993(1989).

该赔偿方案而使其利益受到损害，但是，在责任保险之被保险人存在过错的情况下，责任保险人也无需赔偿受害人，因此，在这一赔偿方案下，责任保险人的利益将维持平衡。① 采纳选择型无过失方案的州包括肯塔基州、新泽西州以及宾夕法尼亚州3个州。事实上，在肯塔基州，90%以上的机动车驾驶人选择无过失方案，因此，从实际情况来看，该州几乎与采纳无过失保险州无异。②

密歇根州是采纳描述界限型无过失保险的代表。1972年密歇根州通过制定《机动车人身与财产保护条例》(Motor Vehicle Personal and Property Protection)实现了其机动车保险改革的计划。该法的赔偿范围是美国所有无过失方案中最广泛的，包括所有合理的医疗费、康复费以及实际工资收入的损失。③ 因此，在密歇根州，受害人提起侵权诉讼的目的主要是获取非财产损害赔偿。而该法第3135条将受害人提起侵权诉讼的界限描述为受害人遭受死亡、严重的身体功能伤害以及严重的永久性毁容。④ “严重的身体功能伤害”，是指身体重要功能存在客观障碍，该障碍严重影响受害人过正常人生活的能力。⑤

既然无过失保险在性质上属于第一方保险，被保险人因机动车交通事故发生损害的，他只能请求他自己的保险公司赔付保险

① Jeffrey O'Connell, *A Draft Bill to Allow Choice Between No-fault and Fault-based Auto Insurance*, 27 Harv. J. on Legis. 143(1990).

② See James M. Anderson et al., *The U. S. Experience with No-Fault Automobile Insurance: A Retrospective*, RAND Corporation(2010), p. 15.

③ 约翰·道宾教授认为，从满足降低机动车保险费和对机动车伤害的受害人给予充分、确切、及时的赔偿两个目的来看，密歇根州的制定法律是最成功的。参见[美]约翰·道宾：《美国保险法》，梁鹏译，法律出版社2008年版，第37页。

④ Mich. Comp. Laws Ann. §500.3135(1)(West 2002).

⑤ Mich. Comp. Laws Ann. §500.3135(5)(West 2002).

金,无论他所投保的机动车是否卷入了该交通事故。即使造成被保险人损害的机动车没有在密歇根州投保无过失保险,被保险人仍然能从他的保险公司获得赔偿。① 根据《机动车人身与财产保护条例》第 3114 条第 1 项规定,无过失保险保障的对象不仅是保单持有人,还包括保单持有人的配偶、其他家庭成员。② 因此,保单持有人的配偶、其他家庭成员发生交通事故时,也应首先向其保险公司请求赔偿保险金。在受害人并非保单持有人也非保单持有人的配偶、其他家庭成员的情况下,受害人能否获得保险的赔偿,取决于造成该交通事故的机动车所有人或驾驶人是否投保了无过失保险。如果该机动车所有人或驾驶人投保了无过失保险,则受害人可以请求机动车所有人或者驾驶人的保险公司赔偿保险金。在机动车所有人、驾驶人都投保了无过失保险的情况下,受害人应首先请求机动车所有人的保险公司赔偿保险金。③

《机动车人身与财产保护条例》第 3113 条规定,在交通事故发生时,有下列情形之一的,受害人无权请求保险公司赔偿保险金:(a)受害人违法擅自驾驶机动车的;(b)受害人根据本法第 3101 条或第 3103 条所投保险失效的;(c)根据第 3009 条第 2 项受害人驾驶的机动车的保险单已将其列为除外责任的。④ 如何界定"违法擅自驾驶",该法并没有作出明确规定,而是留给法官根据立法目的、保障范围等事项加以判断。⑤ 在 *Priesman v. Meridian*

① *Farmers Ins. Exchange v. AAA of Michaigan*, 671 N. W. 2d 89(2003).

② Mich. Comp. Laws Ann. § 500. 3114(1)(West 2002).

③ Mich. Comp. Laws Ann. § 500. 3115(West 2002).

④ Mich. Comp. Laws Ann. § 500. 3113(West 2002).

⑤ See Kevin Scott, *Contracts and Commercial Law*, 56 Wayne L. Rev. 171 (2010).

Mutual Insurance 一案中，关于“违法擅自驾驶”的界定成为案件争议的焦点，即 Priesman 作为一个没有达到法定驾驶年龄的未成年人，在未经其母亲允许的情况下驾驶她的机动车，是否属于“违法擅自驾驶”？密歇根州上诉法院经审理认为，从立法目的来看，《机动车人身与财产保护条例》第 3113 条第(a)项不能适用该案。Priesman 驾驶其母亲的机动车不属于该条例所规定的“违法擅自驾驶”。保险公司应当对 Priesman 支付损害赔偿金，因为 Priesman 作为其母亲的儿子，理应得到她的无过失保险单的保障。这一裁判意见在 *Butterworth Hosp. v. Farm Bureau Ins. Co.* 案中得到重申并扩展，即使不是机动车保单持有者的近亲属或家庭成员，在没有取得驾驶证且未经保单持有人同意的情况下驾驶机动车，只要他没有盗窃机动车的目的，就不能认为构成“违法擅自驾驶”，保险公司就应当对其赔付保险金。① 所以，“违法擅自驾驶”的认定非常严格，几乎等同于盗驾机动车。根据其《机动车人身与财产保护条例》第 3105 条第 4 项的规定，如果损害是受害人或者保险金申请人故意造成的，则保险公司免除保险责任。

新泽西州于 1973 年采纳金额界限型无过失保险，然而，由于该方案的医疗损害的保障数额仅为 200 美元。超过该数额的受害人均可向侵权人及其责任保险人提起损害赔偿之诉。在该方案运行的过程中，驾驶人支付的保费不断上涨。② 为此，新泽西州于 1983 年将金额界限型修改为选择型，并且将供选择的无过失保险的保

① See 225 Mich. App. 244,248;570 N. W. 2d 314,318(1992).

② 据统计，至 1982 年，新泽西成为美国保费最高的州，每辆汽车 412 美元，而全国平均保费才 275 元。See Adrienne Cohen Rogove, *No-Fault Insurance-The New Jersey Automobile Insurance Freedom of Choice and Cost Containment Act of 1984*, 7 Seton Hall Legis. J. 219(1984).

障范围提升至1500美元。① 然而,在医疗费用急剧上涨的情况下,修改后的金额也难以达到抑制侵权诉讼的目的,所以,新泽西州于1988年将该金额界限修改为描述界限,并提供两种不同条件的方案以供当事人选择。② 第一种是诉讼限制型(limitation on lawsuit option),事故受害人有权请求保险公司赔偿非财产损害以外医疗费、工资收入损失等。作为交换条件,受害人不得起诉其他当事人。但是,受害人在下列情形下可以提起侵权诉讼:受害人死亡的、肢体脱离身体的、身体存在重大缺陷或大面积疤痕的、骨折的、导致胎儿死亡的以及其他需要长期医疗辅助的伤害。③ 第二种是诉讼非限制型(no limitation on lawsuit option),该方案为事故受害人提供基本医疗损失、工资收入损失等保障。④ 不仅如此,针对任何人身伤害,受害人均可起诉侵权人赔偿非财产损失,受害人起诉的权利不受伤害程度的限制。当然,受害人为此必须支付更贵的保险费。无论是诉讼限制型还是诉讼非限制型,他们保障的对象均不限于保单持有人(名义被保险人),还包括保单持有人的未获得其他汽车保险保障的直系亲属成员(immediate family member),即与保单持有人同居的配偶以及子女。如果保单持有人的直系亲属成员已经在另外一份汽车保险中选择了不同的方案,则各个保单持有人均按照其所持保单主张权利,彼此互不影响。⑤

---

① *No-Fault Insurance-The New Jersey Automobile Insurance Freedom of Choice and Cost Containment* Act of *1984*, 7 Seton Hall Legis. J. 219(1984).

② Holly R. Blanchard, *Elimination of the Oswin v. Shaw Serious Life Impact Requirement: A Serious Impact on the Future of New Jersey's No-fault Automobile Insurance*, 37 Seton Hall L. Rev. 281 (2006).

③ See N. J. Stat. Ann. § 39:6A－8(a)(West 2002).

④ See N. J. Stat. Ann. § 39:6A－8(b)(West 2002).

⑤ See N. J. Stat. Ann. § 39:6A－8.1(West 2002).

三、强制责任保险与无过失保险的边界

从上文关于德国、日本强制责任保险和美国无过失保险的分析来看，强制责任保险和无过失保险的边界似乎是清晰的。强制责任保险是第三方保险，交通事故受害人是从加害人的保险人，而非受害人的保险人处获得保险赔偿；而无过失保险是第一方保险，受害人作为保险关系的被保险人，直接从自己的保险人处获得赔偿。有学者认为，美国各州所采取的无过失保险法律制度为保障所有因汽车交通事故受有损害之人，大幅扩大其保障范围，已非单纯责任保险或伤害保险可与比拟，其所包含之汽车险种有第一人即要保人之伤害险、第二人即乘客之责任险与车外第三人责任险在内，可以说是已经成为一种融合人身保险（伤害险）与财产保险（责任险）之综合保险。① 事实上，此种认识有待商榷。首先，美国无过失保险是家庭保险，保障对象包括保单持有人及其家庭成员。保单持有人及其家庭成员无论作为其他机动车的乘客还是车外第三人，均得请求自己的保险人赔偿，而非请求肇事机动车的保险人赔偿。其次，即使肇事机动车的乘客、车外第三人及其家庭成员均没有投保无过失保险，该乘客、车外第三人也是以肇事机动车保险单的被保险人身份存在，这一点可以从美国个人汽车保险单样本第二部分关于"被保险人范围"的界定可以推断出。② 所以，美国无过失保险在性质上并非融合人身保险和财产保险之综合保险，而是典型的第一方伤害险。

---

① 参见江朝国：《强制汽车责任保险法》，元照出版有限公司2006年版，第16页。

② 参见[美]肯尼斯·S. 亚伯拉罕：《美国保险法原理与实务》，韩长印等译，中国政法大学出版社2012年版，第622页。

尽管如此，强制责任保险和无过失保险仍存在模糊的边界，有时难以区分，所以，对强制责任保险和无过失保险的边界问题进行探讨极有必要。

（一）《法国1985年7月5日法律》

早在20世纪30年代，法国最高法院就确立机动车损害赔偿责任适用《法国民法典》第1384条的规定，由机动车管领人承担无过错责任。① 交通事故受害人无需证明加害人过错，即可请求加害人承担损害赔偿责任。为了避免沉重的赔偿负担，无数的机动车所有人或管领人纷纷投保责任保险以分散其责任风险。起初，此类保险仅属任意性质的商业保险。1959年4月1日，法国国会通过立法，全面强制机动车所有人或管领人必须投保责任险，至此，该项保险成为具有强制性质的政策保险。② 严格的无过错责任以及与之结合的强制责任保险法律制度，在很大程度上改善了交通事故受害人的法律地位。

然而，随着交通事故的频繁发生，强制责任保险模式对受害人的保护仍然不能使法国民众满意，理论上也不乏检讨反省之声。安德烈·唐克教授认为，以民事责任为主，搭配责任保险的普通法律制度，表面上看起来完美无瑕，实际上仍掩饰不了其结

---

① 参见法国最高法院再审庭1930年2月13日的判决，转引自[德]克雷斯蒂安·冯·巴尔：《欧洲比较侵权行为法》（上卷），张新宝译，法律出版社2004年版，第154页。张民安教授认为，在1985年之前，因交通事故而遭受利益损害的人，仅仅能够依据《法国民法典》第1382条和第1383条对致害人提起侵权损害赔偿诉讼，此种认识并不准确。参见张民安：《现代法国侵权责任制度研究》，法律出版社2007年版，第267~268页。

② 该项法律现已整合编入《法国保险法典》第2卷第1编第1章，即第L.211-1条至第L.211-26条。参见陈忠五：《新世纪法国侵权责任法的挑战——以交通事故损害赔偿责任的发展为例》，载《台湾大学法学论丛》2006年第2期。

构上的缺失。[1] 首先,由于最高法院采取“具体个别的审查方法”界定机动车的管领人,而且从宽认定“不可抗力”“被害人过错”等责任减免事由,导致机动车管领人责任主体范围缩小,其全部免责或分担责任的可能性增大。换言之,经由责任主体范围的限缩与责任减免事由的从宽认定,使实际上的机动车交通事故责任并没有想象中的严格,受害人的损害也没有想象中的那么容易获得全部或部分赔偿。[2] 其次,责任保险制度过于重视“当事人意思自治”“契约自由”等私法精神,造成保险人与投保人约定排除某些危险事故的特约条款不断增加,保险人经常对受害人援用此等特约条款,拒绝全部或一部分理赔,使责任保险被扭曲为太过于重视维护保险契约当事人的利益。[3] 最后,广泛抗辩事由的存在,创造了以诉讼解决纠纷的诱因,促使或鼓励责任保险人,或是争执被保险人不是责任主体,或是提出不可抗力或受害人过错等责任减免事由,或是援用特约条款作为拒绝全部或部分赔偿的理由,导致交通事故损害赔偿纠纷案件迅猛增长,受害人也不得不通过艰难而冗长的诉讼程序来救济其损害。[4]

为此,法国颁布《法国 1985 年 7 月 5 日法律》以解决交通事故

---

① See André Tunc, *The French Law of Traffic Victims Compensation: The Present and the Possible*, 31 Am. J. Comp. L. 489 (1983).

② See André Tunc, *The French Law of Traffic Victims Compensation: The Present and the Possible*, 31 Am. J. Comp. L. 489 (1983);陈忠五:《新世纪法国侵权责任法的挑战——以交通事故损害赔偿责任的发展为例》,载《台湾大学法学论丛》2006 年第 2 期。

③ 陈忠五:《法国交通事故损害赔偿法的发展趋势——以 1985 年 7 月 5 日法律的改革为中心》,载《台湾大学法学论丛》2005 年第 1 期。

④ See André Tunc, *The French Law of Traffic Victims Compensation: The Present and the Possible*, 31 Am. J. Comp. L. 489 (1983).

损害赔偿中存在的问题。[①] 该法第 2 条规定："第 1 条所示车辆的驾驶人或管理人，不得以不可抗力事由或第三人行为，对抗包括驾驶人本人在内的受害人。"自此，不可抗力、第三人行为不再成为交通事故领域的抗辩事由。该法第 3 条规定："机动车驾驶人以外的受害人，就其人身被侵害所受损害，得受赔偿，不得以该受害人自己的过错予以对抗，除非该过错为不可原谅的过错，且为事故发生的唯一原因（第一项）。前项受害人，如为十六岁以下或七十岁以上的人，或不问其年龄为何，只要其在事故发生时持有至少等于百分之八十的永久丧失工作能力或身心障碍程度证书者，在任何情形下，就其人身被侵害所受损害，得受赔偿（第二项）。然而，在前二项所指的情形，受害人如系故意造成自己损害，不得就其人身被侵害所受损害，由事故加害人予以赔偿（第三项）。"第 4 条规定："机动车驾驶人就其自己所受损害如有过错，具有限制或排除其损害赔偿的效力。"由此可见，该法将受害人区分为司机受害人和非司机受害人两种。[②] 对于司机受害人，适用一般共同过失规则的规定。[③] 然而，对于非司机受害人，其过错原则上不构成事故加害人及其保险人的抗辩事由，除非受害人的过错已经严重到"不可原

---

① 关于该法的制定背景，参见陈忠五：《法国交通事故损害赔偿法的发展趋势——以 1985 年 7 月 5 日法律的改革为中心》，载《台湾大学法学论丛》2005 年第 1 期；张民安：《现代法国侵权责任制度研究》，法律出版社 2007 年版，第 268 页。

② 司机受害人，是指事故发生时操纵机动车的方向盘的人。但若司机被弹出车外，判例通常认为弹射使其丧失了司机身份。参见[奥]伯恩哈德 · A. 科赫、[奥]赫尔穆特 · 考茨欧主编：《比较法视野下的人身伤害赔偿》，陈永强等译，中国法制出版社 2012 年版，第 164 页。

③ André Tunc 教授认为，《法国 1985 年 7 月 5 日法律》区分司机受害人和非司机受害人，而对司机受害人适用宽松的过失相抵条件是没有任何道理的。See André Tunc, *Loi Badinter-On Traffic Accidents and Beyond*, 67 Tul. Civ. L. F. 27 (1991).

谅”的地步，而且又是交通事故发生的“唯一原因”时，①才例外地构成减轻或免除责任的事由。而此一例外又有例外，在被害人是道路交通上的“特殊弱势者”（青少年、小孩、老人、身心障碍者）的情形下，“被害人过错”绝对不构成免责事由。②

与此同时，《法国 1985 年 7 月 5 日法律》用“牵连关系”代替“因果关系”，只要机动车牵连于交通事故中，无论该机动车是否构成受害人损害发生的原因，该机动车驾驶人、管领人及其保险人均应予以赔偿。与因果关系相比，牵连关系的判断非常宽松，即使是机动车被动地、消极地卷入交通事故，该机动车也被认定为与损害之间具有牵连关系。③

针对以上改革，《法国 1985 年 7 月 5 日法律》是否已经偏离了强制责任保险的基本原理，而采纳了直接保险模式，④对此学者之间认识不一。有学者认为，该法规范的保险赔偿已经与民事责任

---

① 根据法国最高法院民事审判庭 1993 年 11 月 8 日之判决，被害人在某天夜爬上公共汽车车顶，虽然有不可原谅的错误但并非事故发生的“唯一原因”，因为司机知道他们在车顶。参见［德］克雷斯蒂安·冯·巴尔：《欧洲比较侵权行为法》，焦美华译，法律出版社 2004 年版，第 628 页。

② 参见陈忠五：《新世纪法国侵权责任法的挑战——以交通事故损害赔偿责任的发展为例》，载《台湾大学法学论丛》2006 年第 2 期；［奥］伯恩哈德·A. 科赫、［奥］赫尔穆特·考茨欧主编：《比较法视野下的人身伤害赔偿》，陈永强等译，中国法制出版社 2012 年版，第 164 页。

③ See André Tunc, *Loi Badinter-On Traffic Accidents and Beyond*, 67 Tul. Civ. L. F. 27(1991)；张民安：《现代法国侵权责任制度研究》，法律出版社 2007 年版，第 273 页。

④ 直接保险是 André Tunc 教授起草方案所使用的概念，它是指以受害人利益为中心，不问被保险车辆驾驶人或所有人有无责任，只问被保险车辆与损害之间是否有牵连，从而可以保障包括加害人自己在内的所有交通事故受害人的保险。因此，直接保险与本书使用的无过失保险无异。参见陈忠五：《法国交通事故损害赔偿法的发展趋势——以 1985 年 7 月 5 日法律的改革为中心》，载《台湾大学法学论丛》2005 年第 1 期。

脱钩,受害人可直接依据该法的规定向保险人请求赔偿保险金。理由在于,《法国1985年7月5日法律》没有对加害人的责任构成要件作出明确规定。换言之,加害人能在何种归责原则下对受害人赔偿,该法未作出规定。另外,该法用“牵连关系”替代“因果关系”,且排除受害人过错的抗辩事由,已经很难认定被保险机动车驾驶人、管领人具有可归责性,因此,该法的规定与传统法上的“民事责任”,已相去甚远。① 然法国通说认为,《法国1985年7月5日法律》所设计的交通事故损害填补机制,并未与侵权责任脱钩,仍属强制责任保险的模式。受害人取得损害赔偿权利,必须证明其损害系被保险机动车牵连其中的交通事故所造成,否则,受害人不能依据该法请求保险人赔偿损害。用“牵连关系”替代“因果关系”,排除受害人过错等抗辩事由,只是意味着被保险机动车驾驶人、管领人的责任更容易成立,而非用直接保险替代侵权责任。② 陈忠五教授亦认为,该法表面上放弃了旧有的、以民法侵权责任相关规定为主的一般民事责任法律,而以“另行制定特别法”的方式,设计一套不同于一般民事责任法律的特殊制度,以进行更全面性的改革。但实际上,该法仍未完全脱离“一般民事责任法律”的规范体系,以“民事责任成立”作为交通事故被害人可以请求损害赔偿的前提,以责任保险制度作为交通事故被害人得以获得赔偿的担保。因此,该法律并未完全脱离旧有的一般民事责任法律的运作模式与思考方法,只是在损害赔偿责任的要件与责任保险制度

---

① See André Tunc, *Loi Badinter-On Traffic Accidents and Beyond*, 67 Tul. Civ. L. F. 27(1991).

② 参见陈忠五:《法国交通事故损害赔偿法的发展趋势——以1985年7月5日法律的改革为中心》,载《台湾大学法学论丛》2005年第1期。

的运作方式上，朝向更有利于被害人的方向发展而已。①

在笔者看来，与无过失保险模式相比，《法国1985年7月5日法律》所设计的交通事故损害填补机制，并未与侵权责任脱钩，仍保留了责任保险的三方结构。受害人取得损害赔偿权利，必须证明其损害系被保险机动车牵连其中的交通事故所造成，否则，受害人不能依据该法请求保险人赔偿损害。该法在保留责任保险之外在结构的同时，吸收了无过失保险的思想，实质上确立起了一种新的立法模式——修正的责任保险模式。此种模式既不同于传统的责任保险模式，也不同于无过失保险模式，可以视为责任保险与无过失保险的折中方案。

法国在机动车交通事故领域的改革直接影响了比利时的立法进程。1995年1月1日生效的《强制机动车保险法》第29b条规定，除物质损失外，在由机动车辆引起的交通事故中因身体伤害或死亡而对受害人或其法定继承人造成的一切损失，在机动车辆所有权人或保有者的投保范围内保险人都必须加以赔偿，无保险时由共同担保基金支付。保险公司减轻或免除责任的理由是受害人对交通事故的发生具有不可原谅的过错，且该过错是事故发生的唯一原因或排他性原因。② 判例法根据立法者的意图，以严格限缩的方式来解释这一规定。但也有一些法院在认定免责事由时采纳了宽松的标准。如此宽泛的解释导致了该制度于2001年又被修

① 参见陈忠五：《法国交通事故损害赔偿法的适用范围》，载《台湾大学法学论丛》2006年第3期。

② 根据布鲁塞尔法院1998年12929号判决，喝醉的行人闯红灯时被车压伤，法院认定司机存在轻微过错，因此，受害者的共同过失不构成事故的排他性原因。参见[德]克雷斯蒂安·冯·巴尔：《欧洲比较侵权行为法》，焦美华译，法律出版社2004年版，第458页。

改。修改后的《强制机动车保险法》舍弃了“不可原谅的过错”(作为事故发生的唯一原因)这一概念,代之以“被害人希望事故及损害后果发生”这一条件。至此,保险人的抗辩事由几乎接近于被害人自杀这一条件了。①

(二)瑞典《交通损害赔偿法》

瑞典于1929年开始实行汽车强制责任保险。在该责任保险中,受害第三方对保险公司享有直接请求权。② 但是,在该强制责任保险下,被保险人的责任基础是过错责任,受害人必须证明被保险人对事故的发生具有过错才能获得保险赔偿。瑞典《损害赔偿法》(Tort Damages Act)③的颁布在很大程度上提高了交通事故受害人的地位,该法第6章第1条规定:“因人身伤害或死亡而产生的损害或损失之赔偿,在受害人自己故意或重大过失促成了该损害或损失的情况下,可被扣减。机动车驾驶人违反诸如《特别交通违章处罚法》第4条所涉及内容而有过错时,如果其过失地促成自身遭受的损害或损失,则其所应得的损害赔偿也可被扣减。在人身伤害导致受害人死亡的场合,受害人的被扶养人应得的损害赔偿,在受害人故意促成其自身死亡的情况下,也可被扣减。”④

① 参见[德]马格努斯、[西]马丁·卡萨尔斯主编:《侵权法的统一:共同过失》,叶名怡、陈鑫译,法律出版社2009年版,第52页;[奥]伯恩哈德·A.科赫、[奥]赫尔穆特·考茨欧主编:《比较法视野下的人身伤害赔偿》,陈永强等译,中国法制出版社2012年版,第76页。

② See Jan Hellner, *Compensation for Personal Injuries in Sweden*, 41 Scandinavian Stud. L. 249(2001).

③ 该法于1972年颁布实施,其适用范围包括侵权责任和合同责任,但简·赫尔纳教授将其翻译为 *The Tort Damages Act*。See Jan Hellner, *Compensation for Personal Injuries in Sweden*,41 Scandinavian Stud. L. 249(2001).

④ [德]马格努斯、[西]马丁·卡萨尔斯主编:《侵权法的统一:共同过失》,叶名怡、陈鑫译,法律出版社2009年版,第282页。

即便如此,采取强制责任保险模式保障交通事故受害人在瑞典仍受广泛批评。伊瓦尔·斯特拉尔(Ivar Strahl)教授认为,损害赔偿法的首要目标是赔偿损害,而非惩罚和抑制不法行为。对于人身损害的赔偿,侵权责任以及与之结合的责任保险并非最佳选择方案。作为损害赔偿的方式,第一方保险要比责任保险具有更大的优势。因此,损害赔偿制度不应依附于侵权责任法。① 在斯特拉尔教授的影响下,瑞典于1975年颁布《交通损害赔偿法》(Traffic Damage Act)。② 该法在很大程度上实现了斯特拉尔教授的预设目标,但也没有完全以第一方保险替代责任保险。根据《交通损害赔偿法》的规定,车主作为投保义务人,应当购买交通强制保险。在该项保险下,任何因机动车的运行而招致损害的人都可以向保险公司提出赔偿要求。③ 因此,该项保险保障的对象包括行人、乘客和驾驶人,但是,他们是以不同的身份提出赔偿请求。行人和乘客作为交通事故的受害人,是通过请求加害人(被保险人)的保险人获得赔偿的。在受害人因故意、重大过失导致交通事故或交通事故是因该活动(nuclear activity)引起的,加害人及其保险人有权提出责任减免的抗辩。④ 从这一视角出发,瑞典立法者们毫不犹豫地把交通保险当成了责任保险。⑤ 另外,《交通损害赔偿法》对受害人

① Erland Strömbäck, *Personal Injury Compensation in Sweden Today*, 38 Scandinavian Stud. L. 431(1999).

② 参见[奥]伯恩哈德·A. 科赫、[奥]赫尔穆特·考茨欧主编:《比较法视野下的人身伤害赔偿》,陈永强等译,中国法制出版社2012年版,第367页。

③ See Jan Hellner, *Compensation for Personal Injuries in Sweden*, 41 Scandinavian Stud. L. 249(2001).

④ See Jan Hellner, *Compensation for Personal Injuries in Sweden*, 41 Scandinavian Stud. L. 249(2001).

⑤ 参见[奥]伯恩哈德·A. 科赫、[奥]赫尔穆特·考茨欧主编:《比较法视野下的人身伤害赔偿》,陈永强等译,中国法制出版社2012年版,第374页。

提供交通保险保障的同时,并没有废除机动车驾驶人的过错责任。在理论上,受害人可以请求机动车驾驶人或其他责任主体承担损害赔偿责任。但聪明的受害人应当选择保险公司而非侵权人作为他的对手,因为从侵权人那里获得的赔偿将在保险赔偿中扣减,相反,从保险公司获得赔偿要便利得多。《交通损害赔偿法》的目的也是鼓励受害人通过保险来索赔。就这一点而言,该法实现了它的预期目的。自《交通损害赔偿法》颁布以来,交通事故受害人与侵权人之间的索赔纠纷已经非常少见。① 就此而言,瑞典的交通保险与美国法上的无过失保险在结构上存在显著差异。

将驾驶人纳入保险保障范围被认为是瑞典交通保险制度的基石之一。② 在强制责任保险模式下,驾驶人驾驶机动车发生单方事故,驾驶人本身不可能既是侵权人又是受害人,因此,保险公司不承担赔偿责任。然而在瑞典,交通强制保险的保障范围包括驾驶人。其理由在于,驾驶人作为机动车运行风险的受害者,他们的人身伤害也应当得到强制保险的保障。另外,从管理成本的角度来看,既然针对行人和乘客需要建立强制保险,其管理成本已经客观存在,那么将保障范围扩大至驾驶人,在一定程度上可以分担管理成本。③ 正因如此,有学者认为,"交通保险并不仅仅是责任保险,同时还是一种人身保险。因此,在现实中,只要涉及人身伤害,交

① 参见[奥]伯恩哈德·A.科赫、[奥]赫尔穆特·考茨欧主编:《比较法视野下的人身伤害赔偿》,陈永强等译,中国法制出版社2012年版,第375页。See Jan Hellner, *Compensation for Personal Injuries in Sweden*, 41 Scandinavian Stud. L. 249 (2001).

② See Jan Hellner, *Compensation for Personal Injuries in Sweden*, 41 Scandinavian Stud. L. 249(2001).

③ Bo von Eyben, *Alternative Compensation Systems*, 41 Scandinavian Stud. L. 193(2001).

通保险就是责任保险和人身保险的结合”。[①] 另外，在机动车发生相互碰撞导致损害的情形，机动车驾驶人和乘客只能请求他们所驾驶和乘坐的机动车保险公司承担赔偿责任，而非向对方机动车的保险公司。这样做的目的是为了简化法律关系，节约成本。[②] 这些规定将瑞典交通保险与法国以及我国台湾地区的强制保险区别开来。

综上，强制责任保险与无过失保险存在模糊的边界。《法国1985年7月5日法律》以及我国台湾地区“强制汽车责任保险法”虽然没有采纳第一方保险，但是，在保险赔偿范围内，被保险人的责任要件非常宽松，受害人获得保险赔偿几乎没有障碍。瑞典《交通损害赔偿法》在行人和乘客的损害赔偿上，是按照第三方保险的原理作出的制度安排。但该法又将驾驶人纳入保障范围，使其具有无过失保险的特征。我国《道路交通安全法》第76条在结构上与我国台湾地区“强制汽车责任保险法”第7条在结构上非常相似，无论是学理上还是实务中对该条的理解均存在重大分歧。因此，重新审视该条的制定背景，正确认识该条关于机动车强制保险的性质定位，对于把握我国机动车强制保险赔偿要件及相关制度具有重要意义。

第三节　重访《道路交通安全法》第76条

一、《道路交通安全法》第76条制定背景

《道路交通安全法》颁布之前，如何规范机动车侵权责任，学界

① ［奥］伯恩哈德·A. 科赫、［奥］赫尔穆特·考茨欧主编：《比较法视野下的人身伤害赔偿》，陈永强等译，中国法制出版社2012年版，第375页。

② See Jan Hellner, *Compensation for Personal Injuries in Sweden*, 41 Scandinavian Stud. L. 249(2001).

存在重大分歧。首先,争议的焦点在于当时施行的《民法通则》第123条关于高度危险作业致人损害责任的规定是否适用于机动车侵权。① 肯定说认为,机动车属于高速运输工具,发生交通事故致人损害应当适用无过错责任原则;②否定说则认为,机动车与飞机、火车等高速运输工具不可比拟,机动车发生交通事故责任应适用过错责任原则。③ 否定说的观点为1991年国务院发布《道路交通事故处理办法》所采纳。该办法主张交通事故损害赔偿实行过错责任原则,即有过错方赔偿,无过错方不赔偿。交通事故责任大的应该多承担损害赔偿责任,交通事故责任小的应该少承担损害赔偿责任。④

《道路交通事故处理办法》出台以后,沈阳、济南、上海、中山、武汉等地相继出台相关处理办法,如《沈阳市行人与机动车道路交通事故处理办法》规定了六种情形下行人违章引起交通事故由行人承担全部责任。媒体将这些规定称为"行人违章撞了白撞"规则。"行人违章撞了白撞"意味着只要非机动车一方、行人有违章

---

① 1986年《民法通则》第123条规定,从事高空、高压、易燃、易爆、剧毒、放射性、高速运输工具等对周围环境有高度危险的作业造成他人损害的,应当承担民事责任;如果能够证明损害是由受害人故意造成的,不承担民事责任。

② 参见刘士国:《现代侵权损害赔偿研究》,法律出版社1998年版,第243页;梁慧星:《论制定道路交通事故赔偿法》,载《法学研究》1991年第2期;杨立新:《我国道路交通事故责任归责原则研究》,载《法学》2008年第10期。著名民法学家佟柔教授在其主编的《中华人民共和国民法通则简论》一书中也认为,高速运输工具包括汽车、电车等,参见佟柔主编:《中华人民共和国民法通则简论》,中国政法大学出版社1987年版,第265页。

③ 参见王利明主编:《民法·侵权行为法》,中国人民大学出版社1993年版,第514页;吕玉宝:《机动车所有人在道路交通事故赔偿案件中的民事责任》,载《法律适用》2003年第Z1期。

④ 国务院法制局政法司、公安部交通管理局编写:《〈道路交通事故处理办法〉释义》,中国政法大学出版社1992年版。

行为，机动车一方没有违章行为，则由行人或者非机动车驾驶人承担全部责任。这些规定引发了学界和社会公众对其合理性的大讨论。[①] 有学者认为，“行人违章撞了白撞”规则是漠视自然人的基本人权，是反人道的，是反正义的，是反人权的。[②] 然亦有学者认为，法律的首要功能是保证效率，衡量一部法律是否合理的首要标准应该是效率标准，而不是分配标准。因此，规范交通事故的法律应当为司机和行人提供一个激励机制，使双方都采用最优的预防方式，从而使事故的期望损害加预防成本总和最小。通过比较“无责任规则”“无过失责任”“过错责任”三种责任分配规则，该学者进一步认为，过失责任是最优的制度安排。在此归责原则下，如果行人有过错而司机没有过错，司机不承担赔偿责任；如果司机有过错而行人没有过错，则司机承担全部责任。此时，司机和行人都有遵守交通规则的积极性，交通事故发生的概率达到最优。[③] 毫无疑

---

① 值得一提的是，所谓“行人违章撞了白撞”不同于过错责任原则，行人违章通常意味着行人对损害的发生有过错。但是，机动车一方没有违章行为只代表他遵守了法定义务，并不意味着其行为没有任何过错。正如巴尔教授所言，一部将过错行为的认定完全交给立法者并以“法不禁止即自由”为理念的侵权行为法，将无异于以违反人权的方式认可法律漏洞的存在。（参见[德]克雷斯蒂安·冯·巴尔：《欧洲比较侵权行为法》，焦美华译，法律出版社2004年版，第281页。）因此，“行人违章撞了白撞”实质上赋予了机动车一方超越过错责任的豁免权，即在行人违章而机动车一方没有违章的情况下，即使机动车一方存在过错也不承担损害赔偿责任。这一规则显然违背了侵权法的基本原则。

② 参见梁慧星：《“行人违章撞了白撞”是违法的》，载《人民法院报》2001年2月23日，第3版；毛牧然、李红：《对“撞了白撞”交通规则的法律思考》，载《当代法学》2003年第1期；刘黎明：《交通事故定责规则及其相关问题的法理学思考》，载《法商研究》2001年第2期；郭卫华、王莹：《“行人违章，撞了白撞”之民法分析》，载《政治与法律》2002年第2期。

③ 参见张维迎：《作为激励机制的法律——评〈侵权损害赔偿的经济分析〉》，载《中国人民大学学报》2003年第2期；朱崇实等：《〈道路交通安全法〉第76条之法律经济分析》，载《厦门大学学报（哲学社会科学版）》2005年第5期。

问，这一场关于“行人违章撞了白撞”合理性之争论直接影响了《道路交通安全法》的制定，并最终形成《道路交通安全法》第76条“撞了不白撞”的特殊结构。①

《道路交通安全法》虽然首次在全国范围内推行机动车强制保险，但在此之前已有规范文件推行强制责任保险。1981年7月公安部发布《城市轻便摩托车和轻便摩托车驾驶员管理的暂行规定》（以下简称《暂行规定》）。《暂行规定》通过摩托车号牌和行驶证的管理机制要求城市轻便摩托车投保第三者责任保险。《暂行规定》第4条规定，申请行驶轻便摩托车，须凭轻便摩托车合格证、购买证明、第三者责任保险证明和单位证明，向当地公安机关办理手续。经检验合格后，发给轻便摩托车号牌和行驶证。1988年6月建设部、公安部、国家旅游局联合颁布《城市出租汽车管理暂行办法》，该办法第8条第3项规定，申请经营出租汽车业务的单位和个人，必须按照国家登记管理法规的有关规定，向工商行政管理机关申领营业执照，同时办理税务登记、第三者责任保险和乘客意外伤害保险，并报请物价管理部门核定所经营车辆的租价标准。不仅如此，公安部、中国残联、交通部等单位也通过制定部门规章、政策文件的形式要求“在华外国人的机动车”“临时入境的机动车”“残疾人专用营运机动车”“参加体育赛事机动车”等投保第三者责任保险。② 1982年6月广东省发布《关于实行机动车辆第三者责任保险的试行办法》，开启了地方设立机动车强制保险的先河。自此，安徽、贵州、上海、北京等地相继出台规范文件，要求机动车投

① 参见赵惜兵：《“撞了不白撞”的立法思考与法律释义》，载《法制日报》2003年10月30日。

② 张新宝、陈飞：《机动车第三者责任强制保险制度研究报告》，法律出版社2005年版，第6页。

保第三者责任保险。

这一时期的机动车强制保险具有以下特点：首先，强制保险是通过部门规章、地方政府规章甚至政策文件的形式得以推行，规范文件效力层级比较低；其次，规范文件采取强制责任保险模式，责任限额、除外责任、保险费率等事项完全依据保险人制定的《机动车辆保险条款》确定；最后，机动车第三者责任保险坚持《道路交通事故处理办法》所确立的过错责任原则。《机动车辆保险条款》（保监发〔2000〕16 号）第 2 条规定："被保险人或其允许的合格驾驶员在使用保险车辆过程中，发生意外事故，致使第三者遭受人身伤亡或财产的直接损毁，依法应当由被保险人支付的赔偿金额，保险人按照《道路交通事故处理办法》和保险合同的规定给予赔偿。"可见，这一时期的机动车强制保险在构造上与普通商业责任保险无异，并没有确立起以保障受害人为中心的基本框架。相反，保险人利用其垄断地位制定的机动车辆保险条款，严重损害了被保险人和受害人的利益。

二、《道路交通安全法》第 76 条之误读

《道路交通安全法》第 76 条的特色在于将机动车强制保险赔偿和机动车侵权损害赔偿作为两个完全不同的层次加以规范，即机动车发生交通事故造成损害，首先由保险人在责任限额范围内予以赔偿，超出责任限额的，由"机动车一方"按照第 1 项和第 2 项规定的侵权责任原则作补充赔偿。对此，有学者认为，《道路交通安全法》第 76 条第 1 款确立了保险公司对交通事故的无过错责任，参加了机动车强制保险后，一旦发生交通事故导致他人人身伤害或者财产损失，保险公司就应当首先予以赔偿，无论交通事故当事人各方是否有过错以及当事人的过错程度如何。[①] 然而,保险公司向受害人提供赔偿,其性质属于保险合同约定义务的履行,与侵权责任具有本质区别。因此,保险公司赔偿保险金并不涉及归责原则问题,因而也就无所谓无过错责任或者过错责任问题。[②]

与《法国1985年7月5日法律》以及我国台湾地区"强制汽车责任保险法"第7条一样,理论上围绕《道路交通安全法》第76条规定的机动车强制保险的性质展开了激烈的争论。有学者认为,第76条规定的保险人责任是一种替代侵权责任的无过失赔偿责任,在责任限额内的损害,由承保交强险的保险公司向受害人直接赔偿,被保险人不再承担侵权责任。但该条也没有完全按照美国法上的无过失保险原理将责任保险的保险人、被保险人和受害人的三方关系简化为保险人和被保险人的两方关系,而是结合了强制责任保险的规定。[③] 亦有学者根据《道路交通安全法》第17条和第76条所使用的术语——机动车第三者责任保险,认定该法规定的机动车强制保险在性质上属于责任保险,同时批判第76条的规定违背了责任保险"无责任即无责任保险"的基本原理,在结构上存在

① 参见张新宝、鲁桂华:《道路交通事故案件中的第三者责任强制责任保险》,载《法制日报》2004年9月23日;张新宝:《道路交通事故责任归责原则的演进与〈道路交通安全法〉第76条》,载《法学论坛》2006年第2期;杨立新:《道路交通安全法第76条立法有错吗?》,载《法治快报》2004年11月3日,第5版;孙玉荣:《〈中华人民共和国道路交通安全法〉第76条之法律适用》,载《法学杂志》2011年第5期。

② 参见冉克平:《机动车致人损害赔偿法律问题研究——兼评〈道路交通安全法〉第76条之规定》,载《山东大学法律评论》2006年第1期。

③ 参见刘锐:《中国机动车强制保险的目标定位与模式选择》,载《保险研究》2011年第7期;刘锐:《解决交强险与侵权责任关系的困难与建议》,载《人民司法》2012年第17期。

重大缺陷。[①] 还有学者并未正面界定机动车强制保险的性质，而是认为《道路交通安全法》第 76 条确立起了保险公司的"无责赔付"规则，即保险公司的赔偿义务与侵权责任已经脱钩，无论加害人是否承担赔偿责任，保险公司都应当在责任限额范围内进行保险给付。[②]

事实上，对《道路交通安全法》第 76 条之探讨应当区分应然和实然两个层面，即我国机动车强制保险应当采取责任保险模式还是无过失保险模式，抑或《道路交通安全法》第 76 条实际采取了其他保险模式，两者不能混同。从应然层面来看，我国学者普遍认为，美国法上的无过失保险并非良制，因此，应当借鉴德国和日本危险责任保险模式来塑造我国机动车强制保险制度。[③] 第一，无过失保险的基本思想是由机动车车主为自己购买伤害保险，该项制度实施的前提是汽车已经十分普及，而我国汽车普及程度远不如欧美发达国家。[④] 第二，无过失保险忽略了侵权责任在预防和减少交通事故方面的作用。交通事故主要是由行为人主观上的故意或者过失造成的，并非不可避免。侵权法在预防损害发生方面依然有其价值，绝不能为保护受害人而完全忽视或牺牲正确的社会价值导向。[⑤] 第

① 参见刘学生：《交强险立法与实践的两个法律问题辨析——以侵权责任法律关系为视角》，载《保险研究》2011 年第 9 期；卞江生、李晓龙：《论强制汽车责任险中保险人的赔偿义务》，载《法律适用》2005 年第 12 期。

② 最高人民法院民事审判第一庭编著：《最高人民法院关于道路交通损害赔偿司法解释理解与适用》，人民法院出版社 2012 年版，第 208 页。

③ 刘锐：《强制责任保险与无过失保险可否兼容?》，载《中央财经大学学报》2006 年第 7 期；李青武：《机动车责任强制保险制度研究》，法律出版社 2010 年版，第 218 页。

④ 参见刘锐：《中国机动车强制保险的目标定位与模式选择》，载《保险研究》2011 年第 7 期。

⑤ 参见李祝用、姚兆中：《再论交强险的制度定位——立法的缺陷、行政法规与司法解释的矛盾及其解决》，载《保险研究》2014 年第 4 期。

三,我国《交强险条例》已经明确采取责任保险的模式,如果改采无过失保险模式,《交强险条例》将面临重大修订。另外,此项险种的经营方式、保险条款等事项都要随之作大幅修改,还要花费大量精力对民众进行教育和普及,改革的成本巨大。① 第四,无过失保险存在不可克服的宪法障碍,我国《宪法》第13条明确规定,公民的合法的私有财产不受侵犯。因此,对公民财产权的限制应当坚持比例原则。假如法律上规定某人本来就不对一件事故发生、对一个损害后果承担任何责任,那么,他为什么要花钱去买一份保险?这难道不是对公民合法财产的剥夺吗?② 第五,美国无过失保险实践表明,无过失保险在快速救济受害人方面是有成效的,但其也带来保费上涨的问题。③ 第六,从发达国家和地区推行无过失保险的历史阶段来看,其一般是在与侵权责任机制结合的责任保险制度发展到一定阶段,国民经济和社会保障制度十分发达,强制保险保障范围需要扩大的情况下才开始建立无过失保险制度。④

笔者认为,上述论证理由有待商榷。首先,机动车的数量或者普及程度并非采纳无过失保险的关键指标,如果按照此种逻辑,在欧洲、日本等汽车高度普及的国家和地区就应当采纳无过失保险模式。事实上,欧洲多数国家以及日本都是按照严格的责任保险模式来规制交通损害赔偿的。无过失保险计划得以在美国提出并实施,其最

① 参见李祝用、姚兆中:《再论交强险的制度定位——立法的缺陷、行政法规与司法解释的矛盾及其解决》,载《保险研究》2014年第4期。

② 参见刘学生:《交强险立法与实践的两个法律问题辨析——以侵权责任法律关系为视角》,载《保险研究》2011年第9期。

③ 参见刘锐:《中国机动车强制保险的目标定位与模式选择》,载《保险研究》2011年第7期。

④ 参见刘锐:《中国机动车强制保险的目标定位与模式选择》,载《保险研究》2011年第7期。

重要的理由在于美国侵权法对过失责任的坚守难以保障日益增加的交通事故受害人。① 其次,侵权法是否具有威慑和预防功能,在理论上极具争议。但可以肯定的是,肯定侵权法具有威慑和预防功能的观点并没有得到实证研究的有力支持。在美国,关于无过失保险是否导致了更多的交通事故发生已经展开了广泛的实证研究,但没有充分证据得出肯定答案。② 最后,无过失保险的推行主要是为了保障机动车交通事故受害人及时获得赔偿。保险费的上涨到底是医疗费用提升的结果还是无过失保险的影响,仍然悬而未决。③ 尽管如此,笔者并不赞同采取美国法上无过失保险来建构我国机动车强制保险制度,我国未来立法也不可能采取此种模式。根本理由在于:美国无过失保险模式对于我国立法者和民众来说极其陌生,其基本理念也与我国处理交通事故损害赔偿问题的传统做法相去甚远。④ 值得一提的是,否定美国法上无过失保险模式并不能得出我国应采德

① Paul Heaton & Eric Helland, *No-Fault Insurance and Automobile Accidents*, WR－551－ICJ, October (2008).

② See James M. Anderson et al., *The U. S. Experience with No-Fault Automobile Insurance: A Retrospective*, RAND Corporation(2010), p. 81.

③ James M. Anderson et al., *The U. S. Experience with No-Fault Automobile Insurance: A Retrospective*, RAND Corporation(2010), p. 86.

④ 当然,我国香港特区学者郁光华教授认为,从目前中国对交通事故处理的状况来看,我国非常适合采用交通事故人身伤亡处理的完全性无过失保险机制。其理由在于:首先,我国交通肇事逃逸案件数量一直居高不下。在此种情况下,受害人很难获得侵权人及其保险公司的赔偿,最终只能由社会保障制度来承担,这会增加政府的财政负担。其次,分配正义在一定程度上为现行法所接受,而分配正义正是完全性无过失保险机制的基石,这表明我国采用交通事故人身伤亡的完全性无过失保险机制已经有了社会认可的条件。最后,在适当设计的情况下,交通事故人身伤亡处理的完全性无过失保险机制会大大降低事故处理的交易成本而使驾驶者所支付的费用维持在一个比较低的水平。郁光华:《走向交通人身伤亡事故处理的完全性无过失保险机制》(下),载中国私法网,http://www.privtelaw.com.cn,2015年2月1日访问。但此种主张对我国机动车强制保险立法并未产生实质影响。

国和日本强制责任保险模式的当然结论,德国和日本强制责任保险模式并非完美无瑕,其是否能够实现为交通事故受害人快速高效地提供基本保障,仍有探讨余地。在法国,正是基于强制危险责任保险之固有缺陷才提出变革设想,并颁布《法国1985年7月5日法律》以完善相关法律制度。简言之,在德国和日本强制责任保险和美国无过失保险之间存在诸多处理交通事故赔偿问题的边界,我们在创设或解释相关法律制度时不能将眼光仅仅局限于某一特定的法域。

针对《道路交通安全法》第76条的规定,我国学者普遍认为,该条并未遵循责任保险的基本原理,即没有在规定机动车侵权责任的基础上设立强制责任保险制度,而是直接规定保险公司对受害人在强制保险责任限额范围内的赔偿责任。换言之,该条实行无责赔付,保险公司的赔偿责任与加害人侵权责任脱钩。然笔者认为,《道路交通安全法》第76条并未脱离责任保险的基本范畴,也未与侵权责任脱钩,在性质上仍属第三方责任保险。理由如下:首先,第76条在术语使用上仍采"机动车第三者责任强制保险",保障范围仅限于受害第三者,作为加害人的司机不能获得保险赔偿,这是典型的第三方保险结构。① 其次,虽然第76条并未明确规定机动车强制保险责任限额范围内的侵权责任主体,但这是立法技术问题,并不代表侵权责任主体不存在。在机动车强制保险责任限额范围内,仍然存在侵权责任主体。② 再次,从第76条的文义来看,仍然保留了侵权责任的结构特征,特别是"造成"一词是我国《民法典》第七编侵权责任常见用语,系指损害事实与侵权行为或

---

① 参见陈欣、于涛:《道路交通事故中的责任保险的功能、现状与改革方向》,载《月旦民商法杂志》2010年第6期。

② 参见李新天、印通:《论机动车交通事故责任的赔偿主体》,载《时代法学》2014年第6期。

危险活动之间存在因果关系。① 不仅如此，该条还规定了加害人的免责事由，即"交通事故的损失是由非机动车驾驶人、行人故意碰撞机动车造成的，机动车一方不承担赔偿责任"。② 有学者认为，虽然从形式上看，第 76 条第 2 款是对第 1 款的补充，应当否定非机动车驾驶人、行人故意碰撞机动车造成损失时保险公司的赔偿责任。但是，从内容上来看，"机动车一方不承担责任"的表述很难理解为可以免除保险公司的责任。因此，在保险赔偿金额之内，保险公司直接向受害人承担绝对赔偿责任，没有任何可以抗辩的事由，即使是受害人故意引起的交通事故。③ 然笔者认为，此种认识显然误解了立法本意，也与司法实践中的做法不符，在受害人故意造成损害的情况下，无论是加害人还是保险公司均可主张免责，也是他们唯一的免责事由。④ 复次，在交强险责任限额范围内，受害人仍可直

---

① 《民法典》第 1202 条规定："因产品存在缺陷造成他人损害的，生产者应当承担侵权责任。"第 1229 条规定："因污染环境、破坏生态造成他人损害的，侵权人应当承担侵权责任。"第 1245 条规定："饲养的动物造成他人损害的，动物饲养人或者管理人应当承担侵权责任；但是，能够证明损害是因被侵权人故意或者重大过失造成的，可以不承担或者减轻责任。"

② 2003 年《道路交通安全法》第 76 条第 2 款规定："交通事故的损失是由非机动车驾驶人、行人故意造成的，机动车一方不承担责任。"有学者认为，2007 年修法时增加"碰撞机动车"，限制了加害人和保险公司的免责事由，且与《侵权责任法》第 27 条的规定存在冲突，因此未来《道路交通安全法》的修改应该将该款"碰撞机动车"删除，恢复到 2003 年通过时的原样。参见王竹：《特殊侵权行为中受害人过错制度的适用研究——以〈侵权责任法〉第六章到第十章为中心》，载《河南财经政法大学学报》2012 年第 1 期。

③ 参见刘锐：《〈道路交通安全法〉第 76 条评析》，载《比较法研究》2005 年第 6 期。

④ 将受害人故意作为加害人的唯一的免责事由并非仅存在于交通事故领域。《民法典》第 1238 条规定："民用航空器造成他人损害的，民用航空器的经营者应当承担侵权责任；但是，能够证明损害是因受害人故意造成的，不承担责任。"据此，民用航空器损害责任的唯一免责事由为受害人故意。参见马俊驹、余延满：《民法原论》，法律出版社 2010 年版，第 1081 页。

接请求加害人赔偿损害,加害人向受害人赔偿后也不得以强制保险的存在要求受害人返还。《道路交通事故司法解释》第22条规定,人民法院审理道路交通事故损害赔偿案件,应当将承保交强险的保险公司列为共同被告。据此,在强制保险责任限额范围内,加害人与保险公司应对受害人承担连带责任。最后,《道路交通安全法》第76条没有明确规定加害人的归责事由,但是,在受害人与肇事机动车没有发生物理碰撞的情形下,①保险公司的赔偿要件为加害人存在过错且该过错为损害发生的原因。此时保险公司不仅是"有责赔付",而且是以被保险人承担过错责任为赔付要件。

综上,《道路交通安全法》第76条在性质上仍属第三方责任保险,并未脱离责任保险的范畴,也未与侵权责任脱钩,保险公司仍以被保险人赔偿责任成立为要件。

三、为《道路交通安全法》第76条辩护

与德国、日本等国机动车强制责任保险相比,《道路交通安全法》第76条的特点在于限制了保险公司的责任减免事由,即不可抗力、第三人行为、受害人过错②均不得作为保险公司的抗辩事由,保险公司唯一的抗辩事由是损害系由受害人故意造成。③ 事实上,

① 受害人为避让对向行驶的机动车而招致损害,如果对向行驶机动车并无违反法定义务或其他注意义务时,虽然该机动车引起了损害,但是,其保险公司无需承担赔偿责任;相反,如果该机动车存在占用受害人线路等违法行为,则可认定该机动车驾驶人存在过错,保险公司应当承担责任。

② 从比较法而言,该术语存在与有过失、比较过失、过失相杀、过失相抵等诸多称谓,其各自的内涵略有不同,除非另有说明,行文中出现上述概念,本书不加区别地予以使用。

③ 《法国1985年7月5日法律》第3条规定,在受害人对损害的发生有不可原谅的过错且该过错为事故发生的唯一原因时,保险公司可主张免责。就此而言,我国《道路交通安全法》第76条关于保险公司免责事由的规定更严格。参见陈忠五:《法国交通事故损害赔偿法的发展趋势——以1985年7月5日法律的改革为中心》,载《台湾大学法学论丛》2005年第1期。

多数学者主张借鉴德国、日本的强制责任保险模式来重新建构我国机动车强制保险制度,其本质在于试图恢复保险公司的上述抗辩事由。① 基于不可抗力、第三人行为并非导致交通事故的常见原因,所以,本书着重围绕受害人过错是否应当作为保险公司的抗辩事由展开论述。

受害人过错,是指受害人对同一损害的发生或扩大具有过错的,应当减轻或免除赔偿义务人的赔偿责任。受害人过错是侵权法中应用非常广泛、普遍的原则,因此,该规则是侵权法的一个基本构成元素。② 支持受害人过错作为一种抗辩的最常见的理由是正义和公平。正义理念不允许受害人把自己行为或冒险引起的后果完全由别人来承担。另外,将受害人过错作为抗辩事由的进一步考量还包括平等对待侵权案件中的双方当事人、威慑以及经济效果。③ 特别是在严格责任中,受害人过错成为侵权责任保持威慑效果的唯一手段。根据萨维尔教授的分析模型,如果加害人承担

① 参见刘锐:《中国机动车强制保险的目标定位与模式选择》,载《保险研究》2011 年第 7 期。

② 参见[德]乌尔里希·马格努斯、[西]马丁·卡萨尔斯主编:《侵权法的统一:共同过失》,叶名怡、陈鑫译,法律出版社 2009 年版,第 360 页。

③ 在奥地利,过失相抵主要有两条正当性理由,即平等对待侵权人和受害人以及防止任何同时因受害人自我保护措施而促成的损害的发生或扩大;在捷克,过失相抵被视为侵权责任一般原则的一种特殊表达,即每个人对其导致的损害负责,相应的原则还可表述为,没有人要为他人的行为或者由他人行为造成的结果负责;在德国,忠实、衡平和诚信原则是证明共同过失作为抗辩具有正当性的最主要理由,易言之,如果受害人就因自己造成的侵害向侵权人索赔,则其被认定为行为不忠,并且自相矛盾;在英国法中,对侵权行为中的双方平等对待,构成共同过失抗辩的主要理由;在荷兰,正义和衡平被认为是共同过失的基础,因为这些原则不允许在损害部分由受害人引起时让加害人承担全部损害赔偿责任。参见[德]乌尔里希·马格努斯、[西]马丁·卡萨尔斯主编:《侵权法的统一:共同过失》,叶名怡、陈鑫译,法律出版社 2009 年版,第 365 页。

过失责任时，可以引导加害人和受害人对损害事故采取社会最佳的预防措施和注意义务。然而，如果加害人承担严格责任，无论加害人有无过错，都要对其造成的损害承担责任，则加害人的总成本等于事故总成本。由于加害人会努力使他们的总成本最小，加害人的目标与减少总成本的社会目标是一致的。因此，这一责任会引导加害人采用社会最佳的注意水平。但是，由于受害人无论如何都可以得到赔偿，因此，受害人会怠于注意并采取合理的预防措施和尽到相应的注意义务，所以，在加害人承担严格责任时，受害人对事故的发生有过错的，应当限制或免除加害人的责任。①

然而，萨维尔教授的分析模型是建立在受害人能够得到完全赔偿的假设基础之上，事实上，这一假设在人身伤害领域是不可能实现的。② 特别是在严重的人身伤害的场合，受害人的疼痛、对美好生活的向往等精神利益是多少金钱都不能填补的。所以，对于人身伤害，受害人不会因为预见到加害人将会根据法律规定的标准向其提供赔偿金，而降低注意义务。正因如此，有学者建议，在人身伤害案件中完全摒弃共同过失的抗辩。③ 瑞典在人身伤害领域也对受害人过错作出了严格限制，其《损害赔偿法》第 6 章第 1 条规定："因人身伤害或死亡而产生的损害或损失之赔偿，在受害人自己故意或重大过失促成了该损害或损失的情况下，可被扣减。机动车驾驶员违反诸如《特别交通违章处罚法》第 4 条所涉及内容

① 参见[美]斯蒂文·萨维尔：《事故法的经济分析》，翟继光译，北京大学出版社 2004 年版，第 344 页。

② 参见[澳]彼得·凯恩：《阿蒂亚论事故、赔偿及法律》，王仰光等译，中国人民大学出版社 2008 年，第 221 页。

③ 参见[德]乌尔里希·马格努斯、[西]马丁·卡萨尔斯主编：《侵权法的统一：共同过失》，叶名怡、陈鑫译，法律出版社 2009 年版，第 389 页。

而有过错时,如果其过失地促成自身遭受的损害或损失,则其所应得的损害赔偿也可被扣减。在人身伤害导致受害人死亡的场合,受害人的被扶养人应得的损害赔偿,在受害人故意促成其自身死亡的情况下,也可被扣减。"①此外,在危险责任中完全适用受害人过错规则将与危险责任的基本理念冲突。危险责任的正当基础是风险分配以及通过损失分散的机制来补偿损失。过失相抵可以减轻加害人的责任范围,在某种程度上可能减缓甚至使上述目标完全无法实现。② 所以,在危险责任目标以及共同过失之正当理由之间存在紧张关系时,后者将被排除或者被屏蔽掉,以避免产生冲突。这就解释了为什么在道路交通事故案件中,有的立法完全否定了该抗辩事由的应用。这一立法的主要目标是对受害人进行赔偿,通过强制保险分散其所受损失。共同过失会破坏这一立法目标,因而在该领域被弃置不用。③

具体到我国机动车强制保险领域,是否应当赋予加害人及其保险公司过失相抵的抗辩,我国学者认识不一。有学者认为,交通事故主要是因行为人主观上的故意或过失造成的,并非不可避免,因此赋予加害人过失相抵的抗辩,可以发挥其预防损害的功能。绝不能为保护受害人而完全忽视或者牺牲正确的社会价值导向。④然笔者认为,完全排除过失相抵规则之适用有助于实现机动车强制保险的制度价值,且不会过度妨碍侵权法预防、威慑功能之发

① See Jan Hellner, *Compensation for Personal Injuries in Sweden*, 41 Scandinavian Stud. L. 249(2001).

② 参见程啸:《过失相抵与无过错责任》,载《法律科学》2014 年第 1 期。

③ 参见[德]U. 乌尔里希·马格努斯、[西]M. 马丁·卡萨尔斯主编:《侵权法的统一:共同过失》,叶名怡、陈鑫译,法律出版社 2009 年版,第 399 页。

④ 参见李祝用、姚兆中:《再论交强险的制度定位——立法的缺陷、行政法规与司法解释的矛盾及其解决》,载《保险研究》2014 年第 4 期。

挥。原因在于：首先，在侵权结构中，加害人和受害人在理论上处于平等之法律地位，当受害人自己对损害的发生或扩大有过错时，显然不能将全部损害转移给加害人承担，否则有违正义之基本理念。然而，此种认识只局限于侵权结构之加害人和受害人两级构造中。在法律要求加害人投保强制保险之情形下，真正承担责任的主体是保险公司而非加害人。加害人因过错致他人损害可经保险转移其责任风险，而受害人因日常生活中的过失反而需要其自身承担相应的损害，这难道符合正义之要求？其次，侵权法到底是否具有威慑和预防功能，学界存在诸多争议，至今未有定论。① 有学者认为，尽管对侵权法的威慑效果的系统性研究很少，经验主义证据却显示侵权法起着明显的威慑作用。② 伊丽莎白·兰德斯（Elisabeth M. Landes）研究发现，在一些国家的无过错计划（no-fault plan）可能使汽车意外事故死亡率上升达15%。③ 虽然交通领域中的注意是随机的，但是，因为责任范围的缩减而导致了给予注意的激励的降低，人们将更加不注意，虽然不常发生的但累积起来会导致很重的后果将会有更多伤亡的意外事故发生。因此，侵权法导致了比较低的意外事故发生率。④ 然笔者认为，在人身伤害的领

① See Guido Calabresi, *Optimal Deterrence and Accidents*, 84 Yale L. J. 656 (1975); Gary T. Schwartz, *Reality in the Economic Analysis of Tort Law: Does Tort Law Really Deter?*, 42 Ucla L. Rev. 377 (1994); Elisabeth M. Landes, *Insurance, Liability, and Accidents: A Theoretical and Empirical Investigation of the Effect of No-Fault Accidents*, 25 J. Law & Econ. 49 (1982).

② See Elisabeth M. Landes, *Insurance, Liability, and Accidents: A Theoretical and Empirical Investigation of the Effect of No-Fault Accidents*, 25 J. Law & Econ. 49 (1982).

③ See Elisabeth M. Landes, *Insurance, Liability, and Accidents: A Theoretical and Empirical Investigation of the Effect of No-Fault Accidents*, 25 J. Law & Econ. 49 (1982).

④ See Christopher J. Bruce, *The Deterrent Effects of Automobile Insurance and Tort Law: A Survey of the Empirical Literature*, 6 Law & Policy 67, 84 – 90 (1984).

域，受害人之损害不可能获得完全填补，因此，受害人的注意义务并不会降低。更为重要的是，机动车强制保险实行责任限额制度，保险公司仅在一定范围内承担赔偿责任，超出保险赔偿范围仍适用过失相抵规则。在此制度框架下，受害人不可能因机动车强制保险的基本保障而置自己人身安全于不顾。最后，机动车强制保险的制度价值在于为交通事故受害人快速提供基本保障，如果因受害人日常生活中的过失而赋予保险公司抗辩，一方面会诱发保险公司以诉讼解决纠纷的诉因，导致保险赔偿程序久拖不决，另一方面会影响受害人获得赔偿的程度，难以实现基本保障的目标。

因此，我国《道路交通安全法》第 76 条通过吸收无过失保险的思想，弱化侵权构成要件，进而确立起修正的责任保险，更有利于保护交通事故受害人，有助于我国机动车强制保险为交通事故受害人快速提供基本保障之立法目的的实现。主张以德国、日本等国所实行的责任保险模式修改我国《道路交通安全法》第 76 条之意见不足取。

第四节　小结

立法目的的精确掌握，足以左右该法相关规定解释适用的方向，影响该法规范功能的实现。不同的立法目的，将呈现不同的法制面貌。我国机动车强制保险立法的目的在于为交通事故受害人提供基本保障，且该项保障应当及时、快速地提供；分散被保险人责任风险只是机动车强制保险保障受害人的反射结果。机动车强制保险赔偿制度之设计应当服务于其目标之达成与实现。但遗憾的是，我国现行机动车强制保险在保障对象、责任限额等方面难以实现其制度目标。特别是《交强险条例》以及《交强险条款》违背

《道路交通安全法》第76条之基本精神,无端创设诸多诱发保险公司以诉讼解决纠纷的诉因,致使受害人不得不通过诉讼机制以实现赔偿之目的,进而导致赔偿程序久拖不决。

机动车强制保险存在两种基本规范模式,即强制责任保险和无过失保险模式。强制责任保险模式以德国、日本为代表,其特征在于按照责任保险之基本原理,明确被保险人之归责原则和免责事由,以此确定保险人的赔偿范围。无过失保险模式以美国、加拿大等国的部分州为代表,其特征在于用保险赔偿替代侵权法,保险人之赔付不以侵权责任成立为必要,无过失保险在性质上属于人身伤害保险,而非财产保险。在强制责任保险与无过失保险之间存在调整交通事故赔偿问题的边界,《法国1985年7月5日法律》以及我国台湾地区"强制汽车责任保险法"在结构上仍然采取第三方保险模式,但保险人不得以不可抗力、第三人行为、受害人过错等事由对抗受害人,致使被保险人之侵权责任要件极为宽松,显然吸收了无过失保险思想。瑞典《交通损害赔偿法》将包括司机在内的所有受害人纳入保险保障范围之内,这与无过失保险一致。但在行人伤害场合,行人以受害第三人之身份获得保险保障,这又与责任保险之结构相似。强制责任保险在交通事故受害人保护方面存在固有缺陷,不可抗力、过失相抵等抗辩事由阻碍受害人获得及时、充分的保险赔付。无过失保险是在反思侵权责任制度缺陷的基础上所作出的一项制度创新,但其广泛的保护对象、宽松的赔付条件推高了保费支出,因此受到学界的质疑和消费者的反对。修正的责任保险在保留责任保险三方结构的同时,吸收了无过失保险的思想。通过弱化保险人的抗辩事由、放宽保险赔付要件,修正的责任保险可以达到强化保护交通事故受害人之目标。

《道路交通安全法》第76条关于机动车强制保险的规定,并未脱离强制责任保险之基本框架，也未实行无责赔付，在性质上仍属第三方责任保险。《道路交通安全法》第76条的特点在于对责任限额范围内和责任限额范围外实行不同的归责原则。在责任限额范围内，加害人及其保险公司不得以不可抗力、第三行为以及受害人过错等事由对抗受害人，他们唯一的免责事由是受害人故意造成损害。严格限制保险公司的抗辩事由不会导致受害人注意义务的降低，反而有利于机动车强制保险制度价值之实现。笔者认为，此种模式最能契合我国机动车强制保险为交通事故受害人提供基本保障之立法目的，因此，在制度构造上优于传统的责任保险模式。

第二章　机动车强制保险赔偿对象与赔偿要件

第一节　机动车强制保险赔偿对象

一、受害人及其权利继受人

侵权责任法上的受害人包括直接受害人和间接受害人。前者是指因侵权行为直接遭受损害的人;后者是指因直接受害人受到侵害而亦受有损害之人。① 与受害人相对应的概念

---

① 我国《民法典》同时使用“被侵权人”和“受害人”两个概念。例如,第 1173 条规定:“被侵权人对同一损害的发生或者扩大有过错的,可以减轻侵权人的责任。”第 1181 条规定:“被侵权人死亡的,其近亲属有权请求侵权人承担侵权责任。被侵权人为组织,该组织分立、合并的,承继权利的组织有权请求侵权人承担侵权责任。被侵权人

为加害人,根据侵权法的规定,受害人之损害于法律上可归责于加害人时,受害人得请求加害人承担损害赔偿责任。此时,受害人与加害人泾渭分明,界限清晰。

在机动车强制保险领域,于受害人与加害人之外,尚有真正负担赔偿义务的保险人。不同性质的机动车强制保险,其赔偿结构完全不同。如果机动车强制保险采取无过失保险模式,则是否存在加害人以及加害人是否承担损害赔偿责任,均不影响受害人获得保险赔偿的权利。换言之,是受害人的特定损害而非加害人的赔偿责任启动保险赔偿。①如果机动车强制保险采取责任保险模式,则保险赔偿的前提条件是加害人(被保险人)对受害人应承担侵权损害赔偿责任,否则受害人无法获得保险赔偿。正如前文所言,我国机动车强制保险在性质上仍属责任保险范畴,因此,交通事故发生后,受害人可通过加害人(被保险人)之保险公司获得保险赔偿。

交通事故中受害人通常为参与道路交通的车辆驾驶人、乘客、行人。但是,交通事故受害人的范围绝不限于此,任何因交通事故发生损害的人均为受害人,如路旁住户、道路设施所有人等。②《道路交通安全法》第76条虽然将机动车交通事故区分为机动车之间

死亡的,支付被侵权人医疗费、丧葬费等合理费用的人有权请求侵权人赔偿费用,但是侵权人已经支付该费用的除外。”第1183条第1款规定:“侵害自然人人身权益造成严重精神损害的,被侵权人有权请求精神损害赔偿。”第1186条规定:“受害人和行为人对损害的发生都没有过错的,依照法律的规定由双方分担损失。”第1174条规定:“损害是因受害人故意造成的,行为人不承担责任。”如何理解两者的内涵和外延,学者间认识不一。

① 参见陈忠五:《法国交通事故损害赔偿法的适用范围》,载《台湾大学法学论丛》2006年第3期。

② 参见陈忠五:《法国交通事故损害赔偿法的适用范围》,载《台湾大学法学论丛》2006年第3期。

发生的交通事故和机动车与非机动车驾驶人、行人之间发生的交通事故，但这并不意味着《道路交通安全法》第76条仅保护车辆驾驶人、行人。在盛某某与上海大荣汽车运输公司等道路交通事故人身损害赔偿纠纷案中，嘉兴市中级人民法院认为，受害人盛某某系高空架线上的作业者，不属于非机动车驾驶人和行人之列，因此，无《道路交通安全法》第76条适用之空间。所以，保险公司不承担赔偿责任。[①] 笔者认为，此种认识限制了交通事故受害人的范围，不利于受害人的保障，值得检讨。在解释论上，应当对《道路交通安全法》第76条规定的“非机动车驾驶人、行人”作扩大解释，使其涵盖路旁住户、道路设施所有人等主体。

根据《道路交通安全法》第76条之规定，机动车发生交通事故造成人身伤亡、财产损失的，由保险公司在机动车第三者责任强制保险责任限额范围内予以赔偿。该条对机动车强制保险的赔偿对象没有作出限制。然而，《交强险条例》第21条规定：“被保险机动车发生道路交通事故造成本车人员、被保险人以外的受害人人身伤亡、财产损失的，由保险公司依法在机动车交通事故责任强制保险责任限额范围内予以赔偿。”[②]据此，本车人员和被保险人在交通事故中遭受损害的，不能获得本车保险公司的赔偿。2006年，国务院法制办、中国保监会负责人在《交强险条例》答记者问中指出：“限定受害人的范围，一是考虑到机动车交通事故责任强制保险作为一种责任保险，以被保险人对第三方依法应负的民事赔偿责任为保险标的。二是考虑到2004年实施的《道路运输条例》要求从

① 参见浙江省嘉兴市中级人民法院(2013)浙嘉民终字第282号判决书。

② 《交强险条款》第5条规定：“交强险合同中的受害人是指因被保险机动车发生交通事故遭受人身伤亡或者财产损失的人，但不包括被保险机动车本车车上人员、被保险人。”

事客运服务的承运人必须投保承运人责任险，乘客的人身财产损害可以依法得到赔偿。”①笔者认为，将被保险人排除在机动车强制保险范围之外，是其责任保险属性逻辑推理之结果。因为责任保险是以被保险人的侵权责任为保险标的的保险，被保险人自己所遭受的人身损害当然不能请求其责任保险人承担赔偿责任。然而，在机动车强制保险的场合，被保险人通常为多人，当一名被保险人驾驶机动车导致其他被保险人遭受损害时，作为受害人的被保险人是否应当获得保险赔偿？另外，《交强险条例》制定者以车上乘客已获承运人责任险保障为由，拒绝给车上人员提供机动车强制保险的保障，显然欠缺周全考虑。因为，并非所有的车上乘客均能获得承运人责任险的保障。总之，如何界定机动车强制保险受害人的范围，仍有进一步厘清之必要。

（一）作为受害人的投保人

保险法上财产保险之被保险人是指其财产利益受保险合同保障，于保险事故发生时受有损失，从而享有保险金请求权的人。②就保险本质而言，保险之目的在于保险事故发生时，由保险人对其特定人因此而产生之损失负补偿之责，此补偿义务之产生当然须经保险人和其契约相对人约定。此出面和保险人约定之人即为投保人。③若投保人系为避免自己之损失而与保险人缔结保险合同，此时投保人即为被保险人；然若投保人以他人之保险利益为保险标的，为该他人之利益而订立保险契约，此时投保人与被保险人发

---

① 刘炤、杨华柏、郭左践主编：《机动车交通事故责任强制保险条例释义》，法律出版社2006年版，第129页。

② 参见温世扬主编：《保险法》，法律出版社2007年版，第64页。

③ 参见江朝国：《保险法基础理论》，中国政法大学出版社2002年版，第125页。

生分离。① 因此,投保人只是保险契约上负有交付保险费义务之相对人,并非一定是被保险人。然而,我国《交强险条例》第41条第2项规定,机动车强制保险之被保险人是指投保人及其允许的合法驾驶人。② 据此,投保人是当然的被保险人。我国台湾地区"强制汽车责任保险法"第9条第2款规定:"本法所称被保险人,指经保险人承保之要保人及经该要保人同意使用或管理被保险汽车之人。"该条亦将要保人作为当然的被保险人加以规范。笔者认为,此种界定被保险人的方式存在重大缺陷。在责任保险中,被保险人是对损害事故应负责任者,而投保人只是缔结保险合同负有交付保险费义务之人,并非一定是被保险人。如果将投保人作为当然的被保险人,反而不利于对投保人之保护。例如,投保人将其机动车出借给他人使用,该他人在驾驶机动车过程中撞伤作为行人的投保人,按照《交强险条例》第42条以及第21条之规定,投保人作为肇事机动车的被保险人,不能获得机动车强制保险的保障。

事实上,我国台湾地区"强制汽车责任保险法"第9条虽然将投保人作为当然的被保险人,但是,当投保人在交通事故中遭受损害,其仍可以受害人的身份获得强制汽车责任保险的赔偿。该规定将汽车交通事故界定为使用或管理汽车致乘客或车外第三人伤害或死亡之事故,因此,投保人以乘客或车外第三人的身份遭受事故损害,当然可以请求责任保险人赔偿损害。③ 在法国,机动车的

① 参见江朝国:《保险法基础理论》,中国政法大学出版社2002年版,第126页。

② 《保险法》第12条第5款规定:"被保险人是指其财产或者人身受保险合同保障,享有保险金请求权的人。投保人可以为被保险人。"

③ 从我国台湾地区"强制汽车责任保险法施行细则"第3条规定来看,汽车交通事故仅涉及一辆汽车者,受害人不包括该汽车之驾驶人。要保人在交通事故中以乘客或车外第三人身份出现时,仍然享有保险金请求权。参见许胜南:《论强制汽车责任保险保障范围之研究》,台湾地区铭传大学2010年硕士学位论文。

所有权人可以成为交通事故的受害人,如果他乘坐本人的机动车或者作为行人而被本人的机动车伤害的话。在这里,第三人的观念极其模糊,因为机动车的所有权人实际上是机动车强制保险合同的缔结者,是该合同的一方当事人。但是,自1979年以来,法国司法不再将此种当事人看作合同当事人,而看作因交通事故遭受损害的人,因此,他(她)一旦遭受了人身损害,即享有完全的损害赔偿的权利。①

有学者认为,交强险是以被保险人对第三人依法应负的民事赔偿责任为保险标的的,被保险人包括投保人。如果将投保人纳入"第三者"范围,就成了自己对自己进行赔偿,违背了立法本意。②然而,此种观点是建立在对被保险人之错误界定基础之上的。事实上,被保险人与投保人并非包含与被包含的关系,并非所有的投保人均可成为机动车强制保险的被保险人。因此,投保人因其机动车在他人驾驶过程中遭受事故损害的,当然可以请求保险公司予以赔偿。正因如此,《道路交通事故司法解释》明确规定:"投保人允许的驾驶人驾驶机动车致使投保人遭受损害,当事人请求承保交强险的保险公司在责任限额范围内予以赔偿的,人民法院应予支持,但投保人为本车上人员的除外。"当然,该条在完善机动车强制保险受害人制度方面仍不够彻底。首先,该条仅限于投保人允许他人驾驶机动车肇事的情形。他人驾驶机动车未取得投保人允许的,投保人反而不能获得机动车强制保险的保障,此种价值判断是否存在偏差,不无疑问。其次,将作为车上乘客的投保人排除

---

① 参见张民安:《现代法国侵权责任制度研究》,法律出版社2007年版,第282页。

② 参见最高人民法院民事审判第一庭编著:《最高人民法院关于道路交通损害赔偿司法解释理解与适用》,人民法院出版社2012年版,第223页。

在机动车强制保险的保障范围之外，是否有充足的理由，也存在诸多疑问，对此本书将在下节论述。

针对《道路交通事故司法解释》第14条之规定，有学者认为，应当进一步限制其适用范围。首先，在雇佣关系中，驾驶员在驾驶工作中造成雇主损害的，除非驾驶员存在故意或者重大过错，否则，这类损害后果由雇主自己承担。既然作为投保人的雇主是实际责任承担者，雇佣驾驶员在驾驶工作中造成雇主的人身或者财产损害，交强险不需要承担赔偿责任。其次，在投保人对事故的发生具有过错的情形下，不能成为"第三者"。根据《交强险条例》的规定，投保人本来就是被排除在交强险保障范围之外的，加上投保人本身存在过错，是导致事故发生的主要原因，因此，投保人不能成为"第三者"。[①] 雇员因执行职务导致雇主损害的，基于雇主替代责任之一般原理，雇主自负其责。在此种情况下，雇主不存在责任风险。然而，机动车强制保险虽然在性质上属于责任保险的范畴，但其首要价值在于为机动车交通事故受害人提供基本保障。分散被保险人责任风险仅居于次要地位。因此，当雇主作为交通事故受害人时，仍有权请求保险公司赔偿保险金。机动车强制保险的特点在于，在强制保险责任限额范围内受害人有无过失均不影响保险公司的赔偿义务，因此，以投保人对事故的发生具有过错为由拒绝提供保障显然背离了机动车强制保险的基本精神。在法国，交通事故仅涉及单一车辆，而受害人是车辆管领人（投保人）但非驾驶人时，除受害人是赔偿义务人（物的管领人）外，还有其他损害赔偿义务人（驾驶人）存在，由于损害赔偿权利人和损害赔偿义务

① 王卫国、齐红娜：《投保人能否成为本车交强险的"第三者"》，载《中国保险》2012年第7期。

人没有完全重叠,在仍有其他"应负责任者"的前提下,法国最高法院认为,受害人是此处所指的赔偿权利人,得基于《法国 1985 年 7 月 5 日法律》的规定,向车辆驾驶人或其保险人请求损害赔偿。①

(二)作为受害人的驾驶人

《交强险条例》第 41 条第 2 项规定,被保险人是指投保人及其允许的合法驾驶人。将投保人作为当然的被保险人值得检讨,已如前述。就驾驶人而言,该条又将被保险人的范围限制为"投保人允许的合法驾驶人"。有学者认为,所谓"投保人允许的合法驾驶人"应包含两个条件:其一,机动车驾驶人必须取得投保人的同意才能驾驶参加投保的机动车;其二,经投保人允许驾驶其机动车的人,必须具有与所驾驶的机动车相应的驾驶资格证,这两个条件缺一不可。② 然而,将被保险人限定为投保人允许的合法驾驶人,将导致部分受害人难以获得机动车强制保险的保障,因为未经投保人允许的驾驶人并非被保险人。更为重要的是,如果未经允许的驾驶人不是被保险人,则在其驾驶机动车过程中遭受损害反而可能获得保险赔偿,如驾驶人下车检查路况被其驾驶的机动车撞伤的情形。③ 笔者认为,对于驾驶人,无论其有权或无权驾驶机动车,均应当将其纳入被保险人之列,以加强对受害人的保护。至于无权驾驶者,保险公司赔偿后,可对其行使追偿权。

既然机动车强制保险在性质上属于责任保险,那么,保险金的

---

① 参见陈忠五:《法国交通事故损害赔偿法的适用范围》,载《台湾大学法学论丛》2006 年第 3 期。

② 参见刘炤、杨华柏、郭左践主编:《机动车交通事故责任强制保险条例释义》,法律出版社 2006 年版,第 111 页。

③ 对我国台湾地区"强制汽车责任保险法"被保险人之检讨,参见许胜南:《论强制汽车责任保险保障范围之研究》,台湾地区铭传大学 2010 年硕士学位论文。

赔付要受到责任保险合同的内在制约,即责任保险是以被保险人对他人的损害赔偿责任为标的的保险,至于被保险人自己遭受的人身损害,责任保险人当然不承担赔偿责任。① 因此,机动车强制保险的保障对象不包括驾驶人。② 驾驶人于强制汽车责任保险中属于被保险人,而受害人于责任保险关系中乃所谓第三人,与所谓之被保险人或保险人有所区别,驾驶人之体伤、残疾或死亡乃属伤害险之保障,不能与责任保险相混淆。③

然而,在特殊情况下,驾驶人是否可实现身份的转化而获赔,仍存在疑问。根据《法国 1985 年 7 月 5 日法律》第 3 条之规定,交通事故责任主体为车辆驾驶人和管领人。在交通事故仅涉及单一车辆,而受害人是车辆驾驶人但非管领人时,除驾驶人是损害赔偿义务人外,还有其他损害赔偿义务人(管领人)存在。由于损害赔偿权利人与责任主体并未完全重叠,在仍有其他"应负责任者"的前提下,似乎应该肯定驾驶人得基于《法国 1985 年 7 月 5 日法律》之规定,向保险公司请求损害赔偿。④ 法国最高法院曾经一度认为,受害的驾驶人只能依据《法国民法典》第 1384 条第 1 项规定,

---

① 参见岳卫:《机动车单车事故情形下的保险金给付责任——驾驶员被自己所停车辆溜压致死之情形》,载《南开学报(哲学社会科学版)》2009 年第 2 期。

② 我国台湾地区"强制汽车责任保险法"制定过程中,曾出现驾驶人是否应当纳入保障范围之争议。有学者认为,双车事故或多车事故,驾驶人作为受害人当然应该赔偿。因此,单车事故,如有应负责任之人,如道路不良或行人过失,也应赔偿。然亦有学者认为,双车事故或多车事故中驾驶人成为受害人,应由对方的保单赔偿,而非自己的保单赔偿。单车事故因为没有对方保单,倘由自己保单赔偿,显然不合"第三人责任"原则。参见应式文:《"强制汽车责任保险法"中应否包含驾驶人伤害险》,载《法令月刊》1997 年第 7 期。

③ 参见江朝国:《强制汽车责任保险法》,台北,元照出版有限公司 2006 年版,第 110 页。

④ André Tunc, *Loi Badinter-On Traffic Accidents and Beyond*, 67 Tul. Civ. L. F. 27(1991).

向车辆管领人请求损害赔偿，不能适用《法国 1985 年 7 月 5 日法律》之规定。① 然而，法国最高法院在随后的裁判中变更了此项见解，肯定受害的驾驶人需基于《法国 1985 年 7 月 5 日法律》之规定向车辆管领人及其保险人请求损害赔偿，但要求必须限于车辆管领人对事故发生具有过错。晚近之判决已完全肯定了受害的驾驶人的请求权，无论车辆管领人对事故的发生是否有过错，一律赋予车辆驾驶人《法国 1985 年 7 月 5 日法律》之保护。② 在日本，交通事故受害人只有在被认定为“他人”时，才能获得机动车强制保险的赔偿。③ 所谓“他人”，是指除了为自己而提供机动车以作运行之用的人以及该机动车驾驶人之外的人。也就是说，运行供用者以及驾驶人不可能成为本车强制保险人的赔偿对象。④ 但问题是，存在复数的运行供用者且其中一人在步行中或者同乘中受到损害的情况下，或者与其他驾驶人或者辅助驾驶人轮流驾驶的驾驶人，是否应当全面否定其保险赔偿请求。在长途运输过程中两位驾驶人交替驾驶轮流睡眠的情况，日本法院以“可以考虑其已脱离作为驾驶人的地位”为由，认定了其“他人”地位。然而，如果驾驶人与无驾照者或其他被禁止驾驶者轮流驾驶的情形，则该驾驶人被判定为“没有脱离作为驾驶人的身份”而否定其“他人”性。⑤

---

① André Tunc, *Loi Badinter-On Traffic Accidents and Beyond*, 67 Tul. Civ. L. F. 27(1991).

② 参见陈忠五：《法国交通事故损害赔偿法的适用范围》，载《台湾大学法学论丛》2006 年第 3 期。

③ 日本《机动车损害赔偿保障法》第 3 条规定：“为自己的利益运行机动车，而导致他人死亡或人身伤害的，该机动车运行人应该对受害人承担损害赔偿责任。”

④ 参见[日]吉村良一：《日本侵权行为法》，张挺译，中国人民大学出版社 2013 年版，第 204 页。

⑤ 参见李薇：《日本机动车损害赔偿保障法上的“他人”性研究》，载《外国法译评》1996 年第 4 期。

另外，在驾驶人下车检查车辆故障遭受损害时，该驾驶人是否因离开机动车而应被认定为受害第三者。在牛某某等与孙某某等机动车交通事故责任纠纷案中，受害人牛某某在河北省行唐县士威物资贸易有限公司院内的地磅处启动其驾驶的福田牌重型半挂车时，车辆发生点火系统故障，未能启动，牛某某下车到车前维修时，突然令点火启动系统短路致车辆启动向前行进，与前方庞某同向停驶的福田牌重型半挂货车的尾部发生碰撞，牛某某躲闪不及，被夹于两车之间，造成牛某某受伤后经抢救无效死亡、车辆受损的事故。一审法院认为，本案受害人牛某某事发前作为驾驶人在车上属于车上人员，下车维修车辆发生事故时，其已置身保险车辆之外，已由驾驶人转化为第三者。二审法院对此裁判理由予以肯定，维持了一审判决。① 对此，有学者认为，驾驶人本人就是被保险人，且对机动车有实际的控制力，同时，因行为人自己行为造成自身受损害，对其赔偿不符合我国交强险的规定。所以，驾驶人不属于"第三者"。② 还有学者认为，驾驶人的界定直接决定其是否能够获得保险赔偿。如果将驾驶人界定为实际操控被保险机动车行驶之

---

① 山西省朔州市中级人民法院(2015)朔中民终字第19号判决书。在付某某等与财保遵化支公司机动车交通事故纠纷案中，唐山市中级人民法院认为：本案被保险机动车停放在坡道检修时发生溜车，驾驶员马某某未在车上驾驶，而是在车下阻止车辆下滑时被轧身亡，在发生交通事故时马某某处于被保险机动车车下，不属于本车车上人员。二被告签订的机动车交强险及第三者责任险保险合同中未明确约定被保险机动车驾驶人员在本车车下发生交通事故时遭受人身伤亡不能成为交强险保险合同中的受害人和第三者责任保险合同中的第三者。综上所述，死者马某某属于交强险保险合同中的受害人及第三者责任险保险合同中的第三者，被告财保遵化支公司依法应当按照保险合同的约定承担赔偿责任。参见河北省唐山市中级人民法院(2013)唐民二终字第62号判决书。

② 参见最高人民法院民事审判第一庭编著：《最高人民法院关于道路交通损害赔偿司法解释理解与适用》，人民法院出版社2012年版，第232页。

人，只要其位于车下，从事与操纵机动车运行无关之工作，即被排除于驾驶人概念之外；如果将其界定为控制机动车运行之人，其虽未实际操控机动车行驶，但只要机动车从出发点至终点的运行处于该人操纵之下，就应将其认定为驾驶人。① 笔者认为，将下车检查机动车故障而遭受损害的驾驶人界定为机动车强制保险的第三者，显然受到了《交强险条例》第21条关于车上人员与车外人员划分的影响。但是，并非所有处于车外的受害人均应得到机动车强制保险的保障。即使驾驶人暂时离开驾驶位置，但该车辆的危险状态仍由驾驶人控制，其仍应被界定为被保险人，因此，驾驶人不应获得机动车强制保险的保障。②

（三）作为受害人的车上人员

正如前文所言，《交强险条例》将"车上人员"排除机动车强制保险保障范围之外，其理由在于《道路运输条例》已经规定从事客运服务的承运人必须投保承运人责任险，乘客的人身财产损害已经获得保障。然而，《道路运输条例》第35条只是一项原则性规定，对承运人责任险的责任范围、保险费率等均缺乏统一规定。③ 在实践中，该项保险与普通商业责任保险并无实质区别，对作为受害人的车上乘客不能提供完善的保护机制。更为重要的是，《道路运输条例》规定的承运人责任险适用范围非常有限，只适用于旅客运输中

---

① 参见岳卫：《机动车单车事故情形下的保险金给付责任——驾驶员被自己所停车辆溜压致死之情形》，载《南开学报（哲学社会科学版）》2009年第2期。

② 在日本也存在相似案例，A公司所有的货物机动车在行驶中车轮陷进路面坑洼，驾驶人下车检查路况被机动车撞伤，日本最高裁判所否定了该驾驶人的"他人"性。参见于敏：《日本侵权行为法》，法律出版社2006年版，第308页；李薇：《日本机动车损害赔偿保障法上的"他人"性研究》，载《外国法译评》1996年第4期。

③ 《道路运输条例》第35条规定："客运经营者、危险货物运输经营者应当分别为旅客或者危险货物投保承运人责任险。"

的乘客。至于非旅客运输中的车上人员,则不能获得保险之保障。

事实上,将“车上人员”纳入机动车强制保险之保障范围是各国或地区强制保险立法的通行做法。《法国 1985 年 7 月 5 日法律》第 8 条规定:“本条前项所指责任保险契约,其承保范围,应同时包括任何车辆管领人或驾驶人的民事责任,不问其是否经同意而管领或驾驶该车辆,以及被保险车辆内乘客的民事责任。”[①]根据该法第 1 条所规定的归责原则,车上乘客在交通事故中遭受损害,车辆管领人或驾驶人应当承担民事赔偿责任。因此,车上乘客当然属于《法国 1985 年 7 月 5 日法律》所规定的强制保险保障范围。[②] 我国台湾地区“强制汽车责任保险法”第 10 条规定,“本法”所称受害人是指因汽车交通事故遭致伤害或死亡之人。该条并未将车上乘客排除在受害人定义范围之外,车内之第三人因交通事故发生,当然可以请求其所乘机动车所投保的保险公司承担赔偿责任。江朝国教授认为,强制汽车责任保险受害人之范围,应单纯地以被保险人责任之有无为解释依归,只需造成汽车交通事故之被保险人对之负有损害赔偿责任即为受害人,其可向保险人请求保险赔偿。[③]

《交强险条例》将“车上人员”排除机动车强制保险保障范围之外,致使交通事故中的“车上人员”难以获得有效救济。为此,在司法实践中,有的法院基于保障交通事故受害人的需要,试图通过法律解释限制“车上人员”之范围,以实现机动车强制保险保障范围

① 陈忠五:《法国交通事故损害赔偿法的发展趋势——以 1985 年 7 月 5 日法律的改革为中心》,载《台湾大学法学论丛》2005 年第 1 期。

② 参见张民安:《现代法国侵权责任制度研究》,法律出版社 2007 年版,第 281 页。

③ 参见江朝国:《强制汽车责任保险法》,台北,元照出版有限公司 2006 年版,第 109 页。

的扩大。在刘某某与财保普兰店支公司等道路交通事故损害赔偿案中，普兰店市人民法院认为，机动车辆是一种交通工具，任何人都不可能永久地置身于机动车之上，判断发生交通事故受害人属于“第三者”还是“本车人员”，应当以该人在交通事故发生当时这一特定时间是否身处机动车之上为依据，两者只是特定时空条件下的临时身份，其身份会因特定时空条件的变化发生转换。本案中，交通事故发生前，原告确系乘坐于被保险车辆之上的车上人员，但发生事故时的那一个时间点上，其由车内被甩出车外受伤，其已完成身份的转变，由“本车人员”转换为“第三者”。① 在另一则案例中，法院通过合同的解释肯定了受害人“第三者”地位。法院认为，根据我国《民法典》第 498 条之规定，对格式条款的理解发生争议的，应当按照通常理解予以解释，对格式条款有两种以上解释的，应当作出不利于提供格式条款一方的解释。故对于《交强保险条款》第 5 条约定中，关于“车上人员”的理解，应当作出不利于被告方的解释，即交通事故发生时肖某某不属于“车上人员”。②

然而，大连市中级人民法院认为，本车人员、被保险人以外的受害人是指交通事故发生时处于被保险车辆之外的，因被保险车

① 辽宁省普兰店市人民法院(2013)普民初字第 4043 号判决书，相似裁判理由亦可参见内蒙古准格尔旗人民法院(2014)准民初字第 2608 号判决书、福州市马尾区人民法院(2011)马民初字第 132 号判决书、江西省宜春市中级人民法院(2014)宜中民三终字第 224 号判决书；江西省鹰潭市中级人民法院(2014)鹰民一终字第 199 号判决书；内蒙古自治区巴彦淖尔市中级人民法院(2014)巴民一终字第 501 号判决书。

② 参见熊进光：《被保险车辆“车上人员”之第三者身份的转化——兼评〈关于审理道路交通事故损害赔偿案件适用法律若干问题的解释(征求意见稿)〉第 5 条》，载《法学杂志》2013 年第 1 期。

辆的原因受到损害的人，不仅要求事故发生的瞬间受害人处于被保险车辆之外，而且还要求其受伤是因与被保险车辆发生直接接触导致，如碰撞、碾轧、刮擦等。本案中，刘某某是因被保险车车辆侧滑与路边树木碰撞后被甩出车外倒地受伤，细化其受伤的过程，其是先在车内与车辆碰撞随后又被甩出车外倒地受伤，此过程中的伤害分为两个阶段：第一阶段，刘某某与车辆发生第一次碰撞受到第一次伤害，此时刘某某空间上仍处于车辆内，还属本车人员；第二阶段，刘某某脱离车辆与车外地面碰撞后受到伤害，空间上是在车外，其受伤不是与被保险车辆发生直接接触导致的。而如果事故发生时车辆门窗等均瞬间被撞碎，刘某某没有与车辆发生接触即直接被甩出车外到地面受伤，则损害更不是与被保险车辆发生直接碰撞造成的，即便空间上在被保险车外，其也不属于车外第三人。因此，刘某某本次交通事故的伤害不符合车外第三人的构成条件……刘某某对于被保险车辆来说不属于交通事故中的第三人，上诉人不需在交强险和商业第三者险责任限额内承担赔偿责任。①

以上裁判要点的分歧在于车上人员与第三者是否存在转化之可能，肯定说强调受害人在机动车发生交通事故之后已处于车辆之外，主张受害人已经获得"第三者"的地位。然而，受害人处于车辆之外是事故发生的结果，其在交通事故发生时仍属于车上人员。肯定说将难以解释在同一交通事故中，甩出车辆之外的受害人与留在车辆之内的受害人为何待遇截然不同。那种以格式条款的解

① 辽宁省大连市中级人民法院（2014）大民一终字第81号判决书，相似裁判理由亦可参见广东省紫金县人民法院（2009）紫法民一初字第566号判决书、江西省新余市中级人民法院（2010）余民一终字第44号判决书。

释改善受害人地位的裁判方法也是值得商榷的，因为《交强险条例》第 21 条关于机动车强制保险保障对象的规定并非格式条款的内容。南昌市中级人民法院《关于审理道路交通事故人身损害赔偿纠纷案件的处理意见（试行）》持肯定说，该意见第 39 条规定，“因保险车辆发生交通事故的受害人，如果在事故发生前是保险车辆的车上人员，事故发生时已经置身于保险车辆之外，在主张赔偿时不属于‘车上人员’”。在笔者看来，否定说的解释更符合《交强险条例》第 21 条的立法本意，但其解释方法存在重大缺陷。在前述案件中，大连市中级人民法院认为，机动车强制保险保障的受害人必须满足两个条件，即受害人处于机动车之外且损害系受害人与被保险车辆发生直接接触（如碰撞、碾轧、刮擦）导致。然而，根据《道路交通安全法》第 76 条之规定，直接接触并非受害人取得保险金请求权的要件，碰撞、碾轧、刮擦只是交通事故致人损害的主要形式。①

《最高人民法院公报》2008 年第 7 期公布的一则案例肯定了“车上人员”可以在一定条件下转化为“第三者”。② 但这并不代表最高人民法院的意见。最高人民法院民事审判第一庭在其编写的著述中明确表示，“车上人员”与“车外人员”的区别是比较固

① 参见陈军、刘莹：《碰撞不是承担交通事故侵权责任的必要条件》，载《人民司法》2014 年第 18 期。

② 在该案中，浙江省湖州市中级人民法院认为：判断受害人属于“第三者”还是“车上人员”，必须以该人在交通事故发生时这一特定的时间是否身处保险车辆之上为依据，在车上即为“车上人员”，在车下即为“第三者”。本案中，涉案交通事故的事实，是郑某某被涉案保险车辆碾轧致伤。该事故发生前，郑某某的确乘坐于涉案保险车辆之上，属于车上人员。但由于驾驶员遇到紧急情况时操作不当，导致涉案保险车辆失控，将郑某某甩出车外，随后被涉案保险车辆碾压至重伤。至此，郑某某在涉案交通事故发生时已经从车上人员转化为第三者。参见《最高人民法院公报》2008 年第 7 期，第 42 页。

定的，因交通事故的撞击等原因导致车上人员脱离本车的，不存在转化为第三人的问题，上述人员仍属于“车上人员”，交强险不予赔偿。①

有学者认为，车上人员能否转化为第三者，应区别具体情况。如果受害人甩出车后或紧急情况下跳车后并未有其他因素介入，则不具备实现转化的条件，不能仅以损害结果是否发生于车外作为唯一依据。如果认为只要损害结果发生于车外就属于“第三者”，实际上就把保险责任简单地理解为结果责任；如果被保险车辆仍处于行驶状态而与受害人发生撞击、碾轧或其他接触，则应转化为第三者。② 然笔者认为，从《交强险条例》第21条规定的本意来看，车上人员不存在转化为第三者之可能。即使出于良好的动机，但通过解释论的方法扩大第三者的范围已经背离了《交强险条例》第21条的规定。不仅如此，这种解释方法必将创造新的矛盾和冲突，即为何在同一交通事故中，因交通事故脱离本车的乘客与留在车上的乘客会享受不同的待遇。事实上，解决机动车强制保险保障范围过窄的问题并非解释论的任务，法官在审判实践中难以担当此重任。《交强险条例》第21条之规定已经偏离了设立机动车强制保险的宗旨和目标，难以实现为交通事故受害人提供基本保障之目的。诚如林勋发教授所言：“将本车人员排除在外，显系受到商业性汽车责任保险之影响，对于在法律性质上亦属受害人之驾驶人以外之本车人员予以排除，显然损及强制保险政策目

① 参见最高人民法院民事审判第一庭编著：《最高人民法院关于道路交通损害赔偿司法解释理解与适用》，人民法院出版社2012年版，第232页。

② 参见熊进光：《被保险车辆“车上人员”之第三者身份的转化——兼评〈关于审理道路交通事故损害赔偿案件适用法律若干问题的解释(征求意见稿)〉第5条》，载《法学杂志》2013年第1期。

标之落实。”①因此，未来立法应当扩大机动车强制保险的保障范围，使其及于车上乘客。②

二、被保险人

就任意责任保险而言，被保险人才是真正受保险合同保障，享有保险金请求权的人。换言之，保险公司的赔偿对象应为被保险人。《交强险条例》关于赔偿程序的设计也是以被保险人和保险人为中心的。《交强险条例》第 28 条规定，被保险机动车发生道路交通事故的，由被保险人向保险公司申请赔偿保险金。然而，机动车强制保险的主要目的是为交通事故受害人提供基本保障，分散被保险人的赔偿风险仅居于次要地位。因此，在司法实践中，交通事故受害人逐渐演变为机动车强制保险的直接赔偿对象。③ 但这并不意味着被保险人在任何条件下均不能获得保险赔偿。根据《保险法》第 65 条之规定，责任保险的被保险人给第三者造成损害，被保险人已经向该第三者赔偿的，保险人应当向被保险人赔偿保险金。笔者认为，该条对机动车强制保险亦有适用的余地。因此，在机动车强制保险下，被保险人已经向事故受害人赔偿的，有权请求保险公司赔偿保险金。

有疑问的是，在交通事故中，受害人是否能够避开保险公司直接请求被保险人赔偿损害。根据《道路交通事故司法解释》第 25

① 林勋发：《〈机动车交通事故责任强制保险条例〉评析》，载胡晓珂、陈飞主编：《保险法律评论》(2010 年第 1 集)，法律出版社 2010 年版。

② 参见李文中：《论机动车第三者责任保险中“第三者”的界定》，载《保险研究》2011 年第 10 期；万晓运：《“交强险”中赔偿对象之我见》，载《时代法学》2009 年第 4 期。

③ 在交通事故领域，赋予受害人对保险人的直接请求权是各国(地区)通行做法。参见[德]格哈德·瓦格纳主编：《比较法视野下的侵权法与责任保险》，魏磊杰等译，中国法制出版社 2012 年版，第 402 页。

条规定，人民法院审理道路交通事故损害赔偿案件，应当将承保交强险的保险公司列为共同被告。不仅如此，该解释第 13 条规定，当事人同时起诉侵权人和保险公司的，先由承保交强险的保险公司在责任限额范围内予以赔偿。《民法典》第 1213 条规定，机动车发生交通事故造成损害，属于该机动车一方责任的，先由承保机动车强制保险的保险人在强制保险责任限额范围内予以赔偿；不足部分，由承保机动车商业保险的保险人按照保险合同的约定予以赔偿；仍然不足或者没有投保机动车商业保险的，由侵权人赔偿。根据这些规定，现行法已经赋予了被保险人抗辩的权利，即当受害人直接起诉被保险人时，被保险人有权请求增加保险公司为共同被告，且保险公司应当在机动车强制保险责任限额范围内予以先行赔付。

但是，如果被保险人放弃抗辩，直接向受害人赔偿的，也不得请求受害人返还赔偿金额。在审判实践中，有的法院认为，保险公司的赔偿对象只能是受害人，如果被保险人已经向受害人“垫付”赔偿款的，受害人应当予以返还。在黄某某与李某某等机动车交通事故责任纠纷案中，原告黄某某因交通事故遭受各项损失合计 102, 040. 72 元，其中伙食费、护理费合计 10, 200 元已由被告李某某垫付，另外，李某某还向原告黄某某支付赔偿款 12, 000 元。永顺县人民法院认为，在被告财产保险公司给原告直接赔偿后，应依据被告刘某某在本案中的请求由原告给李某某返还垫付款 22, 260 元。[1] 该案判决保险公司在交强险责任限额范围内完全赔偿受害

① 湖南省永顺县人民法院（2014）永民初字第 605 号判决书，相似裁判结果亦可参见河北省邯郸市中级人民法院（2014）邯市民二终字第 652 号判决书；上海市嘉定区人民法院（2014）嘉民一（民）初字第 7700 号判决书。

人,然后由受害人返还被保险人“垫付款”的做法,实际上否定了被保险人获得保险公司赔偿保险金的可能性,值得商榷。

《交强险条例》第31条第1款规定:“保险公司可以向被保险人赔偿保险金,也可以直接向受害人赔偿保险金……”有学者据此认为,该条实际上赋予了保险公司在赔偿对象方面的选择权。保险公司在选择被保险人作为赔偿对象进行理赔后,不再负有另向受害人赔偿交强险保险金的义务。显然,此种观点背离了《保险法》第65条之基本精神,即在被保险人对受害第三者赔偿保险金之前,保险人不得向被保险人赔偿保险金。① 因此,在被保险人向受害人赔偿之前,保险公司向被保险人赔付保险金的,受害人仍然有权请求保险公司继续向其赔偿保险金。②

第二节　机动车强制保险赔偿要件

一、保险合同之有效维续

根据《道路交通安全法》第76条的规定,保险公司于被保险机动车发生交通事故后,得直接向受害人赔偿保险金。然保险公司赔偿保险金的理论基础何在,学界认识不一。概言之,存在侵权责任说、合同义务说以及折中说三种观点。侵权责任说认为,保险公司的保险金赔付义务在性质上属于侵权法上的损害赔偿责任,进

---

① 参见石东洋:《保险人直接向第三者赔偿保险金的逻辑前提》,载《人民司法》2013年第6期;陈飞:《论我国责任保险立法的完善——以新〈保险法〉第65条为中心》,载《法律科学(西北政法大学学报)》2011年第5期。

② 参见郭百顺:《已向被保险人理赔不能免除保险公司对受害人的赔偿义务》,载《人民司法》2013年第6期。

而主张保险公司在道路交通事故中承担无过错责任;①合同义务说认为,保险公司的赔付义务在性质上属于合同法上的义务;②折中说认为,保险公司保险金赔偿义务的性质兼具侵权赔偿和合同义务之性质。③

笔者认为,侵权责任说显然混淆了保险公司的地位和保险金给付的性质。事实上,侵权责任的成立须符合严格的构成要件,无论采何种归责原则,受害人主张侵权损害赔偿请求权的,均需证明侵权损害赔偿请求权构成要件的成立。然保险公司开展保险活动,显然没有实施侵权行为,因此,保险公司不可能因订立责任保险合同而承担侵权责任。折中说认为,保险公司保险金赔偿义务的性质兼具侵权赔偿和合同义务之性质,该观点实在令人费解。因为基于保险合同而产生的义务与基于机动车交通事故产生的侵权责任在性质上具有本质区别,两者难以兼容。事实上,保险公司承担赔偿责任,其依据是与投保人签署的机动车第三者责任强制保险合同,保险人之所以向受害人赔付保险金,显然是基于履行合同的需要。保险公司的赔付责任亦完全受限于保险合同约定的责任限额。因此,保险公司保险金赔偿义务的性质属于合同义务,具体来说,是保险公司基于责任保险合同而承担的合同责任。

既然保险公司赔偿保险金是基于责任保险合同而承担的合同

① 参见张新宝:《道路交通事故中的机动车第三者责任强制保险》,载《法学家》2005年第1期;杨立新:《道路交通安全法第76条立法有错吗》,载《广西法治日报》2004年11月3日,第5版。

② 参见王利明:《侵权责任法研究》(下卷),中国人民大学出版社2011年版,第322页。

③ 参见江朝国:《强制汽车责任保险法》,台北,元照出版有限公司2006年版,第209页。

义务，那么，保险事故发生时保险公司与投保人之间存在有效的合同是保险公司赔付保险金的前提。然机动车强制保险合同成立后，其效力评价如何展开？投保人能否行使任意解除权？保险公司能否行使法定解除权？基于机动车强制保险的强制性和公益性特点，在认定合同效力方面应与普通合同有所区别。现行法关于合同效力之规定如何适用于机动车强制保险合同，应当结合具体情况进行认定。[①] 以合同效力瑕疵为例，根据《民法典》第147条至第151条之规定，合同一方当事人意思表示错误或者表意不自由，则该合同为可撤销合同。这些规范的理论基础在于，合同系当事人真实的合意。[②] 既然一方当事人意思表示存在错误或者表意不自由，则所作出的意思表示就不是其真实的意思，合同的拘束力就要受到影响。然而，此种安排没有考虑到那些未直接参与法律行为、但与该法律行为具有直接利害关系的第三人的利益。[③] 机动车强制保险具有强烈的第三人利益属性，直接关涉交通事故受害人能否获得基本赔付，在性质上近似于为第三人利益属性的合同。且这种第三人利益属性并非合同当事人私法自治的产物，而系法律基于公共利益而作出的强制安排。因此，在机动车强制保险合同中，合同效力的评价应当兼顾第三者的利益，当事人意思表示瑕疵原则上不影响合同效力。

《保险法》第15条规定，除法律另有规定或合同另有约定外，保险合同成立后，投保人可以解除合同。根据权威的法律释义，该

---

① 参见冀放、杜毅然：《无效等交强险合同受害人权利救济——以刘某交通事故赔偿纠纷案为范例的研究》，载《河北法学》2014年第10期。

② 参见李军：《法律行为的效力依据》，载《现代法学》2005年第1期。

③ 参见[德]维尔纳·弗卢梅：《法律行为论》，迟颖译，法律出版社2013年版，第475页。

条之所以赋予投保人任意解除权，目的在于授予投保人充分的解除合同的自由，使投保人对自己利益的保护有更多的选择合同相对人的机会。① 然亦有学者对此提出质疑，认为投保人的选择自由并非绝对，任意解除权的行使不仅违反合同必须遵守的原则，而且会损害第三人的期待利益。因此，应当对《保险法》第15条作出修正。② 笔者认为，机动车强制保险是法律强制缔约的结果，如果机动车所有人、管理人投保强制保险后，仍赋予其任意解除合同的权利，则不仅与强制缔约的制度安排有所抵触，而且还会损害第三者的赔付利益。因此，在机动车强制保险中，应当排除《保险法》第15条的适用，投保人不得任意解除合同。当然，这并不意味着投保人的任何解除权均被排除。《交强险条例》第16条规定，在机动车被依法注销登记、机动车办理停驶、机动车经公安机关证实丢失等情形下，投保人有权解除保险合同。笔者认为，机动车被依法注销登记以及机动车办理停驶，意味着机动车引发交通事故的危险已经彻底消失，此时仍维续保险合同之效力，并无实际价值。因此，根据对价平衡原则，直接赋予投保人解除合同的权利，值得肯定。但是，在机动车被盗窃、抢劫等情形下，虽然所有人、管理人已经丧失对机动车的实际控制，但机动车的事故风险仍未彻底消失，此时赋予投保人解除权，可能会损害交通事故受害人的利益。正因如此，《民法典》第1215条第2款规定，保险人在机动车强制保险责任限额范围内垫付抢救费用的，有权向交通事故责任人追偿。

---

① 参见最高人民法院保险法司法解释起草小组编著：《〈中华人民共和国保险法〉保险合同章条文理解与适用》，中国法制出版社2010年版，第72页。

② 参见代琴：《利他保险合同解除权中的第三人保护——〈保险法〉第15条的修改建议》，载《保险研究》2015年第12期。

根据《保险法》第16条第2款、①第27条②以及第52条第2款③之规定，投保人违反如实告知义务，欺诈索赔或者保险标的危险增加，被保险人未尽通知义务的，保险人有权解除合同。这些规范在很大程度上被《交强险条例》《交强险条款》吸收。《交强险条例》第14条第1款规定，保险公司不得解除机动车交通事故责任强制保险合同；但是，投保人对重要事项未履行如实告知义务的除外。据此，即使在机动车强制保险的场合，投保人违反如实告知义务的，保险公司仍得解除保险合同。不仅如此，《交强险条款》规定，投保人、被保险人故意不履行如实告知义务的，本公司有权解除合同；对于本合同解除前发生的保险事故，本公司不负给付保险金的责任，并不退还保险费。笔者认为，该条的规定违反了机动车强制保险的基本目的，不利于保障交通事故受害人的合法权益。在审判实践中，法官应认定该条款为无效条款，对于合同解除前发生的保险事故，保险公司仍应赔付保险金，以实现救济交通事故受害人的立法目的。在立法论层面，《交强险条例》第14条值得探讨。正如前文所言，机动车强制保险最主要、最直接的保护对象是交通事故受害人，而非被保险人。如果因投保人、被保险人违反法定义务而赋予保险公司解除权，则会导致无辜的受

---

① 《保险法》第16条第2款规定，投保人故意或者因重大过失未履行前款规定的如实告知义务，足以影响保险人决定是否同意承保或者提高保险费率的，保险人有权解除合同。

② 《保险法》第27条第1款、第2款规定，未发生保险事故，被保险人或者受益人谎称发生了保险事故，向保险人提出赔偿或者给付保险金请求的，保险人有权解除合同，并不退还保险费。投保人、被保险人故意制造保险事故的，保险人有权解除合同，不承担赔偿或者给付保险金的责任；除本法第四十三条规定外，不退还保险费。

③ 《保险法》第52条第2款规定，被保险人未履行前款规定的通知义务的，因保险标的的危险程度显著增加而发生的保险事故，保险人不承担赔偿保险金的责任。

害人失去责任保险之保障。① 为贯彻机动车强制保险之立法意旨，保护交通事故受害人，保险人的法定解除权应当受到严格限制。这虽然对保险人过于严苛，但可通过赋予保险人对投保人损害赔偿请求权、保费增加请求权等实现利益平衡。

此外，在合同存续期间，即使被保险人违反法定义务，保险人的抗辩也应受到严格限制。例如，《保险法》第 49 条第 4 款规定："被保险人、受让人未履行本条第二款规定的通知义务的，因转让导致保险标的危险程度显著增加而发生的保险事故，保险人不承担赔偿保险金的责任。"②在机动车强制保险合同下，这一规范亦应排除适用，即使被保险人将其机动车转让给他人，且未履行通知义务，保险公司仍应承担赔偿责任。③

二、交通事故受害人遭受特定的损害

损害是侵权行为法的核心，但什么是法律意义上、特别是侵权行为法意义上的损害，几乎没有一个欧洲国家的法典尝试对此作精确的定义。④ 根据损害的性质可将其划分为财产损害与非财产损害，这是各国关于损害的最常见的分类。⑤ 这是因为财产损失与

---

① 参见[美]小罗伯特·H. 杰瑞、[美]道格拉斯·R. 里士满：《美国保险法精解》，李之彦译，北京大学出版社 2009 年版，第 60 页。

② 《保险法》第 49 条第 2 款前半句规定，"保险标的转让的，被保险人或者受让人应当及时通知保险人"，《交强险条例》第 18 条规定："被保险机动车所有权转移的，应当办理机动车交通事故责任强制保险合同变更手续。"

③ 四川省广汉市人民法院(2014)广汉民初字第 2303 号判决书。

④ 参见[德]克雷斯蒂安·冯·巴尔：《欧洲比较侵权行为法》(下卷)，焦美华译，法律出版社 2004 年版，第 3 页。《奥地利民法典》是一个例外，该法第 1293 条第 1 句规定了损害的法律定义："损害是给某人财产、权利或人身造成的不利益。"

⑤ 参见[德]U. 马格努斯主编：《侵权法的统一：损害与损害赔偿》，谢鸿飞译，法律出版社 2009 年版，第 277 页。

非财产损害的计算方法存在不同，前者往往以客观的市场价格为标准，而后者只能用主观方法评价。①

根据《道路交通安全法》第76条之规定，交通事故受害人遭受人身伤亡、财产损失的，机动车强制保险应当在责任限额范围内予以赔偿。有学者认为，"人身伤亡"和"财产损失"是根据交通事故的侵害客体不同而区分的，即分别对应道路交通事故侵害人身权益所造成的损失和侵害财产权益所造成的损失，而非对应民法上的物质损害和非物质损害的概念。② 然而，"人身伤亡"本身只是对事故造成的结果所作的描述，而"财产损失"极易与侵害人身造成的财产损失相混淆。因此，采用"人身损害"与"财物损害"两个术语更准确。对交通事故造成的人身损害和财物损害进行区分，对于我国机动车强制保险赔偿制度具有重要意义，因为《交强险条例》关于责任限额的规定正是建立在这一区分基础之上的。然而，交通事故引起的财物损害是否应该纳入机动车强制保险的赔偿范围，本身就是有争议的。此外，侵犯人身权益产生的损害包括财产损害和精神损害，③机动车强制保险以保障受害人基本生活为目的，将精神损害纳入保障范围是否合适也存在广泛争议。

（一）财物损害

交通事故引起的财物损害是否属于机动车强制保险下的损害，不同国家和地区有不同立法例。德国法将财物损害纳入强制

① 参见李承亮：《损害赔偿与民事责任》，载《法学研究》2009年第3期。

② 参见杜万华等：《〈关于审理道路交通事故损害赔偿案件适用法律若干问题的解释〉的理解与适用》，载《法律适用》2013年第3期。

③ 严格说来，与财产损害相对应的是非财产损害。非财产损害在内涵和外延上远远大于精神损害。但机动车交通事故造成的非财产损害主要表现为精神损害，因此本书直接使用精神损害这一概念。

保险保障的范围，其《强制责任保险法》第1条规定，于国内有固定驻地之汽车或拖车，且使用于公共道路或广场者，其保有人为担保因使用汽车所造成之人身、物以及其他财产损害，有义务依本法规目的为自己、所有人及驾驶人缔结并维持一责任保险契约。① 法国法虽然也将财物损害纳入强制保险保障的范围，但是，对财物损害和人身损害实行两种不同的赔付规则。对于财物损害，被害人自己有过错时，具有限制或排除其受财物损害赔偿的效力；陆上动力车辆驾驶人非该车辆所有人时，所有人就其车辆所受损害请求赔偿时，得以驾驶人的过错对抗该所有人。② 然而日本法则将损害限定为人身损害。日本《机动车损害赔偿保障法》第1条规定："本法以确定保障因汽车之运行而致人之生命或身体被侵害时之损害赔偿制度，借以保护被害人，并促进汽车运送之健全发展为目的。"我国台湾地区"强制汽车责任保险法"借鉴日本立法例，也将"强制保险法"中的损害限定为人身损害。③

针对《道路交通安全法》第76条的规定，有学者认为，我国强制保险既保障人又保障物，属于比较宽泛的保障范围，体现了我国

---

① 参见江朝国：《强制汽车责任保险法》，台北，元照出版有限公司2006年版，第23页。

② 参见陈忠五：《法国交通事故损害赔偿法的发展趋势——以1985年7月5日法律的改革为中心》，载《台湾大学法学论丛》2005年第1期。

③ 有学者认为，为了交通事故损害赔偿制度的长远健全发展，在周全妥适规划下，扩大强制汽车责任保险制度的损害赔偿项目，将"财物损害"部分亦纳入保障范围，未来仍有其必要性。鉴于人身完整性价值与财物完整性价值不同，而且交通事故损害赔偿问题向来以人身侵害的损害赔偿问题最为严重，再加上我国台湾地区施行强制性、普遍性的交通事故责任保险制度不久，许多相关问题或配套措施仍有待观察累积经验，逐步形成共识，以妥善规划因应，因而就现阶段而言，"立法"政策上决定将"本法"保障范围限制在"人身损害"部分，仍然可以赞同。参见陈忠五：《"强制汽车责任保险法""立法"目的之检讨》，载《台湾本土法学》2005年第70期。

强制保险制度的先进性和全面性,能够更好地维护交通事故受害人的合法权益。① 笔者认为,我国机动车强制保险不应将财物损害纳入保障范围,理由如下:首先,机动车强制保险的主要目的是为交通事故受害人提供基本保障。所谓基本保障,是指基本生活保障和基本医疗保障,对交通事故中的财物损害进行的赔偿与基本保障无关。其次,我国机动车强制保险对人身损害的赔偿仍处于一个较低的水平,难以达到有效救济受害人的目的。在这一背景下,如果将财物损害从机动车强制保险的保障范围中排除,将会适度增加对人身损害的救济。再次,在机动车强制保险责任限额范围内,无论被保险人和受害人有无过错,保险公司均应承担赔偿义务。这一特殊规则主要是针对人身损害而设置的,将财物损害适用于这一规则,将导致利益失衡。例如,机动车之间发生碰撞,通常是价值大的车辆遭受更多损害。相应地,其所有人获得的保险赔付通常就多于对方当事人,形成穷人补贴富人的局面。最后,《交强险条款》为"财产损失"单独设定赔偿限额,在被保险人有责任时,财产损失赔偿限额为 2000 元;在被保险人无责任时,财产损失赔偿限额为 100 元。在这些责任限额下,不可能对交通事故的重大财物损害提供有效救济。所以,笔者建议,我国未来机动车强制保险的改革应将财物损害排除保障范围之外。

(二)精神损害

在人身权益遭受侵害的情况下,没有一个国家或地区将可赔偿性损害仅限于由此导致的财产损失。长期以来,虽然对可赔偿性损害范围和前提规定不同,但各国和地区都承认了对非财产损

① 参见刘炤、杨华柏、郭左践主编:《机动车交通事故责任强制保险条例释义》,法律出版社 2006 年版,第 54 页。

害的赔偿。① 《意大利民法典》第2059条规定，非财产损害，仅在法律有规定时才给予赔偿。该条实际上是默示援引了《意大利刑法典》第185条的规定，其结果就是，只有当加害行为满足刑事违法性时行为人才须对导致的非财产损失负赔偿责任。② 在奥地利，对身体和精神的健康所造成的任何消极影响，都有可能获得精神损害赔偿。精神损害的赔偿，一方面要考虑伤害的程度及其对于健康状态的影响，另一方面要考虑痛苦的持续时间及其严重程度。在德国，合同责任或其《民法典》以外规定的危险责任中，未承认对人身伤害给予精神抚慰金，但2002年《德国损害赔偿法》对此进行了修改。该法第253条规定，因侵害身体、健康、自由或性生活自主而必须赔偿由此所造成的损害的，受害人也可要求以金钱公平赔偿该非财产损害。③ 但在实践中，德国法院仍在运用一个更宽泛且影响较小的限制规则。这种限制体现在法院将驳回未达到显著性要求的非物质性损害赔偿的请求。德国的这种做法正与瑞士的做法相一致。在死亡案件中无需赔偿非物质损害，特别是其近亲属不能主张情感创伤的赔偿。只有在这一创伤是医学上可以证实的损害时才能要求赔偿，如因目睹死亡经过或知悉死亡消息遭受的惊吓损害。④ 在瑞士，事故受害人享有抚慰金请求权的前

---

① 参见[德]克雷斯蒂安·冯·巴尔：《欧洲比较侵权行为法》（下卷），焦美华译，法律出版社2004年版，第21页。

② 有学者认为，这一限制条件过于严苛，应改革第2059条，使之更有灵活性。参见[德]U. 马格努斯主编：《侵权法的统一：损害与损害赔偿》，谢鸿飞译，法律出版社2009年版，第182页。

③ 参见[德]沃尔夫冈·多伊布勒：《德国损害赔偿法的改革》，朱岩译，载《中德法学论坛》2002年第00期。

④ 参见[奥]伯恩哈德·A. 科赫、[奥]赫尔穆特·考茨欧主编：《比较法视野下的人身伤害赔偿》，陈永强等译，中国法制出版社2012年版，第214页。

提是，其所遭受的身体上的或精神上的痛苦曾经或现在足够严重。[①] 抚慰金的目的在于，通过在损害赔偿之外向受害人另行进行金钱给付，使其所遭受的身体或精神上的痛苦得到一定的补偿。这一金额应给受伤者或受害人带来愉悦的感觉，从而明显地减轻其痛苦，这大概相当于对非物质损害进行的物质上的平衡。[②]

与瑞士的立法相同，我国侵权法对精神损害的赔偿也要求损害达到“严重”程度。原《侵权责任法》第22条规定：“侵害他人人身权益，造成他人严重精神损害的，被侵权人可以请求精神损害赔偿。”[③]从文义来看，该“他人”似乎不仅包括自然人，还包括法人、非法人组织。然而，精神损害一般是指精神、肉体的痛苦。法人的本质无论采拟制说还是实在说，其均不具有精神感受力。[④] 所以，该条规定的“他人”过于宽泛。正因如此，《民法典》第1183条在表述上作了调整。该条第1款规定：“侵害自然人人身权益造成严重精神损害的，被侵权人有权请求精神损害赔偿。”对此，最高人民法院认为，对精神损害是否达到严重程度，应视人格权益性质不同而

① 参见［奥］伯恩哈德·A. 科赫、［奥］赫尔穆特·考茨欧主编：《比较法视野下的人身伤害赔偿》，陈永强等译，中国法制出版社2012年版，第433页。

② 参见［奥］伯恩哈德·A. 科赫、［奥］赫尔穆特·考茨欧主编：《比较法视野下的人身伤害赔偿》，陈永强等译，中国法制出版社2012年版，第433页。

③ 在《侵权责任法》颁布之前，我国侵权法关于精神损害赔偿的规定并未要求损害需达到“严重”程度。最高人民法院《关于确定民事侵权精神损害赔偿责任若干问题的解释》（法释〔2001〕7号）第1条规定，自然人的生命权、健康权、身体权遭受非法侵害，向人民法院起诉请求赔偿精神损害的，人民法院应当依法予以受理。最高人民法院《关于审理人身损害赔偿案件适用法律若干问题的解释》（法释〔2003〕20号）第18条规定，受害人或者死者近亲属遭受精神损害，赔偿权利人向人民法院请求赔偿精神损害抚慰金的，适用法释〔2001〕7号予以规定。

④ 参见最高人民法院民法典贯彻实施工作领导小组主编：《中华人民共和国民法典侵权责任编理解与适用》，人民法院出版社2020年版，第176页。

有所区别。对于侵害身体权、健康权的情形，在目前尚无新的针对性规定出台的情形下，可考虑借鉴当前司法实践中的主要做法，以达到伤残标准作为构成严重精神损害的主要依据，原则上只有达到伤残等级标准，才能提起精神损害赔偿。至于没有达到伤残等级标准的，精神损害是否构成严重后果，则应视情况而定，从严把握。①

精神损害是否应纳入机动车强制保险的保障范围，学者之间认识不一。有学者认为，精神损害赔偿，大多立法例规定保险人无须进行赔付，因为机动车强制保险只对受害人提供基本保障，尤其是在保险金额较低，受害人数较多的情况下，如果允许赔付精神损害赔偿，则势必使受害人难以得到救济，或救济份额微不足道。②然亦有学者认为，精神损害赔偿在各国立法中已得到广泛的承认，精神损害作为侵犯人身权益的法律后果，其主要目的在于对受害人加以补偿。因此，将精神损害纳入强制保险保障的范围，有利于对受害人的人身权益完整救济。③ 还有学者认为，受害人取得的残疾赔偿金或者死亡赔偿金具有精神损害赔偿性质，当事人不得再另行主张精神损害赔偿。

毫无疑问，现行法已经将精神损害纳入机动车强制保险保障的范围。根据《交强险条款》第 8 条的规定，被保险人依照法院判决或者调解承担的精神损害抚慰金，作为死亡伤残赔偿的一部分，

---

① 最高人民法院民法典贯彻实施工作领导小组主编：《中华人民共和国民法典侵权责任编理解与适用》，人民法院出版社 2020 年版，第 178 页。

② 参见李青武：《机动车责任强制保险制度研究》，法律出版社 2010 年版，第 218 页。

③ 参见最高人民法院民事审判第一庭编著：《最高人民法院关于道路交通损害赔偿司法解释理解与适用》，人民法院出版社 2012 年版，第 219 页。

被纳入了保险赔偿范围。① 不仅如此,《道路交通事故司法解释》第13条明确规定,被侵权人或者其近亲属请求承保交强险的保险公司优先赔偿精神损害的,人民法院应予支持。在该解释出台之前,最高人民法院(2008)民一他字第25号《关于财保六安市分公司与李富国等道路交通事故人身损害赔偿纠纷请示的复函》指出:"精神损害赔偿与物质损害赔偿在强制责任保险限额中的赔偿次序,请求权人有权进行选择。请求权人选择优先赔偿精神损害的,对物质损害赔偿不足部分由商业第三者责任险赔偿。"由于机动车强制保险赔偿实行分项限额制度,所以,精神损害赔偿优先于物质损害赔偿,主要是指在死亡伤残赔偿项目下,精神损害抚慰金优先于死亡补偿费、残疾赔偿金等财产损害。之所以规定精神损害可以优先于财产损害获得赔偿,其理由在于机动车商业三者险没有将精神损害纳入赔偿范围之内。在机动车强制保险不足以赔偿所有损害时,由强制保险优先支付精神损害抚慰金,将可以最大限度地保障受害人获得保险金的赔偿。② 显然,《道路交通事故司法解释》设立第16条的目的在于加强对受害人的保护,但该条已经背离了机动车强制保险设立的初衷。

笔者认为,机动车强制保险不应将精神损害纳入赔偿范围,理由在于:首先,将精神损害排除机动车强制保险赔偿范围之外,并非否定精神损害的侵权救济机制。正如前文所言,精神损害赔偿

---

① 《交强险条款》第8条第2款规定,死亡伤残赔偿限额和无责死亡伤残赔偿限额项下负责赔偿丧葬费、死亡补偿费、受害人亲属办理丧葬事宜支出的交通费用、残疾赔偿金、残疾辅助器具费、护理费、康复费、交通费、被扶养人生活费、住宿费、误工费,被保险人依照法院判决或者调解承担的精神损害抚慰金。

② 参见最高人民法院民事审判第一庭编著:《最高人民法院关于道路交通损害赔偿司法解释理解与适用》,人民法院出版社2012年版,第221页。

已经获得现代各国侵权法的广泛承认，通过侵权而非保险的方式可能更有利于受害人。这是因为在强制保险的影响下，法官在计算精神损害赔偿时不自觉地降低精神损害的赔偿数额，以平衡各方的利益诉求。相反，如果将精神损害赔偿排除机动车强制保险范围之外，受害人径直通过侵权法对加害人主张，更便于法院根据加害人的主观恶性、精神损害严重程度计算合理的赔偿数额。其次，精神损害赔偿与机动车强制保险在目标上存在严重冲突。前者的目的主要在于惩罚和遏制，①因此，在计算损害赔偿额时应当考察加害人的过错程度；而后者的目标在于为受害人提供基本保障，加害人有无过错，不在考虑范围之内。最后，机动车强制保险以保障受害人基本生活和基本医疗为目的，在我国机动车强制保险保障水平比较低的情况下，应当将有限的资源用于赔偿因侵犯人身权益而导致的物质损害。因此，在立法论上，现行法将精神损害赔偿纳入机动车强制保险的赔偿范围，值得探讨。

三、被保险机动车与特定损害之间存在因果关系

（一）侵权法上的因果关系理论

侵权之构成需要具备因果关系要件，对此没有任何争议。② 但是，什么是因果关系，如何判断因果关系至今没有明确的答案。在因果关系领域，不同法系、不同国家的学者已经创造出丰富多样的理论体系，形成了不同的理论表达，如必要条件理论、相当因果关

---

① 参见［德］U. 马格努斯主编：《侵权法的统一：损害与损害赔偿》，谢鸿飞译，法律出版社2009年版，第173页；张新宝：《侵权责任法立法的利益衡量》，载《中国法学》2009年第4期。

② See J. Spier, *Unification of Tort Law: Causation*, Kluwer Law International, 2000, p. 127.

系、法规目的说、可预见理论等。[①]

必要条件理论主张，作为赔偿基础的行为，必须是损害的必要条件。该理论对因果关系的判断采取“若无，则不”法则，即如果没有被告的行为，损害将不会发生，则该行为就是损害发生的原因。反之，如果没有被告的行为，损害仍然发生，则被告的行为就不是损害发生的原因。必要条件说的优点在于，能有效排除因果关系判断上不相干的因素。[②] 但采用必要条件理论判断因果关系，将导致责任的无限扩大，故需要相当因果关系等理论，对因果关系作进一步限制。相当因果关系理论旨在以条件的“相当性”来合理界定侵权责任的范围。对于相当性的判断，通常以显著增加损害发生的客观可能性为标准。德国法院将相当性描述为：若某一事件以一种并非无足轻重的方式一般性地提高了某一结果发生的客观可能性，该事件就是此结果的相当条件。如果一个事实一般地，且不是在异乎寻常、十分不可能的、并且根据事物的通常进程应不予考虑的情况下，适宜引发一定的结果，则具备相当性。[③] 法规目的说则认为，损害结果仅在法律目的所涵盖之范围内，才发生赔偿责任。被害人须为法规目的所欲保护之损害种类与损害发生方式，否则加害人无须承担赔偿责任。法规目的说的理论依据在于，相当因果关系说的内容抽象不确定，难以合理界定损害赔偿的范围。行为人就其侵权行为所发生的损害应否负责系法律问题，属于价值判断，应依法规目的认定之。[④] 可预见理论是英美法上重要的因

---

① 参见叶金强：《相当因果关系理论的展开》，载《中国法学》2008 年第 1 期。

② 参见陈聪富：《因果关系与损害赔偿》，北京大学出版社 2006 年版，第 48 页。

③ 参见叶金强：《相当因果关系理论的展开》，载《中国法学》2008 年第 1 期。

④ 参见王泽鉴：《侵权行为》，北京大学出版社 2009 年版，第 285 页。

果关系理论,其以损害结果的可预见性为标准,来确定因果关系的有无。只要原告损失是可以预见的,被告就应对由其过失直接导致的所有损失承担责任。当损害具备可预见性时,行为就是损害的近因,法律上的因果关系即可成立。①

然而,作为侵权责任构成要件的因果关系,其基本功能在于限制责任。因此,因果关系的判断是与侵权法上的政策和价值取向密切相连的。至于哪些法律政策和价值取向影响因果关系的判断,则没有统一的答案。《欧洲侵权法原则》第3:201条规定:"当某行为构成本章第一节规定的原因时,损害是否可以及在何种程度上可以被归责于某人,取决于下列因素:(1)一个理性人在行为时预见该损害的可能性,尤其要考虑致害行为与其结果在时空方面的接近性,或与这种行为通常造成的后果相比,该损害的严重程度;(2)受保护利益的性质和价值;(3)责任基础;(4)生活中通常风险的程度;以及(5)被违反之规则的保护性目的。"②

第1项因素显然受可预见性理论的影响。只有可预见到的损害才能作为行为的结果,其原因在于,多数法律制度都承认,无法预见的损害是不能归责于行为人的。然而,何种损害是可以预见,何种损害是不可预见的,本身就很难判断。一般认为,借助理性人标准,认为侵权行为之责任,须以不法行为引发之损害,具有理性谨慎之人,居于加害人之地位,在事件发生当时,可得预见为限。③

① 参见赵克祥:《论法律政策在侵权法因果关系判断中的作用——以英美侵权法之最近原因的分析为中心》,载《法律科学》2007年第4期。

② 欧洲侵权法小组编著:《欧洲侵权法原则:文本与评注》,于敏、谢鸿飞译,法律出版社2009年版,第6页。

③ 参见陈聪富:《因果关系与损害赔偿》,北京大学出版社2006年版,第45页。

值得注意的是,对于过失的判断,损害的可预见性也至关重要。①此时,因果关系的判断与过失的判断发生重合,这并不奇怪。将第2项“受保护利益的性质和价值”作为因果关系的判断标准,原因在于一种利益附着的价值越多,归因的范围就越宽。正因如此,几乎所有的法律制度都承认“蛋壳脑袋规则”。② 有学者指出,身体和健康损害被归责于行为人的条件要轻于物损,而物损又轻于纯粹经济损失,在最严重的损害形态——死亡中,阻碍可归责认定的一些传统因素就无法适用了。③ 责任的基础对因果关系的判断也发挥重要作用,对此,笔者将在后文作进一步论述。如果损害发生的原因是受害人生活中通常之风险,则该损害不能归因于他人,其理论基础在于受害人必须承担其自身支配领域内的活动、事件或其他情况可能造成的损害。将第5项被违反之规则的保护性目的作为因果关系判断的因素,是受法规目的说影响的结果。如果一项规则明确旨在防范特定的损害,则该损害通常可以归责于违反该规则之行为。此外,还有学者认为,原因力以及过错程度均可以作为判断因果关系的因素,原因力越大,责任应越大;过错程度越高,责任应越大。④

综上,侵权法上因果关系的判断与其他责任要件相互关联,彼此影响。巴尔教授将之类比为万有引力定律,非常贴切。万有引

① 参见《欧洲侵权法原则》第4:102条亦将损害的可预见性作为判断过失的一个因素。参见欧洲侵权法小组编著:《欧洲侵权法原则:文本与评注》,于敏、谢鸿飞译,法律出版社2009年版,第7页。

② See J. Spier, *Unification of Tort Law: Causation*, *Kluwer Law International*, 2000, p. 157.

③ 参见[德]克雷斯蒂安·冯·巴尔著:《欧洲比较侵权行为法》(下卷),焦美华译,法律出版社2004年版,第580页。

④ 参见叶金强:《相当因果关系理论的展开》,载《中国法学》2008年第1期。

力被理解为两个物体相互靠近的吸引力。引力的强度与两个物体的重量成比例关系,而物体的重量又只能借助引力加以测量。赔偿责任法同样如此,确定因果关系需要借助义务违反和损害,而在确定义务违反和损害时须借助因果关系,三者是相互交叉的规范性概念。①

(二)因果关系在机动车交通事故责任领域的具体判断

在大陆法系国家和地区,机动车致人损害一般采无过错责任原则,无论机动车一方有无过错,机动车驾驶人或管理人均要承担赔偿责任。然而,"机动车一方无过错"只是消极地描述了责任要件,至于责任成立的积极要件则未予言明。

德国《道路交通安全法》第 7 条规定:"机动车运行之际,致人死亡,身体或者健康受到伤害,或者物品受到损坏时,该机动车的保有者,对受害人负担赔偿由此产生的损害的义务。如果该事故是因不可抗力所导致,那么可排除其赔偿责任。"②日本《机动车损害赔偿保障法》第 3 条规定:"为自己将机动车供运行之用者,因其运行而侵害他人之生命或身体时,对所生损害负赔偿责任,但证明自己及驾驶人关于汽车之运行未怠于注意,且被害人或驾驶人以外之第三人有故意或过失,以及汽车无结构上之缺陷或机能之障害者,不在此限。"③从以上规定可以看出,无论是德国法还是日本法,机动车处于运行之际才能构成损害发生的原因,如果机动车处于停止状态,则只能作为普通物件对待。然而,严格限制机动车致

---

① 参见[德]克雷斯蒂安·冯·巴尔:《欧洲比较侵权行为法》(下卷),焦美华译,法律出版社 2004 年版,第 529 页。

② [德]马克西米利安·福克斯:《侵权行为法》,齐晓琨译,法律出版社 2006 年版,第 269 页。

③ 于敏:《日本侵权行为法》,法律出版社 2006 年版,第 306 页。

人损害的原因，则对受害人保护不周。为此，日本法院为达到充分保护车祸受害人之目的，将之作扩大解释，逐步发展出"车库出入说"，即从汽车驶出车库至再驶入车库之期间，无论汽车在行进、暂时停车或长时间停放状态中，只要位于公共交通场所，就对第三人构成特别危险。① 德国联邦法院亦认为，"运行"一词应被解释为"将机动车运用于交通且存在危险的状态，只有当机动车离开了车道且置放于公共交通以外的位置时，机动车才处于非运行状态"。②

在法国，《法国1985年7月5日法律》颁布之前，规范机动车交通事故责任的是《法国民法典》第1384条。该条规定，任何人不仅对他自己的行为造成的损害负赔偿责任，而且也应对由其负责的他人的行为或在其监管下的物件所造成的损害负赔偿责任。所谓任何人应对其管理下的物件所造成的损害负赔偿责任，成为法国无生物责任的法律基础。③ 与德国法和日本法相比，《法国民法典》第1384条并未要求车辆这一物件处于运行之际才能构成侵权的原因，即使车辆处于停止状态，仍然有《法国民法典》第1384条适用的余地。但是，车辆处于停止状态，如何构成损害发生的原因？为此，法国实务上对物件在损害中所起的作用进行区分，监管者仅对物发挥积极作用的损害承担责任，而消极作用尚不构成损害的原因。所谓消极作用，是指物位于它所处的位置、环境上或使用过程中举止正常时所发挥的作用；相反，物因不正常举动造成损

① 参见林建智：《强制汽车责任保险之修正建议——论汽车交通事故之界定》，载《月旦法学杂志》2001年第78期。

② ［德］马克西米利安·福克斯：《侵权行为法》，齐晓琨译，法律出版社2006年版，第270页。

③ 参见李昊：《法国危险责任的生成与演进》，载《比较法研究》2012年第4期。

害的，则可认定为物对损害发生了积极作用。[①] 我国台湾地区“强制汽车责任保险法”第13条规定，“‘本法’所称汽车交通事故，指使用或管理汽车致乘客或车外第三人伤害或死亡之事故”，该条并未强调机动车的状态。其“立法”理由在于，“为避免责任隔离所可能衍生之纷争，不论处于动态或静态，凡汽车所致之事故均受本法之保障，爰参照现行汽车保险单及美国立法例，扩及因汽车之使用或管理所致之事故，不以汽车之行驶或使用所致者为限”。换言之，凡社会大众享受汽车之便利所招致之危险，所发生之汽车交通事故，不论动、静态，皆应纳入“本法”之保障范围。[②] 然亦有学者认为，该条规定的机动车交通事故界定不明确，范围不清。因此，机动车交通事故应以机动车处于“使用”“行驶”等动态为认定依据，同时限制交通事故发生的地域，即将交通事故界定为于道路、停车场或其他供汽车通行之地方，因行驶或使用汽车所致受害人体伤、残疾或死亡之事故。[③]

正如前文所言，因果关系的判断需要综合损害是否可预见、损害利益的价值、过程程度、归责基础等因素加以判断。虽然机动车交通事故采无过错责任原则，因果关系的判断仍受上述因素的影响。基于各国侵权法不同的法律政策，在具体的案件中会得出不同的结果。例如，某人因疏忽或醉酒撞上一辆停放在路边的机动车，该机动车是否与受害人受害之间存在因果关系。荷兰法认为，

① 参见李昊：《法国危险责任的生成与演进》，载《比较法研究》2012年第4期。

② 参见江朝国：《强制汽车责任保险法》，台北，元照出版有限公司2006年版，第124页。

③ 参见林建智：《强制汽车责任保险之修正建议——论汽车交通事故之界定》，载《月旦法学杂志》2001年第78期。

无论该机动车是违法停靠还是合法停靠，均不构成损害的原因。[①] 然而，根据《法国民法典》第 1384 条之规定，在机动车处于违法停靠的情况下，该车辆才构成损害发生的原因。

（三）机动车强制保险领域内因果关系的判断

《法国 1985 年 7 月 5 日法律》第 1 条规定："本章规定，适用于因陆上动力车辆及其拖挂车辆或半拖挂车辆牵连其中，所引起交通事故的被害人，无论该被害人是否依据契约而被运送。但依据其固有轨道行驶的火车或电车，不在此限。"第 7 条规定，《法国保险法典》第 L. 211－1 条第 1 项规定的文字"因陆上动力车辆及其拖挂车辆或半拖挂车辆肇致第三人人身或财物损害"，由以下文字取代之，即"因陆上动力车辆及其拖挂车辆或半拖挂车辆牵连其中，侵害第三人人身或财物，使第三人受有损害"。[②] 该法之所以将"动力车辆肇致第三人损害"（因果关系问题）改为"动力车辆牵连其中使第三人受有损害"（牵连关系问题），原因有两个：其一，传统侵权法上的因果关系在认定上过于严格，用牵连关系取代因果关系，可以加强保护交通事故受害人。所谓动力车辆与损害之间有牵连关系，意味着只要动力车辆以某种形式参与、牵扯或涉入交通事故，即属牵连其中，不问该车辆与损害发生是否具有相当的原因力，也不问该车辆在损害实现过程中所扮演的是积极或消极角色、主动或被动角色，均不影响交通事故损害赔偿责任的成立。[③] 其二，《法国 1985 年 7 月 5 日法

---

① 参见［德］克雷斯蒂安·冯·巴尔：《欧洲比较侵权行为法》（下卷），焦美华译，法律出版社 2004 年版，第 473 页。

② 参见陈忠五：《新世纪法国侵权责任法的挑战——以交通事故损害赔偿责任的发展为例》，载《台湾大学法学论丛》2006 年第 2 期。

③ 参见陈忠五：《新世纪法国侵权责任法的挑战——以交通事故损害赔偿责任的发展为例》，载《台湾大学法学论丛》2006 年第 2 期。

律》第3条将“受害人具有不可原谅的过错且该过错为事故发生的唯一原因”作为机动车驾驶人和管领人的免责事由，这意味着不可抗力、第三人原因、受害人过失等事由导致的交通事故，牵连其中的动力车辆驾驶人、管领人也应负损害赔偿责任，即使该车辆与损害之间没有因果关系。因此，用牵连关系取代因果关系也是为了与该法第3条保持协调。

然牵连关系与因果关系到底具有何种区别，学者间认识不一。有学者认为，牵连关系其实只是一种更宽松的因果关系而已。当车辆与被害人间有直接的身体碰撞接触时，因果关系容易成立，牵连关系亦同。而当车辆与被害人间没有直接的身体碰撞接触时，只有例外情况下，因果关系才成立，牵连关系也是如此。因此，被害人主张车辆与损害发生间有因果关系或有牵连关系，并无重大不同。① 然亦有学者认为，法国民事责任于普通法意义上的因果关系，是指造成损害的责任原因事实与损害之间的某种联络关系。因此，在因果关系结构下，损害是思考起点，从损害出发，寻找造成损害的责任原因事实，是因果关系的思维特征。然而，《法国1985年7月5日法律》所规定的牵连关系是指引起交通事故的动力车辆与交通事故之间的某种联络关系。亦即，某交通事故与某动力车辆有关，该交通事故的发生，是该动力车辆在时间上、空间上或在物理上、物质上以某种形式参与、牵连或涉入的结果，两者间有某种联络关系存在。由此可知，“损害”此一要件与牵连关系的判断完全无关，在牵连关系结构下，“交通事故”才是思考起点，从“交

① See G. Durry, *L'assurance automobile*, Collection“ *connaisssance du droit*”, 1998, Dalloz, pp. 20 – 22. 转引自陈忠五：《论法国交通事故损害赔偿责任的成立要件——损害、牵连关系与归责关系之研究》，载《政大法学评论》2007年第97卷。

通事故”出发，寻找与交通事故有关联的动力车辆，是牵连关系的思维特征。可见，牵连关系与因果关系两者之间的区别非常明显，动力车辆与交通事故间的联络关系，是“牵连关系”所要处理的问题。动力车辆与损害间的联络关系，则是“因果关系”所要处理的问题。前者以“交通事故”为出发点，后者以“损害”为出发点。①

我国《道路交通安全法》第 76 条与《法国 1985 年 7 月 5 日法律》的区别在于，即使受害人具有不可原谅的过错且该过错为事故发生的唯一原因，也不能作为机动车一方免责的事由。就此而言，《道路交通安全法》第 76 条规定的赔偿责任比《法国 1985 年 7 月 5 日法律》更为严格。然而，《法国 1985 年 7 月 5 日法律》明确规定只要动力车辆牵连于交通事故中，则该车辆的驾驶人和管领人就应对事故损害负责，而《道路交通安全法》第 76 条却并未作如此规定。该条第 1 款规定：“机动车发生交通事故造成人身伤亡、财产损失的，由保险公司在机动车第三者责任强制保险责任限额范围内予以赔偿。”所谓“造成”，是指侵权法上因果关系的典型表述，如《民法典》第 1202 条规定的产品责任、第 1229 条规定的环境污染和生态破坏责任、第 1236 条规定的高度危险责任、第 1245 条规定的饲养动物损害责任等。② 这是否意味着《道路交通安全法》第 76 条关于因果关系的判断仍采纳传统侵权法上的标准？对此，理论研究甚少，但我国司法判

---

① 参见陈忠五：《论法国交通事故损害赔偿责任的成立要件——损害、牵连关系与归责关系之研究》，载《政大法学评论》2007 年第 97 卷。

② 《民法典》第 1202 条规定：“因产品存在缺陷造成他人损害的，生产者应当承担侵权责任。”第 1229 条规定：“因污染环境、破坏生态造成他人损害的，侵权人应当承担侵权责任。”第 1236 条规定：“从事高度危险作业造成他人损害的，应当承担侵权责任。”第 1245 条规定：“饲养的动物造成他人损害的，动物饲养人或者管理人应当承担侵权责任；但是，能够证明损害是因被侵权人故意或者重大过失造成的，可以不承担或者减轻责任。”

决已经形成相对稳定的态度。

1. 因果关系的一般判断标准

从我国司法实践来看，只要机动车与受害人（包括受害人驾驶的机动车或非机动车）发生物理碰撞，即可肯定该机动车与损害之间存在因果关系，即使该机动车在交通事故中并未发挥积极作用。典型的例子是机动车处于静止状态，受害人主动与该机动车发生碰撞的情形。当然，如果机动车处于静止状态，且停靠合法，则保险公司仅在无责限额范围内承担赔偿责任。

现举一个非常典型的例子予以说明。在李某甲与潘某某等机动车交通事故责任纠纷案（以下简称“七车连环相撞案”）中，潘某某驾驶中型自卸货车 A 与同向停车等候的吴某某驾驶的小型越野客车 B 尾部发生碰撞，导致小型越野客车 B 向前推行，该车在滑行过程中先后与前方同向停驶的李某乙驾驶的小型普通客车 C 尾部和李某甲驾驶的普通二轮摩托车 F 尾部相撞。二轮摩托车 F 的车头又与前方同向停驶的刘某某驾驶的轿车 G 尾部相撞。小型普通客车 C 与对向行驶的王某驾驶的小型普通客车 D 相撞，导致被撞倒退的小型普通客车 D 的车尾与尾随行驶的司某某驾驶的大型普通客车 E 车头相撞。事故造成七车受损和二轮摩托车 F 驾驶员李某甲、小型越野客车 B 驾驶员吴某某受伤。根据交通管理部门作出的交通事故责任认定书，A 车驾驶人潘某某承担事故全部责任，其他车辆驾驶人均不承担责任。①

该案情可简化为：A 撞 B，B 撞 C，C 撞 D，D 撞 E；在 B 撞 C 之后，B 又撞 F，导致 F 撞 G。现二轮摩托车 F 驾驶人李某甲请求各加害人承担损害赔偿责任。A 车的保险公司认为，虽然 C、D、E 三车与受害

① 贵州省遵义市中级人民法院（2014）遵市法民一终字第 99 号判决书。

人没有发生直接接触，但是，它们已经卷入了本次交通事故，对受害人所受损害存在关联性。根据《道路交通安全法》第76条之规定，即使它们的驾驶人在事故中无过错，其保险公司也应在无责限额范围内予以赔偿。一审法院认为：B车与受害人发生碰撞之前，已与C车分开，故受害人受伤与C车没有因果关系，与C车被撞之后再与之相撞的D车、E车更没有因果关系。从现场情况分析，C车不仅对受害人受伤没有原因力，相反，由于该车当时是处于停驶等候状态，故其对来自B车的冲撞起到了阻却作用，一定程度上减轻了受害人的受伤程度。因此，C、D、E与受害人受伤没有因果关系。二审法院亦明确指出，C、D、E未与受害人驾驶的二轮摩托车F发生直接接触，对受害人受伤亦未产生影响，因此，C、D、E与受害人受伤没有因果关系。① 本案的判决结果为，A、B、G三车与受害人受伤存在因果关系，A车保险公司在机动车强制保险有责限额范围内赔偿保险金；B、G两车保险公司在无责限额范围内赔偿保险金。②

事实上，一审法院主张C与受害人受伤不存在因果关系的理由同样适用于B。B车客观上也发挥冲撞阻却作用，一定程度上减

① 参见贵州省遵义市中级人民法院(2014)遵市法民一终字第99号判决书。另有大连市中级人民法院认为，本案的客观事实是唐某驾驶的车辆先与卢某某驾驶的摩托车发生交通事故，之后唐某的车辆再与孙某某的摩托车相撞，两台摩托车及驾驶员卢某某和孙某某并无接触，该事实有据可查且当事人均予以认可。因此，被上诉人卢某某所受伤害与孙某某之间无因果关系，孙某某对卢某某无需承担侵权责任。参见辽宁省大连市中级人民法院(2014)大民一终字第1716号判决书。

② 在法国，受害人可以向没有参与损害的机动车驾驶人及其保险公司要求赔偿。比如，A与B相撞，并且两分钟后，C与A相撞。B在第一次的碰撞中死亡。然而，B的权利继受人可以起诉C，C的机动车毫无疑问地卷入了这场事故，即使其并没有导致B的死亡。See J. Spier, *Unification of Tort Law: Causation*, Kluwer Law International, 2000, p. 56. 参见陈忠五：《论法国交通事故损害赔偿责任的成立要件——损害、牵连关系与归责关系之研究》，载《政大法学评论》2007年第97卷。

轻了受害人受伤的程度，然而，法院认定 B 对受害人受伤存在因果关系，其理由仅仅是 B 车与受害人发生了“物理碰撞”。“物理碰撞”为何在责任认定上产生如此重大作用？其是否具有合理性基础？不无疑问。“七车连环相撞案”以物理碰撞作为因果关系的判断标准，凡是与受害人发生物理碰撞的机动车，均可认定其对损害存在因果关系。毫无疑问，这一标准已经完全僵化了，物理碰撞不能体现出任何法律政策和价值取向。

尽管机动车与受害人之间存在物理碰撞，即可判断出因果关系的存在，但物理碰撞并非因果关系之必要因素。即使机动车与受害人之间没有物理碰撞，也可认定机动车与受害人之损害存在因果关系。在黄某某等诉朱某某机动车交通事故责任纠纷案（以下简称“违法掉头案”）中，被告朱某某针对原告的诉讼请求辩称，“被告驾驶的微型轿车准备掉头时并未与原告黄某某、受害人尹某某及二人驾驶的非机动车发生碰撞，尹某某的死亡系自身原因造成，与被告的驾驶行为不具有因果关系”。[①] 然彭州市人民法院认为，被告驾驶微型轿车在道路中心实线附近掉头，违反了黄色实线作为禁止标线禁止压线、越线的规定，使后方原告黄某某驾驶二轮电瓶车牵引尹某某骑行的人力货运三轮车不得不避让，造成三轮车因避让不及发生侧翻，尹某某因此受伤死亡的结果，被告驾驶微型轿车在道路中心实线附近掉头的行为是事故发生的原因。[②] 所以，碰撞不是承担交通事故侵权责任的必要条件，关键在于驾驶行

① 四川省彭州市人民法院（2012）彭州民初字第 953 号判决书。在该案中，保险公司是以诉讼第三人的身份出现的。

② 四川省彭州市人民法院（2012）彭州民初字第 953 号判决书。

为是否符合侵权责任的构成要件。① 显然,该案的归责事由在于“被告驾驶微型轿车在道路中心实线附近掉头,违反了黄色实线作为禁止标线禁止压线、越线的规定”,即被告存在违法过错行为。如果被告的驾驶行为并没有违反《道路交通安全法》的规定,也不存在过错行为时,该机动车的保险公司是否负有赔偿保险金的义务?

与“违法掉头案”不同,在李某乙与李某甲等机动车交通事故责任纠纷案(以下简称“避让自损案”)中,受害人的损害系因机动车驶近而引起心理恐慌发生交通事故所致。在该案中,李某甲驾驶小型普通客车在超越前方顺行的杨某某驾驶的电动三轮车时,杨某某的电动三轮车歪倒,三轮车乘车人李某乙即杨某某的妻子从三轮车中摔下受伤。高密市人民法院认为,李某甲超车未合理避让的行为与杨某某电动三轮车载人上路行驶的行为共同导致了事故的发生,李某乙的受伤与李某甲的行为之间有相当因果关系,而事发时两车是否实际接触并非该因果关系成立的条件,因此,李某甲应对李某乙承担侵权责任。② 与此类案件相似的有:因逆向开过来的车辆前灯炫目而导致的交通事故案件;自行车驾驶人因汽车鸣笛引起的与汽车相撞之恐惧感而摔倒的案件等。这类案件的共同点在于,受害人因机动车驶近而产生心理恐慌引发交通事故。

在叶某某与马某某等机动车交通事故责任纠纷案(以下简称“漏油案”)中,马某某驾驶的大型普通客车因车辆机械故障漏油,导致路面湿滑,引起随后的车辆(包括叶某某所骑的电动自行车)

---

① 参见陈军、刘莹:《碰撞不是承担交通事故侵权责任的必要要件》,载《人民司法》2014 年第 18 期。

② 山东省高密市人民法院(2014)高民初字第 235 号判决书。

滑倒，造成叶某某等 18 人受伤。本次事故发生后，长兴县公安局交警大队出具了《交通事故认定书》，认定事故双方均无过错，该事故为交通意外事故。一审法院认为，虽然长兴县公安局交警大队所出具的《交通事故责任认定书》认定，马某某在该起交通事故中无导致交通事故的过错，属于交通意外事故，不负事故责任。但该起事故是因马某某所驾车辆机械故障漏油而引起，马某某驾驶车辆上路，应保持车况的良好并随时观察车辆前后情况，在车辆漏油后应及时采取警示等措施，故其在事故中存在一定过错并且该过错与叶某某的损害结果存在因果关系。因此，马某某及其机动车保险公司应承担本次交通事故的赔偿责任。二审法院亦肯定了一审法院的裁判理由，维持原判。①

从以上三类案件来看，机动车与受害人没有发生物理碰撞，法院通过认定机动车违反注意义务，进而肯定机动车与受害人受伤存在因果关系。可见，我国审判实践已经确立起了这样的规则：在物理碰撞型交通事故中，卷入交通事故的机动车，无论其驾驶人是否具有过错，均可认定该机动车与受害人之间存在因果关系；②在非接触型交通事故中，卷入交通事故的机动车是否与损害之间存

---

① 浙江省湖州市中级人民法院(2014)浙湖民终字第96号判决书。*Mullen v. Hartford Acci. & Indem. Co.* 案与本案案情相同，被保险汽车之曲轴箱漏油，致原告于穿越街道时因机油滑倒摔伤，马萨诸塞州最高法院亦判令该车辆保险公司赔偿保险金。See 191 N. E. 394(Mass)。

② 在法国，只要动力车辆与被害人身体或其所驾驶或搭乘的车辆有发生实体碰撞，不问该被害人是该动力车辆内的驾驶人、乘客或是该动力车辆外的第三人，也不问该动力车辆是主动碰撞被害人或被动遭被害人碰撞，均应认定牵连关系存在。从而，单纯实体碰撞的事实，不问有无因果关系，均可成立牵连关系，此项见解使牵连关系容易判断，而且有利于被害人。参见陈忠五：《论法国交通事故损害赔偿责任的成立要件——损害、牵连关系与归责关系之研究》，载《政大法学评论》2007 年第 97 卷。

在因果关系，则与传统侵权法上因果关系的判断采同一标准。① 整体来看，在机动车交通事故领域，因果关系的判断采纳了非常宽松的标准，其目的在于尽可能扩大保障范围，实现为交通事故受害人提供基本保障的制度功能。然而，这种宽松的标准具有极强的体系效应，这一点并未引起足够重视。

2. 特殊因果关系的判断

在实践中，除简单碰撞、违反交通法规等原因导致交通事故发生外，还有一些非常特别的原因引起或扩大损害，这给因果关系的判断带来了困难。为此，笔者通过特定案件展开考察。

既然在责任构成上的因果关系判断标准非常宽松，那是否意味着责任范围上的因果关系判断亦应采纳宽松标准，即只要损害的发生或者扩大与被保险机动车存在牵连或者条件关系，受害人均可请求保险公司赔付保险金？在高某某等与赵某某等机动车交通事故责任纠纷案中，关于张某某的死亡与交通事故之间是否具有因果关系的问题，法院则认为：原则上自杀系死者的自主行为，

① 对此，法国法关于牵连关系的判断也采同一见解。被害人必须有证据足以显示动力车辆在交通事故中曾经扮演某种角色，或曾经以某种方式介入或参与交通事故的发生，才能认定牵连关系存在。此一“角色”“介入”或“参与”，其实是发生交通事故的“条件”，无须是直接引发交通事故的因素，也无须是积极引起交通事故的因素，更不问交通秩序是否因而被扰乱，只要其影响或改变了事物的正常发展历程，“无此车辆的介入或参与，交通事故将不会是如此”，即可成立牵连关系。由此可知，牵连关系的判断，仍不得不借助传统民事责任法上因果关系的概念。不同的是，在牵连关系结构下，此之“因果关系”，是相对于“交通事故”而言。亦即，动力车辆是“交通事故”的发生原因，不是“损害”的发生原因。而且此一原因，不须是相当因果关系说认为的交通事故发生的“相当原因”，只要是条件说认为的交通事故发生的“必要条件”即可。因而可以想见，只要动力车辆与交通事故有某种关联性，即使此项关联性轻微而不重要，也很可能被认定为有牵连关系。就此而言，即使牵连关系的判断，类似于因果关系的判断，但两者仍有不同。参见陈忠五：《论法国交通事故损害赔偿责任的成立要件——损害、牵连关系与归责关系之研究》，载《政大法学评论》2007 年第 97 卷。

交通事故侵权人不应就自杀死亡所造成的损害承担赔偿责任。但如果交通事故所造成的损害后果可以认定为导致受害人自杀的因素之一的,则事故伤害构成自杀的部分原因,侵权行为人应就自杀所致损害承担一定的赔偿责任。在该案中,张某某的伤情严重,尤其是面部组织撕拖严重,虽经手术缝合,但定会对心理造成一定程度的打击。法院确认交通事故伤害构成张某某自杀的部分原因,侵权行为人应就因此所造成的损害承担一定的赔偿责任。关于具体责任比例,法院酌情确定应由侵权行为人按照15%的比例承担死亡赔偿金、丧葬费以及被扶养人生活费。① 显然,该案并未将责任成立上的牵连关系运用于责任范围上的因果关系判断。在笔者看来,该案的分析与普通侵权案件因果关系的判断无异,强调不同事实对损害扩大的原因力。

针对普通侵权案件受害人因遭受损害而引发自杀的问题,王泽鉴教授认为,受害人于事故后自杀,是否具有因果关系,仍应视所受伤害严重程度及精神反应等因素,就个案认定之。② 德国判例学说亦肯定,受害人自杀应视其情形得归由加害人负责。③ 在日本,受害人因交通事故后遗症导致自杀事件发生时,在认定事故与

---

① 参见北京市门头沟区人民法院(2014)门民初字第3045号判决书。

② 参见王泽鉴:《侵权行为》,北京大学出版社2009年版,第218页。

③ 在意大利,其最高法院认为,受害人的这种心理上的短路反应是极不正常的,因此,不符合因果关系的相当性测试。在希腊一则案例中,丈夫在事故中死亡,妻子变得精神抑郁,7个月后自杀身亡。法院以自杀是无法预见的事故结果为由拒绝归责于被告。在法国,法院以“无此事故就不会有受害人自杀的结果”简单一句话认定了肇事者对受害人自杀结果的赔偿责任。在德国,事故中受伤的抚养人在事故后因不断的疼痛和痛苦而在10年后因无法克服和无法左右的精神抑郁而自杀时,原事故肇事者也须对这种情况下抚养费的损失承担赔偿责任。See J. Spier, *Unification of Tort Law: Causation*, Kluwer Law International, 2000, p. 73;参见[德]克雷斯蒂安·冯·巴尔:《欧洲比较侵权行为法》(下卷),焦美华译,法律出版社2004年版,第569页。

自杀之间具有事实因果关系的前提下，一般有两种方式确定相当因果关系的范围。其中一种方式是要求事故所造成的伤害对受害人后来的自杀具有高度盖然性。例如，在一公司女职员因交通事故受伤自杀案中，日本最高裁判所认为，如无该案事故，不会发生受害人之自杀事件，事故与自杀之间具有事实因果关系。但是，仅以事故当初所造成的损害分析，不具有导致受害人之自杀的高度盖然性，即受害人之自杀并非该案事故通常所生之损害。因此，该事故与受害人之自杀之间不具有相当因果关系。① 依高度盖然性的判断标准，受害人的受伤部位、程度、后遗障碍的部分、劳动能力、生活状况、精神状态、性格变化、精神及肉体的痛苦程度等因素须达到可以预见其自杀的程度。② 另一种方式是肯定加害人的赔偿责任，但应按比例作出相应扣减。③ 例如，在受害人因交通事故导致头痛、头重、头晕、视力疲劳等后遗症，并最终自杀的一则案例中，日本最高裁判所认为，本案交通事故的发生给受害人造成重大精神冲击，其影响持续时间甚长，加之损害赔偿的交涉进展不顺等原因，致使受害人陷入灾害神经症状态而不能自愈，并由此转为抑郁症以致自杀。抑郁症患者的自杀率远远高于平均人口自杀率，因此，本案事故与受害人之自杀具有相当因果关系。由于受害人自杀也有其心理上因素之影响，因此，判定其死亡的损害赔偿相应减额。④

---

① 参见李薇：《日本机动车事故损害赔偿法律制度研究》，法律出版社 1997 年版，第 159 页。

② 参见周江洪：《日本侵权法中的因果关系理论述评》，载《厦门大学法律评论》2005 年第 1 期。

③ 参见李薇：《日本机动车事故损害赔偿法律制度研究》，法律出版社 1997 年版，第 160 页。

④ 参见李薇：《日本机动车事故损害赔偿法律制度研究》，法律出版社 1997 年版，第 160 页。

在多因一果侵权案件中,如何确定行为人的责任及责任大小,始终是侵权法的难点。机动车交通事故这一致损原因与医疗事故并存,导致受害人的损害扩大,是典型的多因一果的侵权类型。医疗事故侵权的因果关系与其他普通侵权无异,系采纳相当因果关系学说,除满足条件关系外,还需要通过相当性的检测。然而,在机动车交通事故领域,因果关系的判断并非完全采纳相当因果关系,而是类似于法国法上的牵连关系。因此,在两类事故共同导致损害发生的情形下,如何判断各自的责任大小,不无疑问。在徐某某等与胡某等机动车交通事故责任纠纷案中,法院认为,林某某死亡,系多因一果。原因一是交通事故。被告胡某的交通事故侵权行为与林某某的死亡后果之间符合"无此行为,必不生此损害;有此行为,通常即生此种损害"的相当因果关系判断标准,且其主观存在过错,行为具有违法性,依法应当承担赔偿责任。原因二是医疗事故。衢州市人民医院与三原告签订的赔偿协议可认定衢州市人民医院存在医疗损害行为,存在医疗过错。当然,医疗损害行为亦与林某某的死亡后果之间符合"无此行为,必不生此损害;有此行为,通常即生此种损害"的相当因果关系判断标准,故其亦依法应当承担赔偿责任(双方自愿达成调解)。据此,造成林某某死亡可课予责任的原因就是交通事故和医疗事故。结合本案案情,两者过错程度大小和原因力比例无法查明,推定两者对损害后果的发生负同等过错及同等原因力,平均分担人身损害的赔偿。据此,确定交通事故原因造成的人身损害损失为林某某人身损失的50%。根据法律规定,该损失(总损失的50%)先由承保交强险的保险公司即财保衢州市分公司在责任限额范围内予以赔偿。① 显

① 浙江省衢州市柯城区人民法院(2014)衢柯交民初字第82号判决书。

然,该案对机动车交通事故与医疗事故的责任构成因果关系并未作出区分,统一适用相当因果关系。在责任划分上,根据交通事故与医疗事故对损害后果发生的过错程度与原因力来确定。

然而,原因力的判断极具主观性,法院在裁判要旨中并未给出详细的说理和标准。在尹某某与何某某等机动车交通事故责任纠纷、医疗损害赔偿责任纠纷案中,何某某驾驶小轿车与前方同方向抛锚的尹某某驾驶的小轿车发生追尾,导致尹某某受伤、两车损坏的交通事故。经交警部门认定,何某某负此次事故全部责任,尹某某不负责任。尹某某在医治过程中,医院存在漏诊,导致尹某某的损害扩大。经鉴定,医院存在医疗过失,对尹某某的损害后果有一定的因果关系,医院应承担轻微责任。南京市建邺区人民法院据此酌定医院承担责任的比例为20%,被告何某某、人保福州分公司应承担责任的比例为80%。[①] 在笔者看来,法院在判断各方当事人

① 江苏省南京市建邺区人民法院(2014)建民初字第1238号判决书。在另外一则案例中,被告孙某某驾驶小轿车与原告朱某某驾驶的电动自行车相撞,造成电动自行车乘坐人邵某某受伤、两车损坏的交通事故。事故发生后,邵某某被送至淮安楚州医院住院治疗,出院后于家中死亡。司法鉴定部门在未解剖尸体的前提下作出法医学尸体检验报告,认定死者邵某某符合全身多发性损伤死亡。经交通管理部门认定,被告孙某某与原告朱某某负事故同等责任,死者邵某某不负事故责任。法院认为,受害人邵某某系出院好转回家后死亡,死亡后其亲属未配合进行尸体解剖以查明受害人死亡的直接原因,导致受害人死亡原因不明,客观上给双方责任认定造成困难,具有一定的过错,因此,对受害人死亡造成的各项损失,应在原有事故责任的基础上适当减轻对方责任。本案中,受害人自身无责任,其丈夫朱某某与孙某某各自承担事故同等责任,考虑到孙某某所驾驶车辆为机动车,一审认定由保险公司先行承担交强险后,由孙某某承担超出部分的70%的责任并无不当,但未考虑到受害人亲属在受害人死亡后未及时进行尸体解剖以查明受害人死亡原因中的过错,而未在原责任基础上再适当减轻对方责任,应当予以纠正。法院结合案情以及相关证据,酌情确定上诉人平安保险在商业三责险范围内承担原有事故责任85%的赔偿责任,其余15%责任由被上诉人朱某某等自担。参见殷清利:《最新交通事故疑难案件裁判标准与实务解析》,法律出版社2014年版,第365页。

责任大小时，存在将原因力的判断与过错大小结合起来的倾向。主观过错越大，责任相应就越大。但是，原因力与过错显然存在区别。在普通交通事故案件中，在机动车强制保险责任限额范围内的侵权责任并不以过错为要件。

与上述两则案例不同，法院在张某乙等与枣庄市山亭区中心人民医院等医疗损害赔偿纠纷案中却存在不同的审理思路。一审法院认为，根据山亭区医疗事故技术鉴定委员会对张某甲的死因所出具的鉴定结论，枣庄市山亭区中心医院在救治张某甲时存在重大疏忽，其过错是明显的，并与张某甲的死亡后果具有直接因果关系，应当就其医疗过失行为承担民事侵权损害赔偿责任。尽管交通肇事致张某甲受伤也是导致其死亡的原因之一，但是，交通肇事行为人与被告并不具有共同致张某甲损害的故意或过失，两者没有主观上的共同过错，不符合共同侵权行为的构成要件。二审法院认为，交通肇事行为与医疗过失行为两者侵害的客体不同，损害赔偿的请求权基础也不同，各方应分别对各自的过失行为造成的损害后果负责。① 显然，在该案中，法院并未将交通事故与医疗事故作为共同侵权行为对待，而是通过分别审视不同事故的侵权构成，进而判断各方当事人的侵权责任。因此，如果各方当事人的行为对同一损害均构成侵权的，则应承担连带责任。然而，即使各方当事人对受害人承担连带责任，在他们内部仍然需要确定各自的赔偿份额，但在该案中，法院回避了这一重要问题。

上述三则案例均涉及交通事故受害人因医疗事故导致死亡时，医疗过失行为是否中断交通事故与死亡之间的因果关系的问

① 山东省枣庄市中级人民法院(2013)枣民五终字第218号判决书。

题。从三则案例的裁判结果来看,法律适用和论证路径不同,存在同案不同判的情形。针对普通侵权与医疗事故结合发生损害后果的案件,王泽鉴教授认为,伤害他人身体,医疗行为系属必要,不可避免,所以,医疗过失非由于医生的重大过失时,加害人对医疗行为伴随的危险仍应负责。① 换言之,如果医疗过失属于重大过失,则可认定该死亡结果不可预见,事故肇事者与死亡之间不存在因果关系。正如前文所言,机动车交通事故责任构成上的因果关系与普通侵权存在显著差异,为实现机动车强制保险的制度功能,采纳了近似于法国法上的牵连关系,只要被保险机动车与损害之间存在牵连,保险公司就应当承担赔付责任。然而,在交通事故和医疗事故并存时,法院回归了侵权损害因果关系判断的一般标准,采纳相当因果关系说,强调交通事故与损害之间的原因力,进而确定机动车一方的责任比例。因此,在机动车交通事故领域,因果关系的判断较为混乱,缺乏统一的判断标准。产生这一问题的根源在于,法院采取的是一种以结果为导向的裁判思路。具言之,在特定案件中,如果没有其他潜在的责任承担者,则因果判断采纳宽松标准,尽可能判令被保险机动车一方承担责任;反之,如果因医疗事故或者其他事故而存在其他责任承担者,法院便倾向于回归严格的因果关系判断标准,判令被保险机动车一方与其他主体分担赔偿责任。显然,这种以结果为导向的裁判思路将损及法的科学性,导致因果关系的判断混乱不堪。笔者认为,可取的选择是建立统一的因果关系判断标准。为实现机动车强制保险保护交通事故受害人的制度功能,应采纳类似于法国法上的牵连关系标准来修正传统的因果关系判断。在交通事故与医疗事故或者其他致害原因

① 参见王泽鉴:《侵权行为》,北京大学出版社2009年版,第218页。

并存时,被保险机动车与损害之间已然发生牵连,保险公司应当在责任限额范围内承担完全赔付责任。当然,根据医疗事故或其他致害原因的责任比例,保险公司承担赔付责任后有权向医疗机构或者其他责任主体追偿。

四、作为特殊赔偿要件的过错

在机动车强制保险领域,就特殊类型的案件而言,保险公司的赔偿义务以被保险机动车对损害的发生具有过错为要件。这一点已经得到我国司法审判实践的广泛认可。这些案件集中表现为机动车与受害人之间没有任何物理碰撞而引发的交通事故。此时,只有通过过错和因果关系两个要件才能准确定位哪些机动车及其保险公司应对损害负责。

在交通事故领域,违反《道路交通安全法》等成文法可以作为认定机动车驾驶人具有过错的第一表征。被违反的成文法无须是严格意义上的法律,即使是规范道路交通安全的规章制度也可作为认定机动车驾驶人过错的依据。如在"违法掉头案"中,机动车驾驶人违反《道路交通安全法实施条例》第 49 条之规定,可以认定该机动车驾驶人对损害的发生具有过错。① 当然,违反法定义务与损害之间应当具有因果关系,此时的因果关系判断与传统侵权法上的判断标准并无区别。易言之,牵连关系在非碰撞型交通事故中将不再适用。例如,受害人为避让正常行驶的机动车而发生翻车事故,经查,该正常行驶的机动车驾驶人未取得驾

① 《道路交通安全法实施条例》第 49 条第 1 款规定:"机动车在有禁止掉头或者禁止左转弯标志、标线的地点以及在铁路道口、人行横道、桥梁、急弯、陡坡、隧道或者容易发生危险的路段,不得掉头。"

驶资格。虽然,该机动车驾驶人未取得驾驶资格,但其驾驶行为未增加损害发生的客观可能性,因此,应否定其与损害之间存在因果关系。

当然,机动车驾驶人遵守了法定义务,并不意味着其行为没有任何过错。因此,除法定义务之外,机动车驾驶人还负有一般注意义务。该项义务主要是通过法官在司法裁判中确立起来的。例如,在上述"漏油案"中,法院认为,被告驾驶车辆上路负有保持车况的良好并随时观察车辆前后情况的义务,在车辆漏油后负有及时采取警示措施的义务。①

在机动车运行过程中碾轧碎石飞弹伤人案(以下简称"飞石伤害案")中,机动车驾驶人在车辆运行过程中是否对可能发生的碎石伤人具有注意义务,则存在较大争议。在陈某某与张某某等机动车交通事故责任案中,陈某某在汕头市时代广场喜来登酒店工作时,被林某某驾驶的重型半挂牵引车溅起的石块击中头部,造成陈某某受伤。交通管理部门认为,该事故不属于交警处理范围,因此,未作出责任认定。一审法院认为,虽然交通管理部门对本事故未作出责任认定,但林某某在工地附近驾驶车辆过程中未尽到谨慎注意的义务,是造成本交通意外事故的直接原因,故应承担全责的赔偿责任。一审宣判后,平安财保汕头支公司上诉认为,肇事司机林某某在驾驶拖挂车进入工地,要注意到路面碎石并且做出避让是不现实的,一审认定的"注意义务"既无法用生活经验习惯的判断又不符合客观现实。但是,该上诉理由并未得到法院的认可,汕头市中级人民法院对一审法院的裁判理由予以

① 浙江省湖州市中级人民法院(2014)浙湖民终字第96号判决书。

肯定，并维持了一审判决。① 显然，机动车驾驶人注意义务的判断已经异常严格，即使行为人不能预见损害的发生，亦认可了其注意义务的违反。笔者认为，判断是否违反注意义务应采一般理性人标准，即一般理性人能否预见损害后果并采取相应措施克服。在“飞石伤害案”中，一般理性的机动车驾驶人不可能预见路面的石块会因机动车轮胎的碾轧而溅起伤人，且无法采取预防措施。因此，不应认定机动车驾驶人存在过错。但这并不意味着机动车一方及其保险公司不承担赔付责任。在笔者看来，“飞石伤害案”在性质上仍属于碰撞型交通事故，即损害发生的原因是机动车碾轧溅起的石块与受害人“碰撞”所致。正因如此，即使机动车一方不存在过错，保险公司仍应在责任限额范围内承担赔付责任。值得一提的是，在此类损害事故中，交警部门在事故责任认定书中通常将责任与过错等同，进而判定机动车一方无责任。相应地，保险公司则主张按照无责赔付限额承担较低的赔付责任，但这显然不利于对交通事故受害人的保护。对此，笔者将在后文详加论述。

综上所述，在机动车交通事故领域，保险公司赔付保险金必须满足基本条件，即保险合同有效维续、交通事故受害人遭受特定损害以及损害与被保险机动车存在因果关系。此外，在特定案件中，尚需被保险机动车一方存在过错。这些要件的判断与一般私法上的规范标准存在显著区别。基于机动车强制保险的强制性和公益性特点，机动车强制保险合同在效力评价、解除权要件等制度构造

① 广东省汕头市中级人民法院(2014)汕中法民一终字第304号判决书。在意大利，在未铺沥青的路面上超车，导致该车辆卷起的碎石侵害被超车辆，其驾驶人被认定为过失。因为驾驶人应当预见到碎石可能危及被超车辆。参见[德]克雷斯蒂安·冯·巴尔：《欧洲比较侵权行为法》(下卷)，焦美华译，法律出版社2004年版，第314页。

上与普通保险合同应有所不同,重大误解、欺诈、胁迫等不能成为强制保险合同撤销的原因,保险公司的法定解除权以及投保人的任意解除权均应受到严格限制。将交通事故受害人的财物损害和精神损害纳入机动车强制保险的保障范围,与其制度功能相抵触,未来立法应当将保障范围限制在因人身伤害产生的医疗费用、残疾赔偿金等财产损失上,以最大限度地为受害人提供基本医疗保障和生活保障。被保险机动车与损害之间的因果关系判断应当采取统一标准,避免以结果为导向的裁判思路。

第三节　机动车强制保险之除外责任

一、《交强险条例》第 22 条之检讨

保险法上的除外责任是指依照法律规定或合同约定,保险人不负赔偿责任的范围,是对保险人在某些危险致保险标的损失时赔偿责任的免除。[①] 根据《交强险条例》第 22 条之规定,驾驶人未取得驾驶资格或者醉酒、被保险机动车被盗抢期间肇事或者被保险人故意制造交通事故,保险公司仅在机动车强制保险责任限额范围内垫付抢救费用。[②] 换言之,在上述情形下,保险公司不承担保险责任,仅负担垫付抢救费用的义务。《交强险条款》对"垫付抢救费用"的程序和范围作出了进一步限制;第 9 条规定,被保险机动

---

① 参见温世扬主编:《保险法》,法律出版社 2007 年版,第 188 页。

② 《交强险条例》第 22 条规定:"有下列情形之一的,保险公司在机动车交通事故责任强制保险责任限额范围内垫付抢救费用,并有权向致害人追偿:(一)驾驶人未取得驾驶资格或者醉酒的;(二)被保险机动车被盗抢期间肇事的;(三)被保险人故意制造道路交通事故的。有前款所列情形之一,发生道路交通事故的,造成受害人的财产损失,保险公司不承担赔偿责任。"

车发生交通事故，造成受害人受伤需要抢救的，保险人在接到公安机关交通管理部门的书面通知和医疗机构出具的抢救费用清单后，按照国务院卫生主管部门组织制定的交通事故人员创伤临床诊疗指南和国家基本医疗保险标准进行核实。对符合规定的抢救费用，保险人在医疗费用赔偿限额内垫付。被保险人在交通事故中无责任的，保险人在无责任医疗费用赔偿限额内垫付。针对《交强险条例》第22条之规定，有学者认为，首先，将醉酒驾驶机动车、未取得驾驶资格驾驶机动车、故意制造交通事故等作为机动车强制保险的除外责任，是为了加强对肇事方的惩罚力度，督促被保险人遵纪守法，维护社会公共秩序，从而实现保护受害人、促进道路安全的目的；其次，将被保险人的故意行为作为交强险的除外责任，可以避免道德风险。另外，如果将因醉酒驾驶、无证驾驶等行为引起的交通事故列入保险范围，势必增加保险赔付率，提高保险费，守法者将为违法者的行为支付费用，不利于公平性的体现，同时会造成社会负面影响。[①] 但笔者认为，该条在很大程度上偏离了机动车强制保险的立法目的，势必导致其制度功能难以发挥。

在司法实践中，到底应当如何解释和适用《交强险条例》第22条之规定，不同法院存在不同的裁判思路。在付某某诉邓某某等道路交通事故人身损害赔偿案中，抚州市中级人民法院认为，本案交通事故发生时邓某某仅向抚州市农业局申领了拖拉机行驶证，至保险事故发生时，其仍未取得拖拉机驾驶证。邓某某应当知道驾驶机动车上路，须经考试合格后取得相应的准驾车型资格。邓某某在未取得拖拉机驾驶资格的情形下，驾驶变形拖拉机，导致发

① 参见刘炤、杨华柏、郭左践主编：《机动车交通事故责任强制保险条例释义》，法律出版社2006年版，第60页。

生交通事故,财保金溪支公司在机动车交通事故责任强制保险限额内不负责赔偿,应由无证驾驶人邓某某对自己的违法行为自行承担行为结果,故邓某某在机动车交通事故责任强制保险限额内对付某某的损失承担赔偿责任。① 显然,在本案中,法院强调从文义上作严格解释适用《交强险条例》第22条,只要存在该条所列举的情形,保险公司均可免除赔付保险金的责任。但是,在郝某某与蔡某某等道路交通事故人身损害赔偿纠纷案中,天津市高级人民法院认为,《交强险条例》第22条旨在调整投保人与保险公司之间的关系而不是调整保险公司与第三人之间的关系,并非规定保险公司对第三人赔偿责任的免除,而是保险公司在符合该条规定的条件下,对受害人承担了赔偿责任之后依照该条规定的四类过错情形向致害人行使追偿权。《交强险条款》第9条仅在缔结合同的当事人即投保人和保险人之间发生法律效力。因此,该条款对于第三人即受害人不具有约束力,由于保险公司对于受害人的赔偿责任是一种法定责任,不能通过约定予以免除。② 根据《交强险条例》第1条的规定,制定该条例的主要目的是保障机动车道路交通事故受害人依法得到赔偿,其次在客观上分散投保人的责任风险,这也是交强险特有的社会功能所决定的。基于交强险的社会功能,依照《道路交通安全法》第76条的规定,保险公司应当向受害人先行赔付。这是一种法定责任,不能通过约定予以免除。③ 在向某与财保当阳支公司保险合同纠纷案中,宜昌市中级人民法院认为,《交强险条例》第22条的应有之义是该规定并未否定在驾驶人无证驾驶等情形下保险公司对

---

① 江西省抚州市中级人民法院(2010)抚民一终字第45号判决书。

② 天津市高级人民法院(2010)津高民一终字第60号判决书。

③ 天津市高级人民法院(2010)津高民一终字第60号判决书。

造成第三人人身损害应负的责任。对于无证驾驶,并无法律明确规定无证驾驶不属于可保风险。对第三者人身损害进行赔偿体现了交强险具有的社会公益性质的保障功能。故保险公司对第三人人身损害进行赔偿合乎法理。① 笔者认为,虽然从裁判结果来看,这两则案例均强调交通事故受害人的保障,与机动车强制保险的立法目的高度契合。但是,在解释路径上却值得商榷。首先,从文义来看,《交强险条例》第22条明确了在列举的四种情形下仅承担垫付抢救费用的义务,这表明,这四种列举情形为保险公司的免责事由。其次,《交强险条例》系国务院制定的行政法规,具有法的一般性和普遍性,在效力上当然能够拘束交通事故受害人。

对于驾驶人醉酒驾驶等恶意肇事案件中保险公司是否应当承担赔偿责任,学者之间亦认识不一。有学者认为,《交强险条例》是国务院制定的行政法规,对人民法院审理案件具有约束力,因此,应当严格按照《交强险条例》第22条之规定,于驾驶人醉酒驾驶等恶意肇事情形下,保险公司仅垫付抢救费用,不承担保险金赔偿责任。② 然亦有学者认为,保险公司应在交强险责任限额内就受害人的人身伤亡和财产损失承担垫付责任。③ 还有学者认为,为了充分保护受害人的权益,其有权在交强险责任限额范围内向保险人请求赔偿,保险人赔偿后,有权向致害人追偿。④

笔者认为,机动车驾驶人在醉酒驾驶等恶意肇事的情形下,保

---

① 湖北省宜昌市中级人民法院(2009)宜中民二终字第159号判决书。

② 参见刘炤、杨华柏、郭左践主编:《机动车交通事故责任强制保险条例释义》,法律出版社2006年版,第60页。

③ 参见韩长印、易萍:《交强险中恶意肇事的保险垫付责任》,载《法学》2010年第10期。

④ 参见游杰、梁鹏:《醉酒驾车与交强险人身伤亡赔付——以〈交强险条例〉第22条第1款为分析重点》,载《保险研究》2011年第11期。

险公司应当承担保险责任,《交强险条例》第22条之规定值得探讨。在任意责任保险中,被保险人恶意肇事行为所导致的赔偿责任,属于保险公司除外不保的事项,以避免道德危险的发生。而交强险在性质上属于政策性保险,旨在为机动车交通事故受害人提供快速、有效的基本保障。如果将《交强险条例》第22条规定的情形作为保险公司免责事由,可能会导致为受害人提供基本保障的计划落空。我国台湾地区"强制汽车责任保险法"第29条规定:"被保险人有下列情事之一,致被保险汽车发生汽车交通事故者,保险人仍应依'本法'规定负保险给付之责。但得在给付金额范围内,代位行使请求权人对被保险人之请求权:(一)饮用酒类或其他类似物后驾驶汽车,其吐气或血液中所含酒精浓度超过道路交通管理法规规定之标准;(二)驾驶汽车,经测试检定有吸食毒品、迷幻药、麻醉品或其他相类似管制药品;(三)故意行为所致;(四)从事犯罪行为或逃避合法拘捕;(五)违反'道路交通管理处罚条例'第二十一条或第二十一条之一规定而驾车。"①该条与《交强险条

① 我国台湾地区"道路交通管理处罚条例"第21条规定:"汽车驾驶人,有下列情形之一者,处新台币六千元以上一万元以下罚锾,并当场禁止其驾驶:(一)未领有驾驶执照驾驶小型车或机器脚踏车。(二)领有机器脚踏车驾驶执照,驾驶小型车。(三)使用伪造、变造或蒙领之驾驶执照驾驶小型车或机器脚踏车。(四)驾驶执照业经吊销、注销仍驾驶小型或机器脚踏车。(五)驾驶执照吊扣期间驾驶小型车或机器脚踏车。(六)领有学习驾驶证,而无领有驾驶执照之驾驶人在旁指导,在驾驶学习场外学习驾车。(七)领有学习驾驶证,在驾驶学习场外未经许可之学习驾驶道路或规定时间驾车。(八)未领有驾驶执照,以教导他人学习驾车为业。(九)其他未依驾驶执照之持照条件规定驾车。"第21－1条规定:"汽车驾驶人驾驶联结车、大客车、大货车,有下列情形之一者,汽车所有人及驾驶人各处新台币四万元以上八万元以下罚锾,并当场禁止其驾驶:(一)未领有驾驶执照驾车。(二)领有机器脚踏车驾驶执照驾车。(三)领有小型车驾驶执照驾车。(四)领有大货车驾驶执照,驾驶大客车、联结车或持大客车驾驶执照,驾驶联结车。(五)驾驶执照业经吊销、注销仍驾车。(六)使用伪造、变造或蒙领之驾驶执照驾车。(七)驾驶执照吊扣期间驾车。"

例》第22条相比，既能为交通事故受害人提供基本保障，又能抑制恶意肇事行为。因此，该条之规定值得借鉴。

二、《道路交通事故司法解释》第15条之局限

在《道路交通事故司法解释》出台之前，最高人民法院对《交强险条例》第22条之规定基本持肯定态度。然而，《交强险条例》第22条存在抵触机动车强制保险立法目的的缺陷，在司法实践中，部分地方法院试图通过限制该条“财产损失”的范围尽可能为受害人提供基本保护。对此，最高人民法院作出的《关于〈机动车交通事故责任强制保险条例〉第22条的解释性司法文件》(〔2009〕民立他字第42号，以下简称《第22条解释性司法文件》)表明，《交强险条例》第22条中的“受害人的财产损失”应作广义的理解，即这里的“财产损失”应包括因人身伤亡而造成的损失，如残疾赔偿金、死亡赔偿金等。① 据此，在《交强险条例》第22条所列情形下，保险公司对交通事故造成的人身损害和财物损害均不承担赔偿责任。笔者认为，这一复函关于“财产损失”的解释值得商榷。《道路交通安全法》第76条所规定的“财产损失”仅指财物损害，不包括因人身伤亡而引起的财产损害。从《交强险条例》第23条关于赔偿项目的

① 安徽省高级人民法院2009年12月10日发布的《关于如何理解和适用〈机动车交通事故责任强制保险条例〉第二十二条的通知》(皖高法〔2009〕371号)载明：“本院在审查申请再审人董某某与被申请人中国平安财产保险股份有限公司阜阳中心支公司财产保险合同纠纷一案中，对如何理解和适用《机动车交通事故责任强制保险条例》(以下简称《条例》)第二十二条形成不同意见。案经审判委员会讨论决定形成两种意见向最高人民法院请示。最高人民法院于2009年10月20日以〔2009〕民立他字第42号函答复我院。根据答复精神，对《条例》第二十二条中的‘受害人的财产损失’应作广义的理解，即这里的‘财产损失’应包括因人身伤亡而造成的损失，如残疾赔偿金、死亡赔偿金等。希望在今后同类案件处理中贯彻执行上述答复精神，确保全省法院法律适用的统一。”

区分来看，“财产损失”也不包括因人身伤亡而引起的损失。事实上，这一复函的主要目的在于释明在《交强险条例》第22条规定的情形下，因人身伤亡而引起的财产损害，保险公司不承担保险责任，但其解释的方法和路径存在重大问题。在笔者看来，既然《交强险条例》第22条第1款仅规定保险公司承担垫付抢救费用的责任，则包括财物损害的其他损失，保险公司当然不负赔偿责任。

在最高人民法院《第22条解释性司法文件》之后，仍有部分法院对保险公司的赔偿责任持肯定态度。天津市高级人民法院认为，对于上诉人引用的最高人民法院《第22条解释性司法文件》，该文件主要是针对《交强险条例》第22条中“财产损失”如何理解的答复，并未涉及保险公司是否应当对受害人承担赔偿责任的问题，故上诉人请求免除其向受害人的赔偿责任的依据不足，不予支持。① 在刘某某等与平安财保六安中心支公司交通事故责任纠纷案中，湖州市中级人民法院认为，《交强险条例》第22条第2款规定的财产损失是指道路交通事故导致受害人的人身伤亡以外的车辆等实物财产毁损、灭失的损失。死亡伤残赔偿限额项下的赔偿内容属于因人身伤亡而产生的财产性损失。平安财保六安支公司关于死亡伤残赔偿限额项下的赔偿内容属于《交强险条例》第22条规定的财产损失的主张，法院不予支持。② 地方法院之所以不惜抵触《交强险条例》第22条以及最高人民法院《第22条解释性司法文件》所确立起的规范精神，其意旨在于坚守机动车强制保险的制度价值。

为了回归机动车强制保险的政策定位，实现其立法目的，最高人民法院最终通过制定司法解释的方式修正了前述观点。《道路

① 天津市高级人民法院(2010)津高民一终字第60号判决书。

② 浙江省湖州市中级人民法院(2010)浙湖民终字第255号判决书。

交通事故司法解释》第15条规定,有下列情形之一导致第三人人身损害,当事人请求保险公司在交强险责任限额范围内予以赔偿,人民法院应予支持:驾驶人未取得驾驶资格或者未取得相应驾驶资格的;醉酒、服用国家管制的精神药品或者麻醉药品后驾驶机动车发生交通事故的;驾驶人故意制造交通事故的。显然,《道路交通事故司法解释》第15条对《交强险条例》第22条作了实质性修改。在驾驶人未取得驾驶资格驾驶、醉酒驾驶或者故意制造交通事故等情形下,保险公司不仅承担垫付抢救费用的责任,而且还要在交强险责任限额范围内承担赔偿责任。当然,保险公司的赔偿范围仅限于人身损害,这主要考虑到审判实践中人身损害的问题更为突出,以及交强险的基本保障功能和安定社会的功能,同时也考虑到避免对交强险的费率水平影响过大。① 最高人民法院之所以出台与《交强险条例》之规定并不一致的司法解释,其目的就是要在现行法律框架之下重新建立更有利于保护事故受害人、更有利于解决交通事故纠纷以及统一法律适用的机制。然有学者认为,支撑《道路交通事故司法解释》第15条之核心思想是无过失保险,主要根据是《道路交通安全法》第76条第1款第1句的规定。②笔者认为,《道路交通事故司法解释》第15条之规定与无过失保险没有必然联系。在无过失保险制度下,无论交通事故是否属于加害人恶意肇事,保险公司均应对受害人提供赔偿。③ 但在采纳强制

---

① 参见最高人民法院民事审判第一庭编著:《最高人民法院关于道路交通损害赔偿司法解释理解与适用》,人民法院出版社2012年版,第235页。

② 参见刘锐:《交强险基本模式问题探析——从最高法院司法解释和国务院行政法规的对抗谈起》,载《保险研究》2013年第11期。

③ See Shaun Springer, *The Future of Michigan No-Fault Auto Insurance*, 87 U. Det. Mercy L. Rev. 731(2010).

责任保险模式的德国和日本,均规定了加害人恶意肇事时保险公司的赔偿责任。① 因此,在加害人恶意肇事的情形下,保险公司是否承担赔偿责任,与强制保险的性质无关。

对于《交强险条例》第22条第2项机动车被盗抢期间肇事的,保险公司是否承担赔偿责任,《道路交通事故司法解释》第15条未作出明确规定。如何处理机动车被盗抢期间肇事的赔偿责任,存在诸多疑问。从原《侵权责任法》第52条规定来看,保险公司似乎仅承担垫付抢救费用的责任,对其他费用不承担赔偿责任。《民法典》第1215条第2款承继了这一规范内容。但是,在司法实务中,有的法院扩大了保险公司的责任。在李某某等与陈某某等机动车交通事故责任纠纷案中,湛江市中级人民法院认为,《交强险条例》第22条旨在调整投保人与保险公司之间的法律关系,而非调整保险公司与第三人之间的法律关系,其目的在于区分保险公司与投保人谁是责任的最终承担者,而非对第三人免责问题,保险公司在此类情形下并非赔偿责任的最终承担者,保险公司在赔偿后可以向责任人追偿。因此,人财保险广州分公司以被盗车辆肇事为由,主张其不需承担赔偿责任的理由不足,法院不予采纳。② 最高人民法院在其权威释义中亦主张保险公司的责任不限于垫付抢救费用,而是赔付受害人的各项损失。理由如下:第一,交强险的目的在于公益而非商业盈利,应当优先保障受害人权利。第二,交强险免责的唯一事由是受害人故意,无论机动车的过错和责任大小,只要并非受害人故意造成自身伤亡和财产损失,交强险应当赔付。

① 参见江朝国:《强制汽车责任保险法》,台北,元照出版有限公司2006年版,第205页。

② 广东省湛江市中级人民法院(2014)湛中法民二终字第71号判决书。

第三，在未发生盗抢的情况下，交强险需要赔付受害人的损失，若因盗抢而免除其赔付责任，对无辜的受害人缺乏公平性，有违交强险的目的和价值。① 笔者认为，最高人民法院的这一观点符合机动车强制保险赔付制度的内在规范体系，值得肯定。既然在醉酒、未取得驾驶资格等情形下保险公司仍应承担赔付责任，则在机动车被盗抢期间亦应承担责任。

第四节　小结

承保交强险的保险公司应当直接对受害人赔偿保险金，受害人的范围不应限于车外第三人，车上乘客也应当纳入机动车强制保险的保障范围。《交强险条例》关于被保险人的界定存在重大缺陷，投保人并非当然的被保险人。投保人作为车上乘客或车外第三人遭受其机动车伤害的，投保人有权获得机动车强制保险的赔偿。驾驶人是机动车运行危险的实际控制者，在驾驶人下车检查车辆故障、路况等情形下受伤，该驾驶人并未失去对机动车危险的控制，仍应认定其驾驶人的身份。因此，该驾驶人无权获得机动车强制保险的赔偿。被保险人在向受害人提供赔偿的情况下，保险公司得直接向被保险人赔付保险金。实践中，法院判令受害人向被保险人返还赔偿金的做法违背了责任保险的基本原理，造成了赔偿程序的混乱。

机动车强制保险的赔偿需满足法定的构成要件，保险公司赔偿保险金在性质上属于合同义务之履行，因此，保险公司与投保人

① 参见最高人民法院民法典贯彻实施工作领导小组主编：《中华人民共和国民法典侵权责任编理解与适用》，人民法院出版社2020年版，第397页。

之间存在有效的保险合同是其赔偿保险金的前提。机动车强制保险的制度价值在于为交通事故受害人提供基本保障，受害人之财物损害和精神损害已经超越了基本保障的范围，机动车强制保险不应提供赔偿。因此，只有在受害人遭受因人身伤亡而引起的财产损害时，保险公司才负赔偿义务。被保险机动车与特定损害之间存在因果关系，是保险公司赔偿保险金的必要条件。不同类型的交通事故，其因果关系的判断应采取不同的标准。在受害人与机动车发生物理碰撞的交通事故中，只要肇事机动车与特定损害之间存在条件和牵连关系，即可认定因果关系存在。在受害人与机动车未发生物理碰撞的交通事故中，受害人必须证明肇事机动车与其损害存在相当因果关系，否则，肇事机动车的保险公司不承担赔偿责任。不仅如此，在此种类型的交通事故中，加害人对损害的发生存在过错是保险公司赔偿保险金的特殊要件。

《交强险条例》第 22 条关于保险公司除外责任的规定存在缺陷。在驾驶人未取得驾驶资格或醉酒驾驶、被保险机动车在被盗抢期间肇事以及被保险人故意制造交通事故的情形下，直接排除保险公司的赔偿责任将导致受害人无法获得基本保障。《道路交通事故司法解释》第 15 条在一定程度上克服了《交强险条例》第 22 条的缺陷，在驾驶人未取得驾驶资格或醉酒驾驶以及被保险人故意制造交通事故的情形下，保险公司仍应当向受害人赔偿保险金。保险公司于赔偿保险金后对交通事故肇事者享有追偿权。然而，该条将机动车被盗抢期间肇事的情形作为除外责任，仍存在局限，最高人民法院通过司法解释主张保险公司仍应承担赔付责任，值得肯定。我国未来机动车强制保险赔偿制度应当将受害人故意作为保险公司的唯一除外责任，以达到强化保障受害人之目的。

第三章　机动车强制保险赔偿范围与赔偿程序

第一节　机动车强制保险赔偿限额制度

一、赔偿限额之基本内涵与类型

机动车强制保险制度的主要目的是为交通事故受害人提供基本保障,而非全面赔偿。因此,机动车强制保险实行限额赔偿制度,仅对受害人的部分损害提供赔偿。根据《交强险条款》第6条的规定,交强险合同中的责任限额是指被保险机动车发生交通事故,保险人对每次保险事故所有受害人的人身伤亡和财产损失所承担的最高赔偿限额。据此,该条将"赔偿限额"界定为保险公司在每次交通事故中所承担的最高赔偿限额,无论受害人的人数多寡。

然而,无论伤亡人数多寡,以每次保险事故为标准设置统一的赔偿限额,将难以实现机动车强制保险为受害人提供基本保障的目标。① 对此,有学者认为,当事故导致多名受害人受害与一名受害人受害时,各受害人获赔的数额和比例将产生严重差异。对无辜而又无法左右事故严重程度的多名受害人而言,事故程度的增加但保障不力,实际上是让他们就自己的保障问题听天由命。② 因此,为了落实交强险对每一位受害人提供基本保障的功能,有必要改变现行实务界以每次事故为赔偿基准的做法,并对《交强险条款》进行修改。③ 然亦有学者认为,"一次事故一份限额救济"是《道路交通安全法》第76条所规定的赔偿限额模式,从解释论角度看,司法实践应坚持此种赔偿限额模式。④ 然从《道路交通安全法》第76条之规范本身来看,该条并未规定事故赔偿限额制度。事实上,事故赔偿限额制度是《交强险条款》所确立起来的,该条款第6条规定,交强险合同中的责任限额是指被保险机动车发生交通事故,保险人对每次保险事故所有受害人的人身伤亡和财产损失所承担的最高赔偿金额。

笔者认为,以每次保险事故为标准设立赔偿限额,是保险公司中心主义的体现,在本质上已经背离了机动车强制保险的基本目的和功能定位。不仅如此,在司法实践中,当损害赔偿数额超出机动车强

① 参见韩长印:《我国交强险立法定位问题研究》,载《中国法学》2012年第5期。

② 参见韩长印:《我国交强险立法定位问题研究》,载《中国法学》2012年第5期。

③ 参见王影、鲁博鹏:《试论交强险责任限额制度的完善》,载《中国保险》2013年第10期。

④ 参见最高人民法院民事审判第一庭编著:《最高人民法院关于道路交通损害赔偿司法解释理解与适用》,人民法院出版社2012年版,第290页。

制保险的赔偿限额时，保险赔偿金的分配会变得异常复杂。例如，有的法院采取为其他受害人预留保险金的分配方法。在常某与杨某等机动车交通事故责任纠纷案中，法院认为，这起交通事故造成多人伤亡，因此，人保南通分公司在交强险医疗费限额内赔偿常某医疗费6000 元（预留 4000 元），死亡伤残赔偿限额内赔偿 60, 000 元（预留50, 000 元）。[①] 在"漏油案"中，马某某驾驶大型普通客车因车辆机械故障漏油导致路面湿滑，引起随后的车辆（包括叶某某所骑的电动自行车）滑到，造成叶某某等 18 人受伤的交通事故。叶某某先行起诉，一审法院判决认为，叶某某因本次交通事故所造成的各项损失合计 160, 652. 07 元，由中国人寿南阳支公司在交强险限额内赔偿96, 000 元（考虑到本次事故另有人员受伤及本案实际情况，医疗费用限额预留 4000 元，伤残限额预留 20, 000 元；该部分赔偿包含医药费 6000 元、精神抚慰金 7000 元），余 64, 652. 07 元（含鉴定费1600 元）由南阳鸿运公司按 60% 赔偿 38, 791. 24 元。二审法院认为，该起事故造成 18 人受伤的后果，目前叶某某先行提起诉讼，其他 17 名受害人未明确表示放弃交强险限额内赔偿要求。一审法院综合考虑实际情况，酌定在交强险内进行适当预留，并无不当。[②]

还有的法院采取按比例分配的方法。在陈某某等与章某等机动车交通事故责任纠纷案中，该事故造成多人死伤，交强险各项限额应当按照比例进行分割，该案调整交强险医疗费用赔偿限额为15, 600 元，死亡伤残赔偿限额 63, 800 元。[③] 亦有的法院采取先来后到的方法，将机动车强制保险的赔偿金完全用于赔偿最先提起

① 安徽省阜阳市中级人民法院（2014）阜民一终字第 784 号判决书；云南省昆明市中级人民法院（2014）昆民三终字第 110 号判决书。

② 浙江省湖州市中级人民法院（2014）浙湖民终字第 96 号判决书。

③ 山东省潍坊市中级人民法院（2015）潍民四终字第 145 号判决书。

诉讼的受害人。在刘某某与潘某某等机动车交通事故责任纠纷案中，潘某某驾驶机动车发生交通事故，导致刘某某和张某某两人严重受伤，然法院判决保险公司在机动车强制保险责任限额范围内向刘某某赔偿保险金 112,000 元，并没有给张某某预留赔偿金。①

《道路交通事故司法解释》第 19 条规定："同一交通事故的多个被侵权人同时起诉的，人民法院应当按照各被侵权人的损失比例确定交强险的赔偿数额。"该条规定的理由在于，多个被侵权人对保险公司的债权是平等的，为了保证所有被侵权人公平的获得赔偿，应当借鉴破产法律制度中破产财产的分配原则，将全体债权人作为一个整体看待，由各被侵权人按照损失比例确定在交强险中的赔偿数额。② 然而，该条适用的前提是多个被侵权人同时提起诉讼且各自的损害数额可以确定。但在实践中，这些条件并非都能满足。此外，根据事故赔偿限额制度，在同一交通事故中伤亡人数越少，受害人所获赔偿越充分；反之，受害人将难以获得充分赔偿。因此，事故赔偿限额制度无法为每一位交通事故受害人提供基本保障，显然这背离了我国机动车强制保险的立法目的。

笔者认为，以每次交通事故为标准设立赔偿限额，不仅难以达到保障受害人的目的，而且在保险金分配上存在程序困难。从域外立法来看，以每次事故每一受害人为标准设立赔偿限额是通行做法。日本《机动车损害赔偿保障法》第 16－2 条规定，如果保险公司向一份保险请求支付保险金，保险公司需要按照国土交通省与首相制定的每一死亡、永久性伤害或者受害支付标准予以支付；

① 四川省成都市中级人民法院(2014)成民终字第3595号判决书。

② 参见最高人民法院民事审判第一庭编著：《最高人民法院关于道路交通损害赔偿司法解释理解与适用》，人民法院出版社 2012 年版，第 291 页。

就前款的国土交通省令与首相制定的偿付标准而言，他们制定该标准时需要考虑支付的公平与及时性。在对支付标准进行修改的时候也需要考虑上述因素。我国台湾地区“强制汽车责任保险给付标准”第2条规定：“每人每一事故伤害医疗给付总额，以新台币二十万元为限。”第6条规定：“受害人因汽车交通事故致死亡者，其死亡给付为每一人新台币一百五十万元。”第7条规定：“本保险每次因汽车交通事故致每一人死亡给付、残废给付及伤害医疗给付之金额，合计最高以新台币一百七十万元为限。”①因此，我国未来机动车强制保险制度的修改应当借鉴域外经验，以每次事故每一受害人为标准设立赔偿限额。当然，鉴于《交强险条款》的效力层级较低，仅为保险监管部门制定的示范性文本，法院完全可通过法律解释实现机动车强制保险的立法目的。

根据是否区分赔偿项目而设定赔偿限额，可将机动车强制保险赔偿限额分为概括限额与分项限额。概括限额是指不区分赔偿的具体项目，为保险公司统一设立赔偿限额；分项限额则将赔偿内容分为不同的项目，每一项目下分别设立赔偿限额。分项限额不允许分项间赔偿数额的相互抵用，其立法宗旨体现了交强险保护受害人利益的不同侧重点。在某项赔偿金额过高而其他赔偿金额较低的情况下，由于分项限额不允许各项目间相互打通、相互抵用，受害人得到的保障程度将明显低于概括限额模式。② 根据《交

① 事实上，我国台湾地区赔付标准远高于我国大陆标准，然我国台湾地区的学者仍认为台湾地区的赔付标准较低，不能满足受害人基本保障的需要，参见林勋发：《〈机动车交通事故责任强制保险条例〉评析》，载胡晓珂、陈飞主编：《保险法律评论》(2010年第1集)，法律出版社2010年版。

② 参见韩长印：《我国交强险立法定位问题研究》，载《中国法学》2012年第5期。

强险条例》第23条的规定,我国机动车强制保险采取了分项限额模式。对此,有学者认为,《道路交通安全法》第76条并未细分各赔偿项目的限额。《交强险条例》和《交强险条款》区分赔偿限额,使道路交通事故的受害人实际获得的赔偿数额大大减少,显然不利于对受害人的保护。因此,从充分保护受害人的角度出发,应当直接适用《道路交通安全法》第76条的规定,在交强险总体责任限额内予以赔偿。① 在司法实践中,这一观点得到部分法院的肯定与支持。邯郸市中级人民法院在白某某与焦某某等交通事故纠纷案中认为,交强险的立法目的是保护受害人,交强险限额分项是《交强险条例》和《交强险条款》的规定,《交强险条例》是国务院制定的行政法规,《交强险条款》为原中国保监会批准公布的部门规章,而《道路交通安全法》第76条对交强险赔付未作分项限额的规定,故本案应以全国人大常委会制定的《道路交通安全法》第76条为依据,对于交强险限额122,000元范围内的实际损失保险公司均应赔偿。②

然最高人民法院民一庭法官认为,《交强险条例》作为国务院

① 参见殷清利:《最新交通事故疑难案件裁判标准与实务解析》,法律出版社2014年版,第374页。

② 河北省邯郸市中级人民法院(2013)邯市民一终字第314号。相同判决亦可参见贵州省六盘水市中级人民法院(2014)黔六中民终字第1051号判决书;贵州省贵阳市中级人民法院(2015)筑民一终字第368号判决书;河南省平顶山市中级人民法院(2014)平民终字第790号判决书;河南省南阳市中级人民法院(2014)南民二终字第256号判决书;浙江省杭州市中级人民(2012)浙杭民终字第3244号判决书;四川省雅安市中级人民(2014)雅民终字第28号判决书;山西省运城市中级人民法院(2014)运中民终字第722号判决书;贵州省安顺市中级人民法院(2014)安市民终字第464号判决书。《东营市道路交通事故处理工作座谈会纪要》第10条规定:"在确定保险公司应承担的赔偿数额时,不受死亡伤残、医疗费、财产损失赔偿等各分项限额的限制,保险公司在交强险总额范围内承担保险责任。"

的行政法规,在法律位阶上属于法院审理案件的依据。《交强险条款》作为保险合同的格式条款,属于保险合同内容的一部分。在当前没有法律具体规定或司法解释的相关适用性规定的情况下,法院只能按分项责任限额确定保险赔偿责任。最高人民法院在《关于在道路交通事故损害赔偿纠纷案件中机动车交通事故责任强制保险中的分项限额能否突破的请示的答复》(〔2012〕民一他字第17号,以下简称《交强险分享限额请示》)中亦明确指出,根据《道路交通安全法》第17条以及《交强险条例》第23条,机动车发生交通事故后,受害人请求承保机动车第三者责任强制保险的保险公司对超出机动车第三者责任强制保险分项限额范围的损失予以赔偿的,人民法院不予支持。① 从法的安定性角度出发,我国法院应当依照《交强险条例》之规定,坚持分项限额制。但分项限额制难以为交通事故受害人提供基本保障,未来立法应当作出修正。

根据被保险人在交通事故中是否存在责任,可将保险公司的赔偿限额分为有责限额和无责限额。有责限额是指被保险人在交通事故中被认定为有责时,保险公司应当承担的责任限额;相应的,无责限额是指被保险人在交通事故中被认定为无责任时,保险公司应当承担的最高赔偿限额。然而,"有责"和"无责"如何判定,他们在机动车强制保险赔偿制度中到底具有何种意义,则仍有进一步研究的必要。

二、有责限额与无责限额

根据《交强险条例》第23条的规定,被保险人在交通事故中是

---

① 最高人民法院民事审判第一庭编著:《最高人民法院关于道路交通损害赔偿司法解释理解与适用》,人民法院出版社2012年版,第290页。

否存在责任,直接决定着保险公司的赔偿限额。① 有学者认为,设计无责限额的目的一方面是为了体现以人为本精神,无论交通事故受害人在交通事故中是否有过错,均能获得一定的经济补偿;另一方面也是为了兼顾投保人以及社会公共利益的需要,体现公平性原则。② 显然,此种认识错误地将被保险人"无责"等同于受害人有过错。事实上,在被保险人"无责"的情况下,受害人对事故的发生是否有过错,仍需具体判断。还有学者认为,无责限额与有责限额的划分缺乏法律依据,在将我国交强险定位为基本保障性质的前提下,保险公司的赔付责任与侵权责任的有无并无关系。无论被保险人是否应承担责任,保险公司都应在统一责任限额内予以赔付。③

根据《道路交通事故处理程序规定》第60条的规定,交通管理部门根据当事人的行为对发生道路交通事故所起的作用以及过错的严重程度,可以将责任划分为以下几种类型:全部责任与无责任;主要责任与次要责任;双方负同等责任;双方均无责任。④ 此

---

① 《交强险条款》第8条规定,被保险人有责任时,死亡残疾赔偿限额180,000元,医疗费用赔偿限额为18,000元,财产损失赔偿限额为2000元;被保险人无责任时,死亡伤残赔偿限额为18,000元,医疗费用赔偿限额为1800元,财产损失赔偿限额为100元。

② 刘炤、杨华柏、郭左践主编:《机动车交通事故责任强制保险条例释义》,法律出版社2006年版,第63页。

③ 参见最高人民法院民事审判第一庭:《最高人民法院关于道路交通损害赔偿司法解释理解与适用》,人民法院出版社2012年版,第215页。

④ 《道路交通事故处理程序规定》第60条规定:"公安机关交通管理部门应当根据当事人的行为对发生道路交通事故所起的作用以及过错的严重程度,确定当事人的责任。(一)因一方当事人的过错导致道路交通事故的,承担全部责任;(二)因两方或者两方以上当事人的过错发生道路交通事故的,根据其行为对事故发生的作用以及过错的严重程度,分别承担主要责任、同等责任和次要责任;(三)各方均无导致道路交通事故的过错,属于交通意外事故的,各方均无责任。一方当事人故意造成道路交通事故的,他方无责任。"

外,道路交通事故成因无法查清的,交通管理部门只能出具道路交通事故证明,无法认定当事人是否有责。此种情况下,被保险人“无责”,受害人有可能负全责,亦有可能“无责”。有疑问的是,交通管理部门根据《道路交通事故处理程序规定》第60条作出的责任认定,在司法实践中如何认定其效力,法院是否应当完全采纳?①

在王某某与刘某某等机动车交通事故责任纠纷案中,王某某驾驶小型普通客车行驶至肇事处,因车辆轮胎爆裂,车辆失控撞在刘某某驾驶的轻型厢式货车上,致两车损坏、王某某受伤的交通事故。交通管理部门认定该事故属于交通意外事故,各方均无事故责任。因此,平度市人民法院认为,对于王某某的人身损害赔偿,保险公司仅在无责任限额范围内予以赔偿。② 然而,从事故受害人的角度观之,该案在价值判断上有失公允。本案中,受害人对事故的发生没有任何过错,却只能在无责限额范围内得到保险公司的赔付。而在其他交通事故中,即使受害人对事故的发生承担主要责任(意味着被保险机动车一方承担次要责任)的情况下,受害人仍然能够在有责限额下获得赔偿。在盛某某与上海大荣汽车运输公司等道路交通事故人身损害赔偿纠纷案中,嘉兴市中级人民法院认为,保险公司在交强险有责限额内还是无责限额内赔偿取决于其承保的机动车在涉案事故中是有责还是无责。本案中,被保险机动车对于涉案交通事故的发生无过错,人保杨浦公司应在交

---

① 《道路交通事故司法解释》第27条规定:“公安机关交通管理部门制作的交通事故认定书,人民法院应依法审查并确认其相应的证明力,但有相反证据推翻的除外。”据此,仅存在相反证据的情况下,法院才能推翻交通事故认定书的效力。但在司法实践中,无需相反证据,法院通过阐明公安机关认定的交通事故责任不等于民事赔偿责任,对交通事故认定书的效力予以限制或否定。

② 山东省平度市人民法院(2015)平民三初字第169号判决书。

强险无责限额内赔付。因此,原审判决人保杨浦公司在有责限额范围内承担责任属适用法律不当,二审法院予以纠正。[①] 显然,在本案中,法官对责任与过错作出了明确区分,过错指向行为人的主观恶性以及注意义务的违反,而责任则是交通行政管理部门根据行为人的作用以及过错程度在行政文书里作出的评价。这里的责任与私法上的赔偿责任存在显著区别。行为人没有过错并不意味其不承担任何责任,这是因为机动车交通事故领域没有采纳过错责任原则。

与上述两则案例不同,在陈某某等与林某某等机动车交通事故责任纠纷案中,法院判决保险公司在有责限额范围内予以赔偿。一审法院认为,交通管理部门关于责任的认定客观真实,程序合法,可作为定案依据。但交通管理部门作出的交通事故责任认定并不等同于民事赔偿责任,根据法律规定,即使双方对于交通意外事故的发生均没有过错,仍可以按实际情况,确定当事人承担无过错的民事责任。林某某作为涉案机动车的所有人未尽到车况安全保障义务,导致发生本交通意外事故,应对事故造成的经济损失负全部的民事赔偿责任。因此,机动车强制保险应当在有责限额范围内承担赔偿责任。[②] 显然,一审法院的裁判理由存在诸多疑问,既然交通管理部门关于责任的认定客观真实,程序合法,可以作为定案依据,为何还要求保险公司在有责限额范围内赔偿保险金。所谓"即使双方对于交通意外事故的发生均没有过错,仍可以按实际情况,确定当事人承担无过错的民事责任",其法律依据何在?既然交通事故可按实际情况确定当事人承担无过错责任,为何还

① 浙江省嘉兴市中级人民法院(2013)浙嘉民终字第282号判决书。
② 福建省云霄县人民法院(2014)云民初字第36号判决书。

认定被保险人的责任基础是“未尽车况安全保障义务”？

该案二审法院改变了一审法院的判决，采取了完全不同的裁判路径和理由。

二审法院认为，根据《交强险条例》第23条的规定，因交通管理部门认定杨某某在道路交通事故中无责任，故太平洋保险公司依法应在交强险无责任限额范围内予以赔偿，一审判决太平洋保险公司在交强险及商业险限额内承担赔偿责任与法不符。[①] 该案对被保险人是否具有过错采纳了可预见性标准。[②] 在被保险机动车于事故发生前13天经检修合格，且“轮芯内轴承无装配并无法从车辆外观上予以发现”的情况下，被保险人对事故发生是不可预见的，因此，被保险人主观上并无过错。该案系机动车与机动车之间的交通事故，在被保险机动车一方无过错的情况下，该车辆驾驶

---

① 福建省漳州市中级人民法院(2014)漳民终字第582号判决书。另外，在张某某与凌某某等机动车交通事故责任纠纷案中，被告凌某某驾驶的重型厢式货车左前轮爆胎，致使该肇事车辆左前轮上方的塑料挡板断裂并飞出碰撞左车道由陈某某驾驶的大型普通客车，造成车上乘客张某某受伤的交通事故。该事故经浙江省公安厅高速公路交通警察总队金华支队一大队作出道路交通事故认定书，认定凌某某、陈某某、张某某均无导致道路交通事故的过错，属于交通意外事故，各方均无责任。一审法院认为，在本次交通意外事故中，因被告凌某某无责任，故被告中国人寿财产保险股份有限公司临海市支公司应在交强险无责赔偿限额范围内赔偿给原告张某某各项经济损失人民币12,000元。对原告张某某的其他经济损失(共计35,733.93元)，被告凌某某作为事故车辆的驾驶员，其在驾驶车辆时未尽完善的安全注意义务，致使车辆左前轮爆炸后左前轮上方的塑料挡板断裂并飞出致伤原告，原告受伤的事实与被告凌某某驾驶的车辆之间存在因果关系；尽管被告凌某某在本次事故中无责任，但被告凌某某亦未向法院举证证明原告张某某在本次交通事故中有过错，故被告凌某某应对原告张某某在保险公司交强险无责赔偿以外的经济损失承担全部赔偿责任。二审法院对此裁判理由给予肯定，并维持原判。参见浙江省台州市中级人民法院(2014)浙台民终字第213号判决书。

② 关于过错判断中的可预见性标准，参见李中原：《论侵权法上因果关系与过错的竞合及其解决路径》，载《法律科学(西北政法大学学报)》2013年第6期。

人在交强险责任限额范围之外无需承担责任。因此，所谓无责限额仅对受害人产生不利影响。但是，如果在机动车与行人之间发生交通事故，被保险人在交强险责任限额范围之外仍承担一定的侵权责任。在这一类案例中，无责限额不仅对受害人的赔偿不利，而且有可能加重被保险人的负担。换言之，被保险人与受害人在交通事故中均“无责”时，获得保险保障的程度反而低于双方均“有责”时，此种法律政策和价值取向显然有失妥当。

当然，上述案例的特殊性在于被保险机动车于事故发生前13天已检修合格，这使保险公司侥幸地获得这一抗辩。但是，在大多数案件中，法院赋予被保险机动车一方严格的注意义务，进而认定被保险人对事故的发生有过错。例如，在陈某等诉李某某等机动车交通事故责任纠纷案中，法院认为，被告李某某驾驶机动车未尽到合理的检查、检测义务，被告刘某作为车辆的实际控制人、使用人对车辆亦负有检测、检查、维护等义务，被告在本起事故发生时存在侵权的过错，应当承担本案的民事赔偿责任。①

在机动车存在安全隐患导致交通事故发生的情形，法院依据客观违法标准认定机动车驾驶人或管理人对事故的发生存在过错，符合现代侵权法上过错的判断。然而，在“飞石伤害案”中，法院要面对的难题会更多。在陈某某与张某某等机动车交通事故责任纠纷案中，林某某驾驶重型半挂牵引车转弯时溅起石块，击中林某某头部致其受伤。交通管理部门认定该事故不属于交警处理范围，因此未作出责任认定。一审法院认为，虽然交警部门对本事故未作出责任认定，但林某某在工地附近驾驶车辆过程中未尽到谨慎注意的义务，是造成本交通意外事故发生的直接原因，故应承担

① 江苏省盱眙县人民法院(2014)盱民初字第1642号判决书。

全部的赔偿责任。一审宣判后,保险公司上诉认为,肇事司机林某某在驾驶拖挂车进入工地时要注意到路面碎石并且做出避让并不现实,一审认定的“注意义务”既无法用生活经验判断又不符合客观现实。因此,认定肇事车辆负全责是错误的。汕头市中级人民法院对一审法院的裁判理由作出肯定,维持了一审法院的裁判。① 笔者认为,法院赋予机动车驾驶人谨慎注意路面碎石并负有避让的义务未免过于苛刻,保险公司的上诉理由不无道理。笔者认为,引起本案争议的症结在于,保险公司将被保险人的过错与责任不加区分的混淆在一起,认为被保险人没有过错就无需负担责任,进而主张在无责任限额范围内承担赔付责任。但是,机动车交通事故并不适用过错责任原则,且有责限额与无责限额的区分亦缺乏法理基础。

在交通事故原因无法查明,交通管理部门未对事故责任作出认定的情况下,保险公司是在有责限额还是无责限额范围内承担赔偿责任?对此,按照举证责任的分配原理,应由受害人证明被保险人对事故的发生具有责任,否则受害人将承担举证不能的风险,保险公司仅在无责限额范围内赔偿保险金。然而,在司法实践中,法院通过举证责任倒置或者责任推定技术,确定了保险公司的有责赔付。例如,在叶某与刘某等机动车交通事故责任纠纷案中,交通管理部门认定,双方车辆发生接触,痕迹明显。因双方当事人对事故发生的情形说明不一致,且无其他证据证实交通事故各方在事故中过错所起的作用,故交通事故责任无法认定。泰兴市人民法院认为,对于机动车与非机动车属于交通意外事故的,各方均无责任的或不能认定事故责任的,由机动车方承担全部赔偿责任。

① 广东省汕头市中级人民法院(2014)汕中法民一终字第304号判决书。

故保险公司应在有责限额范围内承担赔偿责任。①

上述案例发生在机动车与非机动车驾驶人、行人之间，因此，法院作出了对受害人有利的推定。然而，在机动车与机动车之间发生交通事故，如何确定被保险人是否具有责任，则不无争议。广东省高级人民法院、广东省公安厅《关于〈道路交通安全法〉施行后处理道路交通事故案件若干问题的意见》第20条规定，当事人提供的证据难以认定交通事故责任的，机动车与机动车发生交通事故的，由事故各方承担同等责任。

综上，机动车强制保险以被保险人在交通事故中是否有责，划分为有责限额和无责限额，其本意在于恢复部分侵权法的预防功能。当事故完全由受害人自己的过错导致的，保险公司仅在较低的限额内赔偿保险金。但是，被保险人无责并不等于受害人负全责，交通意外事故就是典型例子。在交通意外事故中，被保险人和受害人均无责，此时保险公司仅在较低限额范围内承担保险责任。根据《道路交通安全法》第76条第1款第2项的规定，在机动车强制保险责任限额范围之外，即使被保险人无责，也应承担不超过10%的赔偿责任。不仅如此，有责和无责的划分并不能涵盖所有事故情形，如果交通管理部门对事故责任无法认定，保险公司是在有责限额还是无责限额范围内承担责任，也存在诸多疑问。

在笔者看来，根据《道路交通事故处理程序规定》第60条责任划分类型，在被保险人“无责”时，受害人可能“有责”，亦可能“无责”，如“飞石伤害案”。在受害人“无责”时，保险公司仅在一个较低的责任限额内赔付保险金，显然对受害人不公平。即使受害人对交通事故的发生有过错，被认定为“有责”时，也不应当区分有责

① 江苏省泰兴市人民法院（2014）泰民初字第943号判决书。

限额与无责限额,因为《道路交通安全法》第76条实行保险赔付与责任保险适当分离的模式,其立法意旨在于确保保险赔付不因受害人之过错而受影响。故无责限额与有责限额的划分背离了《道路交通安全法》第76条之立法精神,难以为交通事故受害人提供基本保障。

笔者认为,应当从受害人的角度出发对赔偿限额作出适当区分。其中,作为驾驶人的受害人,当其对事故的发生存在重大过失时,应当设置一个较低的赔偿限额进行赔偿。至于行人、非机动车驾驶人等其他受害人,则不宜区分其过错程度,统一适用相同的赔偿限额。这是因为,行人、非机动车驾驶人等道路交通参与人是社会弱势群体,他们参与道路交通并不会给其他主体带来异常危险。《法国1985年7月5日法律》第4条规定:“陆上动力车辆驾驶人就其自己所受损害如有过错,具有限制或排除其损害赔偿的效力。”据此,作为驾驶人的受害人,其损害赔偿按照过失相抵的规则予以处理。

综上,我国机动车强制保险通过事故限额、分项限额以及责任区分限额的方式严格限制保险公司的赔付数额,导致机动车强制保险为受害人提供基本保障的目标受到限制,难以实现机动车强制保险的立法目的。与此同时,机动车强制保险不恰当地将财物损害、精神损害等纳入赔偿范围,侵占了本来就很稀缺的保险资源。因此,我国机动车强制保险立法应当在厘清保险赔付范围的基础上对赔付限额制度作出重新安排。

三、赔偿项目的区分与限制

分项限额的特征在于对不同赔偿项目设定不同的赔偿限额。根据《交强险条例》第23条的规定,赔偿限额分为死亡伤残赔偿限额、医疗费用赔偿限额、财产损失赔偿限额以及被保险人在道路交通事故中无责任的赔偿限额。如果将财产损失纳入机动车强制保险的赔偿范围，并为财产损失设置较低的赔偿限额，可以降低赔付的不确定性，进而为人身损害预留更多的资源。但正如前文所言，“财产损失”不应纳入机动车强制保险的赔偿范围，因为“财产损失”与交通事故受害人的基本医疗和基本生活保障无关。因此，笔者仅就死亡伤残和医疗费用的区分展开论述。有学者认为，实行分项限额不但可以根据人身伤亡和财产损失的风险特点进行有针对性的保障，而且可以降低赔付的不确定性，有效控制风险，降低费率水平。① 但毫无疑问，分项限额的实质在于控制保险赔付额度，必然会影响交通事故受害人的保障水平。因此，将人身损害区分为死亡伤残和医疗费用两个项目，是否具有区分的价值和意义，则不无疑问。

《交强险条款》第8条第2款规定，死亡伤残赔偿限额和无责任死亡伤残赔偿限额项下负责赔偿丧葬费、死亡补偿费、受害人亲属办理丧葬事宜支出的交通费用、残疾赔偿金、残疾辅助器具费、护理费、康复费、交通费、被扶养人生活费、住宿费、误工费，被保险人依照法院判决或者调解承担的精神损害抚慰金。然而，护理费、交通费、住宿费、误工费等四项费用与受害人死亡或伤残并无直接关系，即使受害人遭受普通伤害，亦可能产生护理费、交通费、住宿费和误工费。将这四项费用与死亡赔偿金、残疾赔偿金纳入同一赔偿限额项，到底具有何种意义，则未予言明。《交强险条款》第8条第3款规定，医疗费用赔偿限额和无责任医疗费用赔偿限额项下负责赔偿医药费、诊

① 参见刘炤、杨华柏、郭左践主编：《机动车交通事故责任强制保险条例释义》，法律出版社2006年版，第63页。

疗费、住院费、住院伙食补助费,必要的、合理的后续治疗费、整容费、营养费。在笔者看来,《交强险条款》第 8 条第 2 款与第 3 款关于死亡伤残赔偿限额、医疗费用赔偿限额的列举性规定既不科学也不严谨。

针对《交强险条例》的分项限额,学者间认识不一。有学者认为,《道路交通安全法》第 76 条并未细分各赔偿项目的限额。《交强险条例》和《交强险条款》区分赔偿限额,使道路交通事故的受害人实际获得的赔偿数额大大减少,显然不利于对受害人的保护。因此,从充分保护受害人的角度出发,应当直接适用《道路交通安全法》第 76 条的规定,在交强险总体责任限额内予以赔偿。①《东营市道路交通事故处理工作座谈会纪要》第 10 条规定:“在确定保险公司应承担的赔偿数额时,不受死亡伤残、医疗费、财产损失赔偿等各分项限额的限制,保险公司在交强险总额范围内承担保险责任。”

在司法实践中,部分法院为了尽可能为交通事故受害人提供基本保障,突破了分项限额的限制。例如,在白某某与焦某某等机动车交通事故责任纠纷案中,邯郸市中级人民法院亦认为,交强险的立法目的是保护受害人,交强险限额分项是《交强险条例》和《交强险条款》的规定,《交强险条例》是国务院制定的行政法规,《交强险条款》为原中国保监会批准公布的部门规章,而《道路交通安全法》第 76 条对交强险赔付未作分项限额的规定,故本案应以全国人大常委会制定的《道路交通安全法》第 76 条为依据,对于交强险限额 122,000 元范围内的实际损失保险公司均应赔偿。最高人民法院〔2012〕民一他字第 17 号函是个案答复,不具有普遍适用性。

---

① 参见殷清利:《最新交通事故疑难案件裁判标准与实务解析》,法律出版社 2014 年版,第 374 页。

一审判决并无不当，判决驳回上述，维持原判。① 然而，既然《交强险条例》在性质上属于行政法规，其确立的分项限额规则对法院的裁判当然具有拘束力。地方法院超越《交强险条例》的规定擅自进行"法的续造"，有违法治原则。与此观点相对，有学者认为，设定分项责任限额偏重保护保险公司的利益，使交强险的保障能力进一步降低，其公平合理性值得探讨。但《交强险条例》作为国务院的行政法规，在法律位阶上属于法院审理案件的依据。在无更高效力位阶的法律规定的情况下，法院在审理道路交通事故损害赔偿案件中只能适用条例的相关规定。② 此外，分项限额赔偿方式是结合中国国情和消费者承受能力确定的，与交强险保障要求的实际内容相一致。③ 最高人民法院〔2012〕民一他字第 17 号复函指出，根据《道路交通安全法》第 17 条以及《交强险条例》第 23 条，机动车发

① 〔2013〕邯市民一终字第 314 号。在该案中，焦某驾驶小轿车在大广高速行驶时，与中央护栏剐蹭后方向失控，进入第三车道与在此车道由白某驾驶的重型厢式半挂车左前角相撞，造成两车不同程度损坏及路产损失的交通事故。后经高速公路交警大队出具事故认定书，认定焦某负此次事故全部责任，驾驶人白某无责任。白某委托某保险评估公司进行损失鉴定，经鉴定其驾驶的重型厢式半挂车损失金额为 50,228 元，白某支付鉴定费 3700 元，支付施救费 17,000 元。焦某驾驶的小轿车在某财产公司河北分公司投有交强险。一审法院认为，被告焦某应按照其应负的事故责任对原告造成的财产损失予以赔偿。法院对鉴定结论予以采信，对原告支付的鉴定费用和施救费用予以支持。根据《道路交通安全法》第 76 条及《道路交通事故司法解释》第 15 条第 1 款第 1 项的规定，判决某财险公司河北分公司在交强险限额 122,000 元内承担财产损失赔偿 70,928 元（〔2012〕魏民初字第 2494 号）。某财产公司河北分公司提起上诉，认为根据《交强险条例》及最高人民法院〔2012〕民一他字第 17 号函的规定，保险人只在交强险财产损失限额内赔偿一审原告 2000 元，请求依法撤销一审判决。

② 参见最高人民法院民事审判第一庭编著：《最高人民法院关于道路交通损害赔偿司法解释理解与适用》，人民法院出版社 2012 年版，第 214 页。

③ 参见赵邯生：《浅析交强险案件不分项赔偿处理法律依据的缺失及负面社会效应》，载《中国保险》2012 年第 9 期。

生交通事故后,受害人请求承保机动车第三者责任强制保险的保险公司对超出机动车第三者责任强制保险分项限额范围的损失予以赔偿的,人民法院不予支持。

事实上,如果背离《交强险条例》确立起的分项限额制度,简单将受害人遭受的各项损失合并,可能并不恰当。这是因为,《道路交通安全法》第76条不恰当地将财物损害纳入了交强险的保障范围,在此情况下如果打破分项赔偿的限制,必将导致交强险对财物损害赔偿的大幅度上升,从而侵占交强险本来就很稀缺的人身损害赔偿份额,不利于受害人人身损害之保障。① 为此,有学者认为,机动车强制保险应当合并死亡伤残赔偿限额、医疗费用赔偿限额,同时取消财产赔偿。②

笔者认为,我国机动车强制保险分项限额制度确实降低了对受害人的赔偿力度。但是,仅仅合并死亡伤残赔偿限额和医疗费用赔偿限额,并不能从根本上解决机动车强制保险分项限额之缺陷。正如前文所言,机动车强制保险的主要目的是为交通事故受害人提供基本保障。伤残程度不同的受害人所需基本保障亦有所不同。对于损伤轻微的受害人来说,支付适当的医疗费即可实现对受害人的基本保障;对于损伤严重的受害人来说,不仅要支付适当的医疗费,而且要为受害人未来的基本生活提供保障。然而,我国现行机动车强制保险并未区分受害人损伤的严重程度,因此,此种赔偿限额制度存在严重缺陷。首先,对于损伤轻微的受害人,即使他对事故的发生存在严重过错,也能够得到完全赔偿,此为机动车强制保险赔偿过度的

① 参见刘锐:《交强险制度的解释适用与立法完善》,载《保险研究》2012年第8期。

② 参见张爱云:《交强险在司法实践中的困境及破解——以交强险赔偿限额为视角》,载《人民司法》2012年第17期。

问题;其次,对于损伤严重的受害人,即使他对事故的发生并无过错,也只能得到部分赔偿,此为机动车强制保险赔偿不足的问题。根据《交强险条款》第8条,死亡伤残赔偿以及医疗费用赔偿均设置最高限额。医疗费用因个案的特殊性不易确定,然而根据现行法,我国死亡赔偿金和伤残赔偿金只需套用简单的计算公式即可确定。以2014年上海、湖北和甘肃三省市人身损害赔偿标准为例,其城镇居民的死亡赔偿金分别为877,020元、458,120元、379,300元,农村居民的死亡赔偿金分别为384,160元、177,340元、102,160元。① 至于伤残赔偿金的计算,则以伤残等级系数乘以死亡赔偿金。例如,发生在上海的交通事故,受害人系属城镇居民,其伤残等级评定为5级,则其可获得的伤残赔偿金为526,212元×(877,020元×0.6)。在此高额的死亡伤残赔偿金下,《交强险条款》提供的赔偿方式和标准显然难以提供基本保障。在交通事故人身损害赔偿中,既然死亡伤残赔偿金的计算标准是固定的、可预测的,那么,为死亡或不同等级的伤残支付定额的保险赔偿金,就是一项可替代性方案。

综上,机动车强制保险赔偿项目应当区分为伤害医疗赔偿、伤残赔偿和死亡赔偿三项,并针对不同伤残程度设置不同的赔偿限额。

第二节　机动车强制保险赔偿项目

一、伤害医疗赔偿

因交通事故造成人身损害,受害人最急迫之保障需求应属医

---

① 根据2014年上海、湖北和甘肃发布的交通事故损害赔偿标准,上海市城镇居民人均可支配收入为43,851元、农村居民人均纯收入为19,208元,湖北省城镇居民人均可支配收入22,906元、农村居民人均纯收入8867元,甘肃省城镇居民人均可支配收入18,965元、农村居民人均纯收入5180元。

疗费用,因此,机动车强制保险应将医疗费用纳入保障范围。根据《交强险条款》第8条之规定,医疗费用包括医药费、诊疗费、住院费、住院伙食补助费,必要的、合理的后续治疗费、整容费、营养费。

在司法实践中有争议的是,非医保用药所产生的医疗费用,机动车强制保险是否应当赔偿。《交强险条款》第19条规定,保险事故发生后,保险人按照国家有关法律法规规定的赔偿范围、项目和标准以及交强险合同的约定,并根据国务院卫生行政主管部门组织制定的交通事故人员创伤临床诊疗指南和国家基本医疗保险标准,在交强险的责任限额内核定人身伤亡的赔偿金额。对此,有学者认为,医保条款乃保险合同的组成部分,保险合同中有明确约定者,应当尊重保险合同的约定,对于超医保用药应由肇事方自行负担。① 在司法实践中,不同法院裁判结果不同。在黄某某与王某某等机动车交通事故责任纠纷案中,南昌市中级人民法院认为,在交通事故人身损害赔偿案件中,保险人因与侵权人存在保险合同关系而承担理赔责任,这一责任系替代责任,而非直接的侵权责任。因此,保险人的责任范围及数额应以保险合同约定为准。既然《交强险条款》第19条明确规定,保险人根据国家基本医疗保险标准,在交强险的责任限额内核定人身伤亡的赔偿金额,则超医保用药费用,应由被保险人自行承担,保险人不负保险责任。② 然而,在卢某某与刘某某等机动车交通事故责任纠纷案中,南昌市中级人民法院认为,医保条款为责任免除条款,保险公司应当举证证明其已就医保条款向投保人履行了明确说明义务,否则,医保条款

---

① 参见余香成、黄文亮:《医保条款与鉴定费条款引发保险争议》,载《中国保险报》2012年5月14日,第8版。

② 江西省南昌市中级人民法院(2011)洪民一终字第874号判决书。

不生效。①

然亦有法院通过举证责任的分配来回应保险公司的抗辩。例如,在王某某与张某某等机动车交通事故责任纠纷案中,商丘市中级人民法院认为,太平洋保险公司未充分举证证明王某某医疗用药含有非医保用药的具体名目及费用额度,故其上诉理由不成立。② 另外,泰州市中级人民法院也认为,上诉人平安保险南通公司虽主张扣除非医疗保险用药费用,但其并未提供证据证明孙某某哪些用药系非医保用药及此类非医保用药在国内可由其他药品替代、非医保用药与替代药品的差价等事实,因而承担举证不能的后果。③

上述案件虽然在裁判结果上均驳回了保险公司扣除非医保用药费用的主张,但是,它们是以保险公司未履行告知义务或举证责任作为裁判理由。这是否意味着保险公司履行了告知义务或者对非医保用药的费用完成举证责任,即可将非医保用药费用排除机动车强制保险保障范围之外。④ 笔者认为,医疗费的赔偿所指向的并不一定是最廉价的治疗方法所需的费用,而是取决于怎么样能够实现最佳的治疗效果。因此,即使有的费用未被医疗保险涵盖,只要对于受害人的治疗是必要的和合理的,保险公司就应当承担保险责任。⑤ 在英国,受到伤害的人甚至可以不选择公共机构,而

① 江西省南昌市中级人民法院(2014)洪民一终字第543号判决书,相同裁判理由亦可参见陕西省商洛市中级人民法院(2014)商中民一终字第235号判决书。

② 河南省商丘市中级人民法院(2015)商民二终字第127号判决书。

③ 江苏省泰州市中级人民法院(2014)泰中民终字第1190号判决书。

④ 当然,在机动车商业三者险中亦引发相同的争论,参见潘云波、王益平:《"超医保不赔"条款的认定》,载《上海政法学院学报》2013年第1期;陈会平、钟红梅:《浅析"非医保不赔"的困境与对策》,载《上海保险》2014年第6期。

⑤ 参见刘晓燕:《非医保用药,伤者自费还是保险买单》,载《人民法院报》2010年6月15日,第3版;吴云:《非医保药不赔难成抗辩理由》,载《法制日报》2010年2月3日,第5版。

是选择私人医院的治疗。瑞典报告中同样证实了被告应赔偿所有的费用,只要在当时情况下医疗费用是必要的,且受害人所受伤害与其所选择的治疗方法有着合理的关联关系。① 当然,医疗费用是否必要、合理,应由被保险人和保险公司举证。最高人民法院《关于审理人身损害赔偿案件适用法律若干问题的解释》(法释〔2003〕20号,以下简称《人身损害赔偿解释》)第6条规定,医疗费用根据医疗机构出具的医药费、住院费等收款凭证,结合病例和诊断证明等相关证据确定。赔偿义务人对治疗的必要性和合理性有异议的,应当承担相应的举证责任。所以,只要受害人支出的医疗费用是合理的,即使该费用不属于医保用药,机动车强制保险也应当予以赔偿。就此而言,茅某某与邢某某等交通事故责任纠纷案中的裁判理由值得肯定。在该案中,绍兴市中级人民法院认为,机动车交通事故责任保险的积极价值在于分散被保险人的风险,并为交通事故受害人提供及时有效的补偿保障。交通事故发生后,救治事故受害人是第一要务。在救治过程中,医疗机构根据专业诊疗确定的对事故受害人所用药物,在未有有效反驳证据证实情况下,都应当被认定为是合理用药。以药物超出医保范围为由,对医疗机构的救治进行实际的人为限制,既违反了以人为本、救死扶伤的人类基本理念,也不利于伤者的救治和交通事故损害的最小化。因此,受害人因交通事故产生的合理医疗费用,应当得到有效保障。②

在交通事故受害人获得社会保险给付的情形下,如何处理机动车强制保险赔偿与社会保险给付之间的关系,理论上存在补充

① 参见[奥]伯恩哈德·A.科赫、[奥]赫尔穆特·考茨欧主编:《比较法视野下的人身伤害赔偿》,陈永强等译,中国法制出版社2012年版,第470页。

② 浙江省绍兴市中级人民法院(2014)浙绍民终字第1662号判决书。

模式、替代模式、选择模式以及兼得模式等学说。① 补充模式主张社会保险优先原则,保险理赔之后的不足部分,受害人可以依一般侵权责任要求侵权人赔偿。② 替代模式主张用工伤保险替代侵权责任,认为替代关系是历史发展的潮流,替代关系简便易行且较为公平;替代关系有利于减少诉讼,避免劳资争议,维护社会稳定。③ 有学者主张采纳替代模式辅之以特别情形下的选择模式,认为在适用工伤保险的场合,排除普通人身损害赔偿的适用;但存在第三人加害行为且符合工伤保险构成要件时,赋予受害人选择诉权,一旦作出选择,不得再从程序或实体上寻求另一种救济。④ 还有学者主张兼得模式,认为无第三人侵权时,受害人可以获得工伤保险待遇。若用人单位对工伤事故的发生存在故意或重大过失的,用人单位还须按照侵权赔偿的规定支付赔偿金;第三人侵权时,受害人可以向第三人主张损害赔偿责任,也可同时获得工伤保险待遇。⑤ 还有学者认为,并行给付问题的解决在于特定制度所要实现的价值目标和政策功能,取决于被侵权人、侵权人和社会保险机构之间的利益调整。在被侵权人损失完全填补原则之下,通过损益相抵、代位求偿制度的运用,既要避免侵权人不当免责,也要避免其承担不当责任,同时又要保障社会保险机构的经济能力。在这一前提

---

① 参见王泽鉴:《民法学说与判例研究》,北京大学出版社2009年版,第208页。

② 参见吕琳:《工伤保险与民事赔偿适用关系研究》,载《法商研究》2003年第3期。

③ 参见金福海等:《论工伤保险赔偿与侵权赔偿之关系》,载《政法论坛》2004年第4期。

④ 参见张新宝:《工伤保险赔偿请求权与普通人身损害赔偿请求权的关系》,载《中国法学》2007年第2期。

⑤ 参见张平华、郭明瑞:《关于工伤保险赔偿与侵权损害赔偿的关系》,载《法律适用》2008年第10期。

之下,依不同赔付项目分别判断较之单纯的模式选择更符合现行法精神和司法实践的需要。①

从域外立法来看,除瑞典外,欧洲国家几乎都规定了社会保险机构在支付保险金后有权向应负责任的第三人追偿。该第三人至少应承担保险机构作为中间人向受害人支付的损失赔偿金。因此,在这些国家的所有人身伤害实践中,基于侵权法向侵权行为人提起诉讼的不是受害人本人,而是社会保险机构。② 瑞典大大偏离了这一做法。瑞典的社会保险制度明确排除了社会保险机构向侵权法上的责任人提起追溯权诉讼,故侵权法在某种程度上已然被排除了。瑞典侵权法的立法目的是为了实现不在社会保险机制赔偿范围内的损害赔偿,具体包括所有非金钱损失以及超出社会保险赔偿标准限度的损害赔偿金。③ 笔者认为,允许社会保险机构向侵权人追偿,意味着受害人不可能同时兼得来自社会保险和侵权人的赔偿。在瑞典模式下,由于其侵权法是建立在社会保险基础之上的,因此,受害人也不可能获得双重赔偿。

就伤害医疗赔偿而言,社会保险中的基本医疗保险和工伤保

---

① 参见周江洪:《侵权赔偿与社会保险并行给付的困境与出路》,载《中国社会科学》2011 年第 4 期。

② 参见[奥]伯恩哈德 · A. 科赫、[奥]赫尔穆特 · 考茨欧主编:《比较法视野下的人身伤害赔偿》,陈永强等译,中国法制出版社 2012 年版,第 454 页。

③ 由于国家经济状况不佳,近年来有人讨论将赔偿责任转移到侵权人身上,以此减轻社会保险的负担。为此,瑞典政府于 1999 年成立了一个议会委员会。该委员会于 2002 年 1 月提交了调查结果,在此问题上持反对意见。社会民主主义者、左翼以及委员会主席一致认为,社会保险机构不可提起追索诉讼。政治家们将此视为事关团结的问题,社会所有成员都须承担这些费用。无论侵权人是否故意,也不管他地位如何,团结的观念必须受到尊重。参见[奥]伯恩哈德 · A. 科赫、[奥]赫尔穆特 · 考茨欧主编:《比较法视野下的人身伤害赔偿》,陈永强等译,中国法制出版社 2012 年版,第 369 页。

险均涉及医疗费用的给付问题。我国《社会保险法》第42条规定："由于第三人的原因造成工伤,第三人不支付工伤医疗费用或者无法确定第三人的,由工伤保险基金先行支付。工伤保险基金先行支付后,有权向第三人追偿。"①据此,我国《社会保险法》在医疗费用上不允许受害人获得双重赔偿。② 然而,在司法实践中裁判结果不一。南京市秦淮区人民法院认为,工伤保险是国家通过立法强制实施的,不以营利为目的,由国家给予适当经济帮助和医疗服务的社会保障制度,属于政策性保险。受害人因侵权行为受伤住院治疗,由社会保险机构为其支付部分医疗费用,是在履行了缴纳保险费义务后才享有的权利,属于受害人投保后带来的收益,工伤保险支付的医疗费不应从其主张的医疗费中扣除。③ 在陈某某与赵某某等机动车交通事故责任纠纷案中,上海市第一中级人民法院认为,工伤职工的工伤保险赔偿请求权与工伤职工向第三人提起的侵权损害赔偿请求权的权利基础和归责原则不同,赵某某关于

① 最高人民法院《关于审理工伤保险行政案件若干问题的规定》(法释〔2014〕9号)第8条规定:"职工因第三人的原因受到伤害,社会保险行政部门以职工或者其近亲属已经对第三人提起民事诉讼或者获得民事赔偿为由,作出不予受理工伤认定申请或者不予认定工伤决定的,人民法院不予支持。职工因第三人的原因受到伤害,社会保险行政部门已经作出工伤认定,职工或者其近亲属未对第三人提起民事诉讼或者尚未获得民事赔偿,起诉要求社会保险经办机构支付工伤保险待遇的,人民法院应予支持。职工因第三人的原因导致工伤,社会保险经办机构以职工或者其近亲属已经对第三人提起民事诉讼为由,拒绝支付工伤保险待遇的,人民法院不予支持,但第三人已经支付的医疗费用除外。"

② 这一规定与原《侵权责任法》第18条第2款之精神是一致的,该款规定:"被侵权人死亡的,支付被侵权人医疗费、丧葬费等合理费用的人有权请求侵权人赔偿费用,但侵权人已支付该费用的除外。"参见周江洪:《侵权赔偿与社会保险并行给付的困境与出路》,载《中国社会科学》2011年第4期。

③ 该案已被南京市中级人民法院改判,参见张苗:《非常官司引发医保追偿变局》,载《中国社会保险》2014年第11期。

两者不能兼得的意见,与法律规定不符,法院难以采纳。① 然而,在张某某与某公司工伤保险待遇纠纷案中,宿迁市中级人民法院认为,劳动者在上下班途中,受到非本人主要责任的交通事故构成工伤的,如果劳动者已获得侵权赔偿,用人单位承担的工伤保险责任中应扣除第三人已支付的医疗费、护理费、营养费、交通费、住院伙食补助费等费用。②

在基本医疗保险与侵权赔偿并行给付的问题上,司法实务却采纳了兼得模式,即受害人可以同时获得基本医疗保险和侵权赔偿。尽管《社会保险法》第 30 条第 2 款规定:"医疗费用依法应当由第三人负担,第三人不支付或者无法确定第三人的,由基本医疗保险基金先行支付。基本医疗保险基金先行支付后,有权向第三人追偿。"③但这一规定并没有得到普遍实际执行。在张某与钟某等机动车交通事故责任纠纷案中,合肥市中级人民法院认为,张某在北京博爱医院的费用为 88,165 元,其中医保支付 30,858 元,张某自行支付 57,307 元。张某通过医保支付的费用不应计入张某的损失,相关医保机构对该费用可依法行使追偿权。④ 然在大部分侵权损害赔偿纠纷案中,受害人医疗费用中的医保支出并未被扣除,

---

① 上海市第一中级人民法院(2015)沪一中民一(民)终字第 429 号判决书。

② 江苏省宿迁市中级人民法院(2013)宿中民终字第 205 号判决书,相似裁判结果参见山东省滨州市中级人民法院(2015)滨中民一终字第 13 号判决书;云南省曲靖市中级人民法院(2014)曲中民终字第 1219 号判决书;福建省福州市中级人民法院(2014)榕民终字第 4267 号判决书;广东省中山市中级人民法院(2014)中中法民五终字第 149 号判决书。

③ 在《社会保险法》实施之前,各地通常规定,因交通事故、医疗事故或者其他责任事故造成伤害的,以及因打架斗殴或者因其他违法行为造成伤害的,不得列入基本医疗保险基金支付范围。参见向春华:《规制医保先行支付》,载《中国社会保障》2014 年第 11 期。

④ 安徽省合肥市中级人民法院(2015)合民一终字第 1427 号判决书。

致使医保机构无法向加害第三人提起追偿权。然此时医保机构是否有权向受害人提起不当得利之诉。对此，有学者认为，在第三人已经对被保险人履行赔偿义务后，社会机构不能再对第三人追偿，所以社保机构对受害人应当享有不当得利返还请求权。[①]《社会保险基金先行支付暂行办法》第 16 条规定，个人隐瞒已经从第三人或者用人单位处获得医疗费用、工伤医疗费用或者工伤保险待遇，向社会保险经办机构申请并获得社会保险基金先行支付的，按照社会保险法第 88 条的规定处理。[②]《社会保险基金先行支付暂行办法》第 2 条规定，参加基本医疗保险的职工或者居民（以下简称个人）由于第三人的侵权行为造成伤病的，其医疗费用应当由第三人按照确定的责任大小依法承担。超过第三人责任部分的医疗费用，由基本医疗保险基金按照国家规定支付。前款规定中应当由第三人支付的医疗费用，第三人不支付或者无法确定第三人的，在医疗费用结算时，个人可以向参保地社会保险经办机构书面申请基本医疗保险基金先行支付，并告知造成其伤病的原因和第三人不支付医疗费用或者无法确定第三人的情况。然而问题是，在机动车发生交通事故的情形下，如何处理基本医疗保险与机动车强制保险之间的关系？

根据《社会保险法》第 30 条和第 42 条的规定，在第三人造成受害人伤害的情况下，社会保险支付保险金的前提是“第三人不支付医疗费用或者无法确定第三人”。然而，如何理解“第三人不支付医疗费用”或者“无法确定第三人”？“第三人不支付医疗费用”

---

① 参见向春华：《规制医保先行支付》，载《中国社会保障》2014 年第 11 期。

② 《社会保险法》第 88 条规定：“以欺诈、伪造证明材料或者其他手段骗取社会保险待遇的，由社会保险行政部门责令退回骗取的社会保险金，处骗取金额二倍以上五倍以下的罚款。”

是否意味着受害人通过诉讼的方式仍然没有获得医疗赔偿。在社会保险经办机构与医疗机构、药品经营单位直接结算的情况下,如何处理?

二、伤残赔偿

根据《民法典》第1179条之规定,侵害他人造成伤残的,除应当赔偿医疗费等救治费用外,还应当赔偿辅助器具费和残疾赔偿金。所谓"伤残",是指因损伤所致的人体残废,包括精神的、生理功能的和解剖结构的异常及其导致的生活、工作和社会活动能力的不同程度丧失。① 因此,伤残不限于全部或部分劳动能力的丧失,还包括日常生活能力的损害。②

残疾生活辅助具是因伤致残的受害人为补偿其遭受创伤的肢体器官功能、辅助其实现生活自理或者从事生产劳动而购买、配制的生活自助器具,如轮椅、假肢、义眼等。③《人身损害赔偿解释》以及《交强险条款》称之为残疾辅助器具,两者仅名称不同而已。《人身损害赔偿解释》第26条规定:"残疾辅助器具费按照普通适用器具的合理费用标准计算。伤情有特殊需要的,可以参照辅助器具配制机构的意见确定相应的合理费用标准。辅助器具的更换周期

---

① 参见《道路交通事故受伤人员伤残评定》(已废止)第2.2条。有学者认为,伤残包括一般的伤害和残疾。一般伤害是指受害人遭受的较轻微的身体、健康方面的侵害,这样的损害后果会引起暂时的身体不适、健康状况下降以及可能的医疗费用支出、因误工而产生的收入损失等。残疾则是由于身体遭受侵害而在肢体、肌肤、器官或相应功能方面留下长期或永久的不利性改变方面的损害后果。参见张新宝:《侵权责任构成要件研究》,法律出版社2007年版,第204页。

② 参见马俊驹、余延满:《民法原论》,法律出版社2010年版,第1035页。

③ 参见庄洪胜等编著:《交通事故侵权责任损害鉴定与赔偿》,中国法制出版社2010年版,第113页。

和赔偿期限参照配制机构的意见确定。”在审判实践中，残疾辅助器具费与后续治疗费有时不易区分。在沈某某与董某某等机动车交通事故责任纠纷案中，对于义齿的修复和更换到底属于残疾辅助器具费还是后续治疗费，当事人之间存在分歧。汕头市中级人民法院认为，双方争议的焦点问题是义齿的修复和更换费用属于后续治疗费还是属于残疾辅助器具费。本案中，鉴定机构评定沈某某修复和更换义齿需要的费用为43,750元，该费用实际上属于受伤后因为日常生活需要必须配制辅助器具而支出的费用，而非治疗损伤所支出的费用。① 枣庄市中级人民法院在另外一则案例中也认为，残疾是指肢体、器官或者其功能方面的缺陷。残疾辅助器具是指因伤致残的受害人为弥补其遭受伤害的肢体器官功能、辅助其实现生活自理或者从事生产劳动而购买、配置的生活器具。受害人李某因交通事故缺失4颗牙齿，虽未达到伤残等级，但造成功能丧失，其需安装义齿的费用在性质上应为残疾辅助器具费。② 笔者认为，后续治疗费是指对损伤经治疗后体征固定而遗留功能障碍确需再次治疗的或伤情尚未恢复需二次治疗所需的费用，包括器官功能恢复训练所必要的康复费、适当的整容费以及其他后续治疗费。根据《人身损害赔偿解释》第6条第2款的规定，对于后续治疗费的赔偿，权利人可以待实际发生后另行起诉。但根据医疗证明或者鉴定结论确定必然发生的费用，可以与已经发生的医疗费一并予以支付。安装义齿显然不属于二次治疗的范畴，其目的在于辅助受害人之生活。因此，安装义齿所产生的费用应属于残疾辅助器具费。

---

① 广东省汕头市中级人民(2014)汕中法民一终字第199号判决书。

② 山东省枣庄市中级人民法院(2013)枣民五终字第433号判决书。

残疾赔偿金是对受害人未来财产损失的赔偿,因此,其性质属于财产损害,而非精神损害。[①] 然究竟是对受害人何种"未来财产损失"的赔偿,则有收入所得丧失说、劳动能力丧失说和生活来源丧失说之分。[②] 收入所得丧失说是蒙森假设差额理论在人身损害赔偿中的具体运用,该说认为,残疾赔偿金就是赔偿受害人因交通事故导致的实际收入的减少,其具体数额采取差额计算方法,即假设交通事故从未发生受害人所应得的劳动收入,减去交通事故实际发生后受害人能够获得的劳动收入。根据该理论,受害人最终能够得到赔偿的数额主要取决于受害人事故前的收入水平、伤残严重程度以及伤残情况对收入的影响等因素。然而,收入所得丧失说以被害人现实上减少劳动收入为计算损害之基础,可能面临被害人受害时,并无薪资所得,而未生损害之问题。[③] 另外,无论是交通事故发生后受害人未来可能获得的劳动收入还是假设交通事故未发生受害人未来可能获得的劳动收入,都是处于一种未知的、不确定的状态。因此,如何计算两者之间的差额存在重大困难。此外,以具体的受害人收入为计算基础,将导致同一事故不同受害人之间损害赔偿的两极分化,易引发合理性纷争。

劳动能力丧失说认为,受害人丧失劳动能力后所致损失,不限于实际的可能获得收入之减少。在劳动力业已商品化之现状下,

---

① 关于残疾赔偿金的性质,最高人民法院《关于确定民事侵权精神损害赔偿责任若干问题的解释》明确将其界定为精神损害抚慰金,然《人身损害赔偿解释》第12条又将其界定为财产损害。事实上,残疾赔偿金是对因残疾而导致的劳动能力丧失所给予的财产损害性质的赔偿,而不是对权利人遭受精神损害所给予的精神抚慰性质的赔偿。参见张新宝:《侵权责任构成要件研究》,法律出版社2007年版,第205页。

② 参见马俊驹、余延满:《民法原论》,法律出版社2010年版,第1034页。

③ 参见陈聪富:《侵权违法性与损害赔偿》,北京大学出版社2012年版,第134页。

劳动力本身可作为资本财产而予以评价。[①] 任何人均具有依其生产劳动而获得收益之能力，此项劳动能力丧失，无论现实所得之有无，劳动能力丧失本身，即得作为财产上的损害，而予以金钱评价。[②] 根据该学说，幼儿、家庭主妇、无职业者等受害者，在交通事故发生时虽无劳动收入，但其劳动能力或将来可获得劳动能力之丧失，本身也构成一种损害，因此，可以请求加害人予以赔偿。该说为我国台湾地区理论和实务上之通说。我国台湾地区"最高法院"2003 年台上字第 439 号民事判决认为，"被害人身体或者健康遭受损害，致丧失或减少劳动能力，其本身即为损害，并不限于实际所得之损失，至于个人实际所得额，则仅得作为评价劳动能力损害程度而已，不得因薪资未减少即谓无损害。是许添福虽现仍领有月退休金，亦不能执此扣抵其所得请求之劳动能力减损之损害赔偿"。[③] 劳动能力丧失说主要以劳动能力丧失本身作为损害而予以评价。

生活来源说认为，受害人劳动能力丧失与减少，必致其生活来源丧失，因而应当赔偿受害人的生活补助费，使其生活来源能够重新恢复。赔偿所救济的既不是劳动能力的丧失，也不是受害人致残前后的收入差距，而是受害人致残前后生活来源的差额。[④] 如果

---

① 劳动能力的降低所带来的收入减少到底属于积极损害还是消极损害，学者之间认识不一。有学者认为，因劳动能力的降低所带来的收入减少属于积极损害，其理由在于，劳动能力构成一种独立的财产利益，其减少也导致财产损失，然亦有学者将之作为消极损害。参见陈聪富：《侵权违法性与损害赔偿》，北京大学出版社 2012 年版，第 150 页；[奥]伯恩哈德·A. 科赫、[奥]赫尔穆特·考茨欧主编：《比较法视野下的人身伤害赔偿》，陈永强等译，中国法制出版社 2012 年版，第 23 页。

② 参见陈聪富：《侵权违法性与损害赔偿》，北京大学出版社 2012 年版，第 135 页。

③ 参见陈聪富：《侵权违法性与损害赔偿》，北京大学出版社 2012 年版，第 151 页。

④ 参见杨立新：《侵权法论》，人民法院出版社 2005 年版，第 721 页。

采取此说,受害人所能够获得的赔偿数额将是极其微薄的。此种学说的优点在于简便易行,赔偿数额容易计算;缺点在于对受害人保护不周,因为受害人除维持自己基本生活之外,还需其他各种支出。此外,如果受害人在劳动能力丧失后还有亲友给予资助,足以度过其余下的时间,此种赔偿数额将失去其意义。我国立法和以前的审判实务采生活来源说,原《民法通则》第 119 条之所以将残疾赔偿金称为“残疾者生活补助费”正是采取此说的结果。最高人民法院《关于贯彻执行〈中华人民共和国民法通则〉若干问题的意见(试行)的通知》(以下简称《民法通则若干问题的通知》)基于此说于第 146 条将残疾者生活补助费的标准定得非常低,即“一般应补足到不低于当地居民基本生活费的标准”。显然,采用生活来源丧失说既不符合我国社会经济生活的现状,也极其不利于保护受害人的合法权益,有违侵权法完全赔偿的原则。①

我国现行损害赔偿相关法律到底采纳何种学说,学者之间认识不一。有学者认为,《人身损害赔偿解释》第 17 条将“残疾赔偿金”与“被扶养人生活费”等并列为赔偿的范围来看,其采取的是“收入所得丧失说”,然而,《侵权责任法》最终改采了“劳动能力丧失说”。② 然亦有学者认为,《人身损害赔偿解释》第 25 条规定的“残疾赔偿金”根据丧失劳动能力的程度或者伤残等级,按照受诉法院所在地上一年度城镇居民人均可支配收入或者农村居民人均纯收入计算,就是以劳动能力丧失程度作为评价收入减少程度的标准和参数,这显然是采取“劳动能力丧失说”。但该条第 2 款又规定,受害人因伤致残但实际收入没有减少,或者伤残等级较轻但

① 参见张新宝:《侵权责任构成要件研究》,法律出版社 2007 年版,第 207 页。
② 参见马俊驹、余延满:《民法原论》,法律出版社 2010 年版,第 1035 页。

造成职业妨害严重影响其劳动就业的,可以对残疾赔偿金作相应调整。这实际上又斟酌了收入所得丧失说的合理成分。① 笔者认为,从《人身损害赔偿解释》第25条规定的内容来看,我国现行损害赔偿相关法律基本采纳了劳动能力丧失说。虽然《民法典》继承了《侵权责任法》的做法,将"被扶养人生活费"与"残疾赔偿金"合并,但这仅具有形式意义,两者的计算方式与《侵权责任法》颁布之前完全一致,没有发生实质性变化。

然而,无论是收入所得丧失说还是劳动能力丧失说,均主张针对受害人的具体情况实行差异化处理。日本学者西原道雄认为,传统上对于人身侵害的赔偿,仅重视财产上的损害,而把精神上损害赔偿作为补充或调整损害的机制。其结果为,人身事故的损害赔偿制度,与其说是对生命或身体本身侵害的救济,倒不如说是以死伤为契机,而对财产利益的救济。亦即,非对人类的保护,而系对财产的保护。② 西原教授主张,生命或身体伤害本身应视为非财产上的损害,而给予一致性、定额化的赔偿额。侵权行为法的目的在于保护具有平等价值的人类生命与身体,不应再将人类视为具有生产收益的机器,因而低于生命侵害的损害赔偿数额,应采取定额化的方式赔偿。③

西原教授提出以一个非财产上损害,作为人身损害的定额化计算方式,固然具有创见,但未为日本学说或实务所采纳。日本通说认为,在人身损害赔偿案件,应承认损害赔偿之评价方式,并非法官的发现活动,而系法官的创造活动。法官之裁判,非仅发现个

---

① 参见陈现杰:《关于人身损害赔偿司法解释中损害赔偿金计算的几个问题》,载《法律适用》2004年第4期。

② 参见于敏:《日本侵权行为法》,法律出版社2006年版,第311页。

③ 参见于敏:《日本侵权行为法》,法律出版社2006年版,第311页。

别损害之多寡，还要总体评价人类社会生活中，被害人所受的全部损害，站在人类平等与尊重人类尊严的基础上，使被害人尽早回复其固有的生活方式，而实现个人的价值。① 从而，在被害人得以证明各个损害项目及费用时，法官得以个别损害评价的方式认定损害数额。在个别损害项目无法举证、认定时，法官应对被害人之损害，予以包括的评价，而给予最低的赔偿金额。② 在欧洲，加害人必须赔偿受害人的收入损失，包括临时性收入损失和永久性的收入损失。收入损失可以得到全部赔偿，这同样适用于劳动能力的损害，因为劳动能力损害也是对既存的资产的一种损害，也已经造成了实际损失。③

《人身损害赔偿解释》第25条规定，残疾赔偿金根据受害人丧失劳动能力程度或者伤残等级计算。陈现杰法官认为，残疾赔偿金是对未来收入损失的赔偿，但未来的收入乃是一个抽象的不确定的概念。尤其是暂不具备劳动能力的未成年人，其未来的劳动能力和收入水平难以预测。因此，对此种抽象的未来收入损失，《人身损害赔偿解释》第25条采取客观方法计算，即按照平均收入水平计算。④ 笔者认为，该条关于损害赔偿金的计算方式，不符合

---

① 参见陈聪富:《侵权违法性与损害赔偿》，北京大学出版社2012年版，第140页。

② 参见陈聪富:《侵权违法性与损害赔偿》，北京大学出版社2012年版，第141页。

③ 在奥地利、英国、法国、意大利，在受害人没有遭受实际收入损失，但其劳动能力受到严重影响的情况下，侵权行为人也应当赔偿受害人。但是比利时、德国、西班牙、瑞士和荷兰的法院对这类请求作驳回处理，所以在这个问题上并没有占主流的解决方式。参见[奥]伯恩哈德·A.科赫、[奥]赫尔穆特·考茨欧主编:《比较法视野下的人身伤害赔偿》，陈永强等译，中国法制出版社2012年版，第473页。

④ 参见陈现杰:《关于人身损害赔偿司法解释中损害赔偿金计算的几个问题》，载《法律适用》2004年第4期。

损害赔偿法的基本原理,存在过度抽象和过度平均的问题。

损害赔偿法的基本目的在于填补受害人所受的损害。受害人因交通事故导致劳动能力降低,意味着受害人赚钱的能力受到侵害。不同受害人基于性别、学历、年龄、职业、能力等诸多因素的差异,其赚钱能力也存在重大差别。因此,不同受害人在交通事故中即使遭受相同等级的伤残,其财产损失也会有差异,所以,根据损害赔偿的基本原理,对于受害人残疾赔偿金的计算应当采取具体的方法加以考察。有学者认为,人类劳动能力并无重大差异,薪资所得的差别,仅是偶然从事不同行业造成之结果。① 然而,薪资所得差别并非偶然从事不同行业造成之结果,它是当事人性别、学历、年龄、职业、能力等诸多综合因素共同作用的结果。虽然受害者"未来的劳动能力和收入水平难以预测",②但是,有些事项按照生活常识却是可以相对确定的。年轻的职业者将比年迈的职业者工作更多的时间,因此,其所遭受的财产损失将会更多;事故发生时收入较高的职业者将比收入较低的职业者遭受更多的财产损失。然而,《人身损害赔偿解释》第25条以受诉法院所在地上一年度城镇居民人均可支配收入或者农村居民人均纯收入作为计算基准,③难以反映受害人所遭受的财产损害。首先,在城乡人口频繁流动的今天,城镇居民或农村居民的身份并不代表着挣钱能力的高低;其次,以受诉法院所在地上一年度人均收入为标准计算伤残赔偿金,

① 参见陈聪富:《侵权违法性与损害赔偿》,北京大学出版社2012年版,第135页。

② 诚如Epstein所言,谁能知道今天的受害人就不会是明天的比尔·盖茨呢?See Richard A. Epstein, *Torts*, New York: Aspen & Business, 1999, at 445。

③ 城镇居民人均可支配收入是指反映居民家庭全部现金收入能用于安排家庭日常生活的那部分收入。它是家庭总收入扣除交纳的所得税、个人交纳的社会保障费以及调查户的记账补贴后的收入。农村居民人均纯收入是指农村住户当年从各个来源得到的总收入相应地扣除所发生的费用后的收入总和。

忽视了地域之间收入的差距;最后,对60周岁以下的所有受害人,均按照20年的赔偿年限来计算残疾赔偿金,存在过度平均的问题。例如,20周岁的受害人与59周岁的受害人均按照20年的期限来赔偿,事实上,20周岁的受害人一般要比59周岁的受害人工作更长时间,其因劳动能力丧失所产生的财产损害也就更大。简言之,《人身损害赔偿解释》关于残疾赔偿金的计算方法并不合理,会导致过度赔偿或赔偿不足的问题。在比利时,评定因丧失劳动能力造成的损失时,法官应以受害人的收入为基础,对其进行金钱评定,除非没有证据或证据不充分,难以精确确定受害人的收入,或丧失劳动能力造成的实际收入损失微乎其微。如果金钱评定方法会高估或低估损害的,公正与良知评估损害的方法也有适用的余地。① 有学者认为,从理论上说,以受害人的具体情形为判断基础,综合受害人的健康状况、教育程度、专门技能、社会经验、人生规划、学习精神、工作态度以及其可能的人生发展机会等因素来认定残疾赔偿金,最能有效保护受害人的合法权益。但是,在我国目前法学理论尚不发达、司法者素质亟待提高的环境中,很难运用上述方法确定残疾赔偿金,赔偿权利人与赔偿义务人可能会为此发生无休无止的纷争。②

笔者认为,全面赔偿原则是损害赔偿的基本原则,关系到受害人的合法权益能否得到确实保障。以我国司法者很难运用个案分析方法确定残疾赔偿金为由,否定受害人获得全面赔偿的权利,有待商榷。因此,我国未来立法应当废弃《人身损害赔偿解释》第25条,按照全面赔偿的原则确定残疾赔偿金。然而,对于机动车强制

① 参见[奥]伯恩哈德·A.科赫、[奥]赫尔穆特·考茨欧主编:《比较法视野下的人身伤害赔偿》,陈永强等译,中国法制出版社2012年版,第83页。

② 参见张新宝:《侵权责任构成要件研究》,法律出版社2007年版,第209页。

保险而言，如何确定其伤残赔偿限额，则尤为困难。我国司法实务基本上采纳了任意责任保险的方式，首先设置一个固定的赔偿限额，然后依据《人身损害赔偿解释》第 25 条确定受害人的损害赔偿额。如果赔偿限额少于受害人的损害赔偿额的，则保险公司按照赔偿限额予以赔偿，如果赔偿限额高于受害人的赔偿额的，则保险公司按照受害人的实际赔偿数额予以赔偿。笔者认为，此种赔偿方案的设计存在重大缺陷，难以实现机动车强制保险的制度价值。正如前文所言，交通事故受害人伤残程度越重，其所需基本保障就越多。无论受害人伤残程度如何，都只设置一个赔偿限额，这将导致伤残程度轻的受害人能获得全额而非基本赔偿；反之，对于伤残程度重的受害人而言，将无法获得基本保障。此外，按照损害赔偿相关法律的规定计算受害人因伤残造成的财产损害，也将费时费力。所以，将机动车强制保险的赔偿限额与侵权损害赔偿脱钩，按照伤残等级给予不同的定额赔偿，不仅可以为受害人提供基本保障，而且还能加速赔偿程序，避免不必要的纷争。事实上，我国工伤保险就是按照伤残等级给付不同的工伤保险待遇。对此，我国机动车强制保险应当予以借鉴。有学者认为，强制汽车责任保险系责任保险之一环，其存在的目的在于减免被保险人依法须负担之赔偿责任，故其给付之项目应系致他人受损害所应为之赔偿，属于损害保险，其与人身保险中死亡、残废等定额保险不同。盖损害赔偿，用以填补具体的损害。当事故发生时，计算因此事故造成的损害来决定理赔之金额：损失大则理赔多，损失小则理赔少。① 然

① 参见江朝国：《强制汽车责任保险法》，台北，元照出版有限公司 2006 年版，第 185 页；林勋发：《“强制汽车责任保险法”主要争议与修正条文评述》，载《台湾本土法学》2005 年第 69 期。

笔者认为，根据伤残等级设置定额赔偿，并未违反责任保险的基本原理。机动车强制保险的目的在于为交通事故受害人提供基本保障，因此，设置的定额不可能超过被保险人依据侵权责任法应当承担的赔偿数额。保险公司采取定额赔付，只是被保险人应当予以赔偿的一部分。之所以采取定额给付的方式，是为了避免计算具体数额时引发不必要的争议和纠纷。

三、死亡赔偿

根据《民法典》第1179条之规定，侵害他人致死的，除应当赔偿医疗费等救治费用外，还应当赔偿丧葬费和死亡赔偿金。丧葬费是办理死者丧事而支出的费用。严格说来，人终有一死，因此，丧葬费的支出是必然的，它不因是否存在侵害行为而发生改变。但在欧洲，几乎所有国家都要求侵权行为人对丧葬费进行赔偿。①《人身损害赔偿解释》第27条规定，丧葬费按照受诉法院所在地上一年度职工月平均工资标准，以6个月总额计算。《交强险条款》第8条将丧葬费作为死亡伤残赔偿下的一部分。事实上，由于死亡伤残赔偿限额较低，通常不足以支付死亡赔偿金，因此，将丧葬费纳入机动车强制保险的赔偿范围，并无实际意义。

死亡赔偿制度真正要救济的是因受害死亡事件而受到利益影响的第三人，但就死者近亲属取得请求权的理论基础而言，学说上主要有两种理论，即继承说和固有损害说。继承说的路径是先认可受害人享有赔偿请求权，然后该赔偿请求权因受害人死亡而由

---

① 参见[奥]伯恩哈德·A.科赫、[奥]赫尔穆特·考茨欧主编：《比较法视野下的人身伤害赔偿》，陈永强等译，中国法制出版社2012年版，第479页。关于丧葬费的赔偿，存在不同的学说，参见张红、童航：《侵害生命权之丧葬费赔偿研究》，载《环球法律评论》2012年第3期。

第三人继承。固有损害说认为,死者的民事主体资格消灭,无法再对加害人享有赔偿请求权,民法关注的是死亡后果的承担者,即因受害人去世而受损失的第三人,使侵权人直接对受损失的第三人负责。一般而言,第三人依固有损害说获得的扶养利益损失赔偿和抚慰金赔偿数额,一般都要远远低于依继承说获得的损害赔偿数额。① 在日本,如何界定死亡赔偿金,存在重大争议。在其民法典起草时采取了固有损害说,但是,后来学说和判例转向继承说,直到现在,尽管通说转向了固有损害说,但是,应死亡赔偿高额化的要求并维持死亡赔偿与伤害赔偿的均衡,判例还是坚守着继承说。② 我国学界对此认识不一。有学者认为,较之于继承说,固有损害说更为合理。因为继承说可能因直接受害人的差异极大,赔偿义务人往往难以预测其行为后果,会不当地限制其行为自由。③ 然亦有学者认为,独立的死亡赔偿金是对遭受生命权侵害的受害人的救济,其请求权主体当然应该是受害人,而非受害人的近亲属,请求权的基础是受害人的生命权因侵权行为受到侵害。受害人的近亲属向加害人请求死亡赔偿金的支付,非基于自己的请求权,而是对受害人损害赔偿请求权的继承。④ 笔者认为,从理论构造来看,固有损害说显然更为合理。因为受害人自死亡那一刻起,其权利能力即告终止,不可能取得损害赔偿请求权。有学者主张继

---

① 参见姚辉、邱鹏:《论侵害生命权之损害赔偿》,载《中国人民大学学报》2006 年第 4 期。

② 参见孙鹏:《“生命的价值”——日本死亡损害赔偿的判例与学说》,载《甘肃政法学院学报》2005 年第 4 期。

③ 参见王利明:《侵权责任法研究》(上),中国人民大学出版社 2011 年版,第 638 页;张新宝:《〈侵权责任法〉死亡赔偿制度解读》,载《中国法学》2010 年第 3 期。

④ 参见麻昌华、宋敏:《论死亡赔偿的立法选择》,载《暨南学报(哲学社会科学版)》2009 年第 2 期。

承说,其出发点在于按照继承说的计算方法,受害人在死亡时能够获得更高数额的赔偿。然而,如果按照继承说,受害人家属所取得的死亡赔偿属于受害人的遗产,受害人生前之债权人得主张死亡赔偿金用于偿还债务。然而对此,即使是主张继承说的学者也持否定态度,认为受害人生前之债务人不得请求用死亡赔偿金偿还债务。①

死亡赔偿金到底具有何种性质,学者之间认识不一。有学者认为,死亡赔偿金是对死者近亲属精神痛苦的损害赔偿,因此,死亡赔偿金本质上属于精神损害赔偿。② 根据最高人民法院《关于确定民事侵权精神损害赔偿责任若干问题的解释》(法释〔2001〕7号)第9条之规定,死亡赔偿金是精神抚慰金的一种方式。布吕格迈耶尔和朱岩所著《中国侵权责任法学者建议稿》第6:202条规定:"(1)除本法第6:201条第2款和第3款所规定的内容之外,与受害人具有近亲属关系的人享有死亡赔偿金请求权。(2)因近亲属关系的人被侵害致死亡而本人遭受健康损害(惊吓损害)的,自身享有独立的损害赔偿请求权,不适用本条第1款的规定内容。"其立法理由认为,"此种规定的目的是为了防止死者的近亲属获得过度赔偿,因为在其自身遭受精神损害的情况下,其本身已经享有了独立的精神抚慰金赔偿请求权"。③ 可见,此种观点亦将死亡赔偿金认定为精神损害赔偿。然而亦有学者认为,死亡赔偿金,对应

---

① 参见麻昌华、宋敏:《论死亡赔偿的立法选择》,载《暨南学报(哲学社会科学版)》2009年第2期。

② 参见梁小平、陈志伟:《再论死亡补偿费与死亡赔偿金的性质》,载《政法论坛》2010年第5期。梁慧星教授认为,将死亡赔偿金定性为精神损害赔偿,是中国裁判实践的一贯立场。参见梁慧星:《中国侵权责任法解说》,载《北方法学》2011年第1期。

③ [德]布吕格迈耶尔、朱岩:《中国侵权责任法学者建议稿及其立法理由》,北京大学出版社2009年版,第165页。

的是对近亲属“逸失利益”损害的赔偿，属于财产性质的赔偿。它既非是对死者生命权这一人格权的赔偿，也不是对死者或者近亲属的精神损害的赔偿。死亡赔偿金是为了维持近亲属一定的物质生活水平而设置的。[①] 从《民法典》关于死亡赔偿金和精神损害赔偿的规范体系来看，我国现行法并未将死亡赔偿金作为精神损害赔偿来对待。

此外，从死亡赔偿金的计算方法来看，死亡赔偿金在性质上亦属财产损害。[②]《人身损害赔偿解释》第15条规定：“死亡赔偿金按照受诉法院所在地上一年度城镇居民人均可支配收入或者农村居民人均纯收入标准，按照二十年计算。但六十周岁以上，年龄每增加一岁减少一年；七十五周岁以上的，按五年计算。”[③]该条以城乡居民的身份来确定死亡赔偿金，引发了“同命不同价”的大讨论。[④]事实上，“同命不同价”这个提法本身是不确切的。因为，自然人死亡之后，死亡赔偿金的对象不可能是死者的生命，一方面，生命本

① 参见张新宝：《侵权死亡赔偿研究》，载《法学研究》2008年第4期；张新宝：《〈侵权责任法〉死亡赔偿制度解读》，载《中国法学》2010年第3期。

② 参见周江洪：《侵权赔偿与社会保险并行给付的困境与出路》，载《中国社会科学》2011年第4期。

③ 从死亡赔偿金的计算方法来看，最高人民法院《人身损害赔偿解释》采纳了继承说，但是在我国司法实务中，受害人生前之债权人不得主张用死亡赔偿金偿还债务。参见江龙浔：《家属所获死亡赔偿金不能作为执行款》，载《人民法院报》2007年11月30日，第6版；《检察日报》法律组：《死亡赔偿金应该用来偿还生前债务吗》，载《检察日报》2007年6月23日，第3版。

④ 参见张旭东：《破解“同命不同价”难题的理论路径》，载《现代法学》2008年第6期；佟强：《论人身损害赔偿标准之确定——对“同命不同价”的解读》，载《清华法学》2008年第1期；傅蔚冈：《“同命不同价”中的法与理——关于死亡赔偿金制度的反思》，载《法学》2006年第9期；孙鹏：《“同命”真该“同价”？——对死亡损害赔偿的民法思考》，载《法学论坛》2007年第2期；张新宝：《〈侵权责任法〉死亡赔偿制度解读》，载《中国法学》2010年第3期；姚辉、邱鹏：《论侵害生命权之损害赔偿》，载《中国人民大学学报》2006年第4期。

身是无价的；另一方面，生命不能转让，无法用价格来体现价值。一个人死亡后，财产可以由其近亲属来继承，但是，生命权不能转让给近亲属，也不能够由死者的近亲属主张对死者生命权的赔偿。① 事实上，《人身损害赔偿解释》第15条之规定存在重大缺陷。首先，我国确实存在城乡二元体制，但是，法律应当逐步通过良好的制度设计来消解二元体制，而不是通过确定死亡赔偿金的标准来强化这一体制。其次，与残疾赔偿金一致，死亡赔偿金的计算方法亦存在过度抽象和过度平均的缺陷。《民法典》第1180条规定，因同一侵权行为造成多人死亡的，可以以相同数额确定死亡赔偿金。对此，最高人民法院在权威释义文本中认为，对因同一侵权行为造成多人死亡的，只是“可以”以相同数额确定死亡赔偿金，而不是任何因同一侵权行为造成多人死亡的案件都“必须”或者“应当”以相同数额确定死亡赔偿金。至于什么情况下可以，什么情况下不可以，法院应根据具体案情，综合考虑各种因素后决定。② 这种解释系望文生义的结果。笔者认为，该条的本质在于赋予同一损害事故中受害人主张平等赔偿的权利，法院并无自由裁量权。易言之，当不同身份的受害人在同一事故中遭受损害的，任意受害人均可主张按照最高标准计算死亡赔偿金。显然，该条在一定程度上克服了《人身损害赔偿解释》第15条之缺陷，但并不彻底，因为该条的适用范围仅限于“同一侵权行为造成多人死亡”的情形。

《工伤保险条例》第39条规定，职工因工死亡，其近亲属按照规定从工伤保险基金领取供养亲属抚恤金和一次性工亡补助金。

① 参见王利明：《侵权责任法研究》（上），中国人民大学出版社2011年版，第640页。

② 参见最高人民法院民法典贯彻实施工作领导小组主编：《中华人民共和国民法典侵权责任编理解与适用》，人民法院出版社2020年版，第155页。

其中，供养亲属抚恤金按照职工本人工资的一定比例发给因工死亡职工生前提供主要生活来源、无劳动能力的亲属。标准为：配偶每月40%，其他亲属每人每月30%，孤寡老人或者孤儿每人每月在上述标准的基础上增加10%。核定的各供养亲属的抚恤金之和不应高于因工死亡职工生前的工资。另外，一次性工亡补助金标准为上一年度全国城镇居民人均可支配收入的20倍。[①] 关于一次性工亡补助金的性质，有学者认为，工亡补助金的补偿对象包括三类情形：受害人未来生存年限中的收入丧失、受供养权利的丧失以及工亡职工近亲属的精神损害。[②] 然亦有学者认为，《社会保险法》第38条已单列供养亲属抚恤金，工伤补助金不应被解释为包含了受供养权利的丧失；而且，考虑到中国及比较法上的社会保险待遇通常不包含精神损害补偿，工亡补助金也不应被解释为包含了精神损害补偿。工伤补助金的实质是对近亲属得以预期的财产损失的补偿，与侵权赔偿中的死亡赔偿金在功能和目的上是等同的。[③]

笔者认为，我国机动车强制保险应当借鉴《工伤保险条例》的规定，将死亡赔偿与伤残予以区分，并单独设置死亡赔偿定额标准。

---

① 与《人身损害赔偿解释》关于死亡赔偿金的计算不同，该条以上一年度全国城镇居民人均可支配收入为计算标准，而非以受诉法院所在地城镇居民人均可支配收入或农村居民纯收入作为计算标准。

② 参见向春华、张俞红：《工亡补助金：纷争何时结》，载《中国社会保障》2008年第4期。

③ 参见周江洪：《侵权赔偿与社会保险并行给付的困境与出路》，载《中国社会科学》2011年第4期。

第三节　机动车强制保险赔偿程序

一、现行赔偿程序的缺陷

对于交通事故受害人,及时、快速获得保险赔偿金非常重要。如果受害人是通过困难重重的证据搜集、争执不下的谈判磋商、耗时费力的诉讼活动等程序,才能够获得赔偿,此种损害赔偿程序,显然不符合受害人的利益。因此,损害赔偿程序的完善,是解决交通事故损害赔偿问题时所必须兼顾追求的目标。① 美国创设无过失保险法律制度的一个重要原因就在于传统责任保险存在冗长的赔偿程序。② 我国机动车强制保险虽然确立了严格的赔偿机制,保险公司或被保险人的免责事由受到严格控制。但是,现行机动车强制保险赔偿程序的设计几乎与传统责任保险无异,这对于交通事故受害人利益的保护显然不利。根据《交强险条例》的规定,机动车发生交通事故后,被保险人或受害人负有保险事故告知义务。但是,在获得保险公司肯定答复后,保险赔偿金的申请以及相关资料的提交,均由被保险人负责。易言之,在赔偿程序上,受害人不能直接申请保险公司赔偿保险金。据此可知,现行机动车强制保险程序的设立是以保险人和被保险人为中心的。显然,此种程序的设计坚持了传统责任保险的结构,其理论基础在于合同的相对

① 《法国1985年7月5日法律》的全称为《法国1985年7月5日第677号法律——以改善交通事故被害人地位以及加速损害赔偿程序为目的》,从该法的副标题即可看出该法的基本价值取向。参见陈忠五:《新世纪法国侵权责任法的挑战——以交通事故损害赔偿责任的发展为例》,载《台湾大学法学论丛》2006年第2期。

② See James M. Anderson et al. ,*The U. S. Experience with No-Fault Automobile Insurance*:*A Retrospective*,RAND Corporation(2010),p. 28.

性。然而,合同相对性的突破已经是现代法律制度不得不承认的事实,为第三人利益订立合同的出现就是其典型例子。机动车强制保险的主要目的就是为受害者提供基本保障,而分散被保险人责任风险仅处于附属地位。基于被保险人与受害人在赔偿程序中的冲突地位,被保险人不可能为了受害人的利益积极推进赔偿程序,因此,以保险人和被保险人为主导的赔偿程序必然是无效率的。

不仅如此,在以保险人和被保险人为主导的赔偿程序中,保险人处于绝对优势地位。根据《交强险条例》第29条的规定,保险公司应当自收到被保险人提供的证明和资料之日起5日内,对是否属于保险责任作出核定,并将结果通知被保险人;对不属于保险责任的,应当书面说明理由;对属于保险责任的,在与被保险人达成赔偿保险金的协议后10日内,赔偿保险金。该条表面上规定了保险公司及时通知和赔付义务,但实质上却赋予保险公司掌控程序的权力。首先,对于是否属于保险责任,保险公司具有单方面的决定权。如果被保险人或者受害人对保险公司的认定有疑义的,只能通过仲裁或者诉讼的方式维护权利。① 其次,即使保险人将事故责任认定为保险责任,也需要保险公司与被保险人达成赔偿协议才能实现快速索赔。然而,签订赔偿协议的前提是必须弄清受害人所遭受的实际损失是多少,对此,无论保险公司还是被保险人均缺乏调查的动力。即使保险公司与被保险人达成了赔偿协议,法律也没有强制保险公司必须履行。所以,在双方对赔偿难以达成

① 《交强险条款》第25条规定:“因履行交强险合同发生争议的,由合同当事人协商解决。协商不成的,提交保险单载明的仲裁委员会仲裁。保险单未载明仲裁机构或者争议发生后未达成仲裁协议的,可以向人民法院起诉。”

协议或达成协议不履行时，往往只能诉诸诉讼程序。

二、赔偿程序的改善

正如前文所言，《法国1985年7月5日法律》之基本目的在于改善交通事故受害人之地位，一方面对加害人及其保险公司实行严格的赔偿责任，另一方面加速赔偿程序。就程序方面而言，该法设计了一些特别规定：创造诱因，鼓励以诉讼外和解的方式解决损害赔偿问题，避免耗费劳力、时间、费用进行损害赔偿诉讼；此外，应简化和加速损害赔偿程序，促成赔偿数额公平合理的和解，并督促保险公司尽快支付赔偿金。① 具体来说，该法采取了以下措施：第一，保险人在交通事故发生后负有向人身遭受侵害的受害人提出赔偿要约的义务。根据《法国1985年7月5日法律》第12条的规定，该项赔偿要约应当在事故发生后8个月内提出。当然，如果事故发生后3个月内，保险人尚未被通知关于被害人损害的确定状况时，赔偿要约仅具有暂时的性质。终局的赔偿要约，自保险人被通知此确定状况之日起5个月内提出。如果保险公司没有按照第12条规定的期限主动提出赔偿要约，则依法定利率加倍计算惩罚性利息。第二，赔偿要约应涵盖所有应予赔偿的损害项目，包括财物被侵害所生的损害项目，只要该损害项目先前尚未解决。根据该法第17条的规定，法官在判定赔偿数额时，如果认为保险公司提出的赔偿要约数额显然不足的，可依职权判令保险公司向担保基金另行支付一笔其所判定应赔偿金额最多15%的金额。② 第三，如果保险公司

---

① 参见陈忠五：《新世纪法国侵权责任法的挑战——以交通事故损害赔偿责任的发展为例》，载《台湾大学法学论丛》2006年第2期。

② André Tunc, *Loi Badinter-On Traffic Accidents and Beyond*, 67 Tul. Civ. L. F. 27(1991).

与受害人达成和解协议，保险公司必须尽快履行，否则未支付部分依时间经过加重利率计算利息。值得一提的是，为了保障受害人的诉讼权利，该法赋予受害人对和解协议享有单方面解除权。①

毫无疑问，法国交通事故损害赔偿程序的改革对我国立法具有重要的启示和借鉴意义。首先，在损害赔偿程序上，应建立起保险公司与受害人为主导的程序。在机动车强制保险中，被保险人仅仅发挥连接受害人和保险公司的作用，真正的权利义务主体是受害人与保险公司。其次，应当改变保险公司在赔偿程序中的强势地位，激励保险公司诉外和解。例如，规定保险公司在事故发生后负有向受害人提出赔偿要约的义务。如果保险公司违反此项义务，则应承担相应的惩罚性利息。

第四节　小结

我国机动车强制保险责任限额制度严格限制了保险公司的赔偿责任，对交通事故中的受害人不能提供基本保障。以每次交通事故为标准设置赔偿限额，导致多人伤亡情形下无法获得有效救济，未来机动车强制保险应当建立“每人每次事故赔偿限额”模式。被保险人在交通事故中无责任，并不意味着受害人对交通事故负全责，因此，有责限额与无责限额的区分不仅不利于受害人获得赔偿，而且还会损害被保险人的利益。

机动车强制保险将医疗费用与死亡伤残损害加以区分，实行分项限额，没有理论根据。对死亡损害与伤残损害（包括不同伤残

① 参见陈忠五：《新世纪法国侵权责任法的挑战——以交通事故损害赔偿责任的发展为例》，载《台湾大学法学论丛》2006 年第 2 期。

等级的损害）设置同一赔偿限额，显然没有考虑到不同伤残程度的受害人需要不同程度的保障。我国侵权法上关于死亡赔偿金和伤残赔偿金的计算方法存在重大缺陷，机动车强制保险关于死亡赔偿金和伤残赔偿金的赔付没有必要依附于侵权法。

与概括限额相比，分项限额对交通事故受害人保障程度相对较低。对此，理论上不乏检讨反省之声，司法实践亦有突破分项限额制直接适用概括限额制之案例。虽然合并分项限额实行概括限额制在一定程度上提高了受害人的保险赔付额，但并不能从根本上解决机动车强制保险赔付限额制度的缺陷问题。正如前文所言，现行分项限额制的缺陷在于，针对不同损害程度的受害人设置了统一的赔付限额，这导致对轻伤害的受害人保护过度，而对重伤害的受害人无法提供基本保障。因此，机动车强制保险赔付制度应当坚持分项限额制，但需对具体赔偿项目作出重新区分。

《交强险条例》以及《交强险条款》将赔偿项目区分为死亡伤残赔偿、医疗费用赔偿以及财产损失赔偿三项。将财产损失（实为财物损害）排除在赔偿范围之外，尚有死亡伤残与医疗费用之区分。死亡是最严重的人身损害，因死亡而导致的损害赔偿包括丧葬费、死亡补偿费（死亡赔偿金）等，将死亡与伤残作为一类损害设置相同的赔偿限额，显然难以为因死亡造成损害之受害人的近亲属提供基本保障。因此，在赔偿项目上，应当对死亡伤残作进一步区分，针对死亡与伤残两种损害分别设置不同的赔偿限额。根据最高人民法院《人身损害赔偿解释》第15条之规定，死亡赔偿金只需套用固定的计算公式即可确定，但在计算标准上对死者之身份作了区分。因此，在相同的司法管辖区，死者的不同身份将导致侵权损害赔偿的数额不同。对此，机动车强制保险在设置死亡赔偿限额时是否应当继续贯彻司法解释之意旨，针对不同身份设置不同的限额？笔者认为，以城镇居民与农村居民之身份区分来确定死亡赔偿金的数额，缺乏理论基础，在司法实践中已经受到广泛的批评。机动车强制保险之目的在于为受害人提供基本保障，此种基本保障不因死者之身份而受影响，因此，针对死亡赔偿应当设置统一的限额。与死亡不同，伤残因程度不同而可以划分为不同等级，受害人之伤残等级越高，所需基本保障之费用越高；反之亦然。因此，针对不同伤残等级应设置不同的赔偿限额，以满足不同损害之赔付需要。

因此，合并赔偿项目实行概括限额制并不能从根本上解决机动车强制保险赔偿限额制的缺陷问题。机动车强制保险仍应当坚持分项限额制，但需对赔付项目重新作出区分。财产损失不应作为交强险赔付范围，因此，应当取消财产损失项目。死亡与伤残应作进一步区分，针对死亡与伤残两种损害分别设置不同的赔偿限额。所以，机动车强制保险赔偿项目应当区分为死亡赔偿、伤残赔偿以及医疗费用赔偿，并针对不同伤残程度设置不同的赔偿限额。现行机动车强制保险赔偿程序以保险公司和被保险人为中心，且易引发诉讼争端。因此，赔偿程序可以借鉴法国立法例，促进赔偿程序的简化和效率。

综上所述，《交强险条例》《交强险条款》所确立的事故限额、分项限额、责任区分限额等赔付限额制度难以实现机动车强制保险的立法目的。不仅如此，现行赔付限额制度在受害人救济方面存在严重失衡，轻伤害受害人可以获得完全赔偿，而重伤害受害人却得不到基本保障。我国机动车强制保险赔付制度应当借鉴工伤保险的有益经验，在重新厘定保险赔付范围的基础上，针对不同程度的伤害设置不同的赔付标准，进而实现为交通事故受害人提供基本保障之立法目的。

第四章 机动车强制保险赔偿制度的立法完善

第一节 《道路交通安全法》第76条的修改

机动车强制保险的目标是为交通事故受害人提供基本医疗保障和基本生活保障。因此,机动车强制保险制度的建构应当围绕这一目标而展开。机动车强制保险赔偿制度的改革牵一发而动全身,因此,应当综合考虑、全盘设计,实现《道路交通安全法》与《交强险条例》的联动修改。

《道路交通安全法》第76条关于机动车强制保险的结构安排是一项制度创新,无论受害人有无过失,保险公司均应赔偿,此举有利于受害人快速、有效地获得基本保障。但该条将

"财产损失"纳入机动车强制保险保障范围，与我国现阶段经济发展水平不相适应，也不利于交通事故受害人人身损害之保障。从域外立法来看，虽然德国将财物损害纳入机动车强制保险的赔偿范围，但是，德国机动车强制保险制度是按照传统责任保险的一般原理来建构的。保险公司赔偿保险金的前提是被保险人侵权责任的成立，在保险赔偿范围内，保险公司有权提出过失相抵、不可抗力等抗辩事由。日本以及我国台湾地区均将机动车强制保险的赔偿范围限定为人身损害。因此，《道路交通安全法》第 76 条应当将"财产损失"排除机动车强制保险保障范围。《道路交通安全法》第 76 条使用"人身伤亡"一词来表述因侵犯生命权、身体权、健康权而造成的损害。严格说来，"人身伤亡"只是对人身遭受侵害结果的物理描述，并非准确的法律术语。另外，"人身伤亡"不能反映出所遭受的损害到底是财产损害还是精神损害。精神损害与机动车强制保险在目标上存在严重冲突，前者的目的在于惩罚和遏制，因此，在计算损害赔偿额时应当考虑加害人的过错程度；而后者的目标在于为受害人提供基本保障。因此，精神损害不应纳入机动车强制保险的保障范围。

结合上述理由，应当将《道路交通安全法》第 76 条前段修改为：

> 机动车发生交通事故侵犯他人人身权利，造成财产损害的，由保险公司按照《机动车交通事故责任强制保险赔偿标准》予以赔偿。

第二节　《交强险条例》相关条文的修改

《交强险条例》作为调整机动车强制保险的行政法规，应当依照《道路交通安全法》第76条之规定对相关规则予以具体化。

首先,应当扩大机动车强制保险的保障对象,将车上乘客纳入保障范围。被保险人在未驾驶机动车时遭受交通事故损害,也有权请求保险公司赔偿保险金。所以,应当将《交强险条例》第3条修改为:

本条例所称机动车交通事故责任强制保险,是指由保险公司对被保险机动车发生交通事故造成他人人身损害,在一定范围内予以赔偿的强制性保险。保险公司的赔偿范围按照《机动车交通事故责任强制保险赔偿标准》执行。

将《交强险条例》第21条修改为:

被保险机动车发生交通事故造成他人人身损害的,由保险公司依法按照《机动车交通事故责任强制保险赔偿标准》予以赔偿。

受害人故意制造交通事故造成损害的,保险公司不承担赔偿责任。

其次,缩小机动车强制保险的除外责任,即使在未取得驾驶资格驾驶、醉酒驾驶、被盗抢期间肇事、被保险人故意肇事等情形下,保险公司仍然应当向受害人赔偿保险金。当然,在上述情形下,保险公司有权向加害人追偿。因此,应当将《交强险条例》第22条修改为:

有下列情形之一的,保险公司按照《机动车交通事故责任强制保险赔偿标准》承担垫付责任,并有权向加害人追偿:

(一)驾驶人未取得驾驶资格或者未取得相应驾驶资格的;

（二）驾驶人醉酒、服用国家管制的精神药品或者麻醉药品后驾驶机动车发生交通事故的；

（三）被保险机动车被盗抢期间肇事的；

（四）驾驶人故意制造交通事故的。

最后，取消有责限额和无责限额的区分，无论被保险人对交通事故是有责还是无责，应适用相同赔偿标准。另外，将责任限额分为死亡伤残赔偿限额和医疗费用赔偿限额，因为无论伤亡程度如何，均适用同一赔偿限额，难以为每一受害人提供基本保障。因此，应当删除《交强险条例》第 23 条第 1 款，并将该条第 2 款修改为：

机动车交通事故责任强制保险赔偿标准由银保监会会同国务院公安部门、国务院卫生主管部门共同制定。

第三节　制定《机动车交通事故责任强制保险赔偿标准》

根据拟修改的《交强险条例》第 23 条第 2 款的规定，机动车交通事故责任强制保险赔偿标准由银保监会会同国务院公安部门、国务院卫生主管部门规定。然而，现行机动车强制保险赔偿标准是银保监会通过发布《交强险条款》予以规定的，这显然违反了《交强险条例》第 23 条第 2 款的规定。笔者认为，应当由银保监会会同国务院公安部门、国务院卫生主管部门共同制定《机动车交通事故责任强制保险赔偿标准》。

《机动车交通事故责任强制保险赔偿标准》应包括以下基本内容：

第一条　本标准依据《机动车交通事故责任强制保

险条例》第二十三条第二款授权制定。

第二条　受害人因机动车交通事故遭受人身损害，保险公司应当向受害人赔偿医疗费用。但每人每一事故伤害医疗费用总额，以____万元人民币为限。

前款规定的医疗费用，包括下列各项费用：

（一）医药费；

（二）治疗费；

（三）住院费；

（四）康复费；

（五）住院伙食补助费；

（六）营养费；

（七）必要的、合理的后续治疗费；

（八）其他医疗费用。

受害人获得基本医疗保险基金或者工伤保险基金支付的，由基本医疗保险基金依据《中华人民共和国社会保险法》第三十条或者工伤保险基金依据《中华人民共和国社会保险法》第四十二条的规定，向被保险人的保险公司行使追偿权。

第三条　受害人因机动车交通事故导致身体伤残，其伤残等级依照最高人民法院制定的《人体损伤残疾程度鉴定标准（试行）》划分为十级。

前款各伤残等级的赔偿标准如下：

（一）第一等级：人民币____万元；

（二）第二等级：人民币____万元；

（三）第三等级：人民币____万元；

（四）第四等级：人民币____万元；

(五)第五等级:人民币____万元;

(六)第六等级:人民币____万元;

(七)第七等级:人民币____万元;

(八)第八等级:人民币____万元;

(九)第九等级:人民币____万元;

(十)第十等级:人民币____万元。

第四条　受害人因机动车发生交通事故,导致原有伤残程度加重,应按照加重的伤残等级给付标准扣除原伤残等级给付标准予以赔偿。

第五条　受害人因机动车交通事故所致死亡的,死亡给付为每一人人民币____万元。

第六条　机动车强制保险每次因交通事故致每一人死亡、伤残及医疗费用的赔偿金额,合计最高以人民币____万元为限。

第七条　本标准自____年____月____日起开始实施。

第五章　智能机动车强制保险的改革与展望

《道路交通安全法》第76条规定的机动车强制保险并未脱离责任保险的基本范畴，也未与侵权责任完全脱钩，在性质上仍属第三方责任保险。根据《交强险条例》第38、41条之规定，负担强制缔约义务的当事人是机动车的所有人、管理人。然而，随着自动驾驶技术的发展，机动车的控制与运行由驾驶人移转至自动驾驶系统，机动车交通事故责任是否将被产品责任替代？机动车所有人、管理人在交通事故中扮演何种角色？对这些问题的回答直接决定着我国未来机动车强制保险的制度架构。因此，在人工智能背景下展望机动车强制保险的未来，首先应当对智能机动车[1]致损的侵权

---

① 有学者将智能机动车称为自动驾驶汽车、智能汽车。笔者认为，严格来说，在现行法上汽车并非法律术语。为与现行法规则更好地衔接，本书使用“智能机动车”这一术语。

责任展开分析。

第一节　智能机动车致损的侵权责任

一、智能机动车的法律定位与分类

（一）智能机动车的法律定位

厘清智能机动车的法律定位，是探讨智能机动车致损责任及强制保险的前提。传统机动车的性质是动产，属于物的范畴。然而，智能机动车系人工智能的产物，车辆运行完全依赖智能系统本身，具有很强的自主性。因此，理论上对智能机动车是否具备法律人格认识不一，概而括之，存在肯定说①与否定说②之分。

肯定说主张，人工智能具有自主性，能够进行深度学习和思

---

① 参见许中缘：《论智能机器人的工具性人格》，载《法学评论》2018 年第 5 期；彭诚信、陈吉栋：《论人工智能体法律人格的考量要素》，载《当代法学》2019 年第 2 期；袁曾：《基于功能性视角的人工智能法律人格再审视》，载《上海大学学报（社会科学版）》2020 年第 1 期；徐慧丽：《人工智能法律人格探析》，载《西北大学学报（哲学社会科学版）》2020 年第 1 期；朱静洁：《智能机器人致人损害民事责任的困境及其破解》，载《理论月刊》2020 年第 1 期；崔文玉：《人工智能商主体地位探析》，载《中国政法大学学报》2020 年第 1 期；吴高臣：《人工智能法律主体资格研究》，载《自然辩证法通讯》2020 年第 6 期；姜晓婧、李士林：《智能机器人民事主体制度建构》，载《科技与法律》2019 年第 1 期；刘小璇、张虎：《论人工智能的侵权责任》，载《南京社会科学》2018 年第 9 期；张长丹：《法律人格理论下人工智能对民事主体理论的影响研究》，载《科技与法律》2018 年第 2 期。

② 参见王利明：《人工智能时代对民法学的新挑战》，载《东方法学》2018 年第 3 期；曹新明、咸晨旭：《人工智能作为知识产权主体的伦理探讨》，载《西北大学学报（哲学社会科学版）》2020 年第 1 期；孙宏涛、郭莹莹：《人工智能机器人民事法律责任制度的反思与重构》，载《广西社会科学》2020 年第 1 期；朱艺浩：《人工智能法律人格论批判及理性应对》，载《法学杂志》2020 年第 3 期；房绍坤、林广会：《人工智能民事主体适格性之辨思》，载《苏州大学学报（哲学社会科学版）》2018 年第 5 期；刘洪华：《论人工智能的法律地位》，载《政治与法律》2019 年第 1 期。

考,已非纯受支配的客体,因此,法律应当赋予人工智能法律人格,使其成为法律主体。“在人工智能时代,法律赋予机器人主体资格,具备充分的现实需求,是信息技术高速发展的必然选择。”①在具体构造上,肯定说又进一步区分为代理人说、电子人说、工具性人格说、有限人格说等。代理人说主张人工智能具有法律主体资格,但将人工智能作为其用户或者操作者的代理人。② 因此,人工智能实施法律行为的效果直接归属用户或者操作者。电子人说主张,在人工智能时代,应确立新的法律主体类型“电子人”,以表征人工智能机器或系统。③ 甚至有学者进一步认为,人工智能无人身性人格,其意思能力和责任能力仅限于财产,而不能及于人身,所以,应归入法人范畴。④ 工具性人格说认为,对人工智能法律人格的确认是以人类为中心建立起来的相应制度体系,有助于避免具体人格的缺失而导致规则的无所依存。人工智能虽然具有法律人格,但归根到底依旧是由人类创造并服务于人类社会发展的智慧型工具。⑤ 有限人格说主张,法律人格的确认是法律为了解决现实需要而作出的功能性安排。从解决实际问题出发,应当承认人工智能具备有限法律人格。⑥ 这些不同观点在很大程度上已经揭示出肯定说的逻辑矛盾和内在冲突。

---

① 许中缘:《论智能机器人的工具性人格》,载《法学评论》2018 年第 5 期。

② 参见彭诚信:《人工智能的法律主体地位》,载《人民法治》2018 年第 18 期。

③ 参见郭少飞:《“电子人”法律主体论》,载《东方法学》2018 年第 3 期。

④ 参见张志坚:《论人工智能的电子法人地位》,载《现代法学》2019 年第 5 期。

⑤ 参见许中缘:《论智能机器人的工具性人格》,载《法学评论》2018 年第 5 期;许中缘:《论智能汽车侵权责任立法——以工具性人格为中心》,载《法学》2019 年第 4 期。

⑥ 参见袁曾:《基于功能性视角的人工智能法律人格再审视》,载《上海大学学报(社会科学版)》2020 年第 1 期;郭万明:《人工智能体有限法律人格论》,载《广西社会科学》2020 年第 2 期。

一般认为,人工智能与传统机器的显著区别在于,人工智能具有自主性,能够像自然人一样进行深度学习和思考。随着智能技术的快速发展,机器人与人类之间的差距逐渐缩小,未来甚至可能会出现拥有与人脑的神经元相媲美的机器人。① 然而,无论人工智能发展到何种程度,其不可能成为生物意义上的自然人。事实上,欲获得主体资格,到底应当具备哪些核心要素,肯定说内部存在重大分歧。有学者认为,人工智能需具备意思能力和责任能力,才能获得主体资格。② 亦有学者认为,赋予法律人格的实质要素是意志能力和独立财产。其中,意志能力是能够把内在思想通过外在行为表达出来的能力,是判断法律人格的"神",而独立财产是判断法律人格的"形"。③ 还有学者认为,意志并非法律人格的本质属性,权利与义务才是工具性人格的认定标准。④ 然而,人工智能具有主体资格是其享有权利负担义务的前提,将权利义务作为判断法律人格的标准显然颠倒了逻辑。在笔者看来,通过类比自然人的生理特征进而论证人工智能具备主体资格,欠缺正当性。在现代文明社会,自然人作为法律上的主体具有先验性。自然人的权利能力乃是人性尊严的内在要求,并不依赖实证法赋予。⑤ 因此,并非自然人拥有意志、意识抑或意思能力,实证法才赋予其主体资格,

---

① 参见许中缘:《论智能机器人的工具性人格》,载《法学评论》2018 年第 5 期。

② 参见张志坚:《论人工智能的电子法人地位》,载《现代法学》2019 年第 5 期。

③ 参见彭诚信、陈吉栋:《论人工智能体法律人格的考量要素》,载《当代法学》2019 年第 2 期。

④ 参见许中缘:《论智能机器人的工具性人格》,载《法学评论》2018 年第 5 期。

⑤ 参见朱庆育:《民法总论》,北京大学出版社 2013 年版,第 373 页。

而是自然人的主体资格和权利能力先于实证法存在。换言之,人工智能虽然具备像人一样的思考、推理能力,拥有意志和意识,但这些并非自然人构成法律主体的决定性因素。例如,某些灵长类动物具备相应的推理能力,但法律也不承认其主体资格。反之,欠缺这些要素的自然人,也不因此失去主体资格。

主张肯定说的学者通常从民事主体历史演进的角度论证应当赋予人工智能主体资格。例如,有学者认为,从历史的角度来看,民事主体的范围是在不断发展、不断扩大的,以获得法律认可的拥有民事主体资格自然人为例,历史上法律对于奴隶、黑人、妇女等立场的转变都揭示了一个事实,即不能以现在的眼光来断言民事主体资格的范围,而应当对其保持宽松,所以说,法律并不当然排斥人工智能获得民事主体资格,赋予其民事主体资格一定程度上是对社会发展这一现实的回应。① 然而,这种论证并不严密。奴隶、黑人、妇女是自然人,与人工智能存在本质区别。虽然《德国民法典》借助权利能力这一概念使法典中的人实现抽象化、形式化,淡化了之前唯有自然人才是人的伦理观念,将法人等组织纳入主体范畴。但是,这并不能逻辑地、必然地推导出人工智能具备法律主体资格。原因很简单,人工智能与法人、非法人组织等自然人组成的组织体也存在显著区别。法人作为法律构造的组织体,其设立与运行依赖自然人。法人的民事活动仍由自然人代为实施,法律对法人施加的责任和义务最终亦由自然人负担。人工智能在性质上属于单一的物理存在,并非自然人的组织体。因此,不能简单地将法人的主体资格类推适用于人工智能。

① 参见石冠彬:《人工智能民事主体资格论:不同路径的价值抉择》,载《西南民族大学学报(人文社会科学版)》2019 年第 12 期。

有学者认为，通过对民事主体的制度史梳理可知，民事主体的形式可以是开放而多元的，这为赋予智能机器人这种新生事物为民事主体提供了制度上的可能。① 的确，我们在建构现代民事主体制度时，应当保持法律主体资格的开放。然问题的关键是，作为人类制定的调整人类举止行为的法律规范是否有必要将人工智能纳入主体范畴？对此，有学者认为，人工智能的出现带来现有法律制度框架难以解决的难题，只有赋予人工智能主体资格才能合理解决责任认定和分担问题。② 然亦有学者认为，人工智能对现行民法存在多维度挑战，但尚不足以突破其边界。自动驾驶汽车与一般机动车在产品责任与机动车交通事故责任认定上并无本质区别。③ 现有法律框架完全可以应对人工智能带来的挑战，没有将人工智能拟制为法律主体的必要。无人驾驶汽车发生交通事故，应该属于产品责任问题，在原有的产品责任框架下完全可以解决。而如果汽车所有人在汽车维护方面没有尽到义务，他也要承担相应的责任。④ 在笔者看来，至少在责任法领域，赋予人工智能主体资格的理由并不充分。因为人工智能是人类发明和创造的产物，其不可能实质性地拥有责任财产。将人工智能作为客体的范畴，其致害责任由人工智能的设计者、制造者、使用者等主体承担责任，在我国现行法上并不存在制度障碍。

---

① 参见姜晓婧、李士林：《智能机器人民事主体制度建构》，载《科技与法律》2019 年第 1 期。

② 参见张志坚：《论人工智能的电子法人地位》，载《现代法学》2019 年第 5 期。

③ 参见冉克平、谭佐财：《论人工智能实施“民事行为”的类型及其效果》，载《私法》2019 年第 2 期。

④ 参见龙文懋：《人工智能法律主体地位的法哲学思考》，载《法律科学（西北政法大学学报）》2018 年第 5 期。

否定说主张，人工智能与民法上的人存在本质区别，尽管其能够像人一样会思考、推理，但人工智能仍属于客体范畴。“从目前人工智能的发展来看，其尚未对传统民事法律主体理论提出颠覆性挑战，我们在短时期内仍然应当坚守传统民事主体理论，而不宜将智能机器人规定为民事主体。”①具体理由如下：第一，目前阶段的人工智能没有自主目的、不会反思、不会提出问题、无法进行因果性思考、没有自己的符号系统，显然不具备人类心灵的能力。而可以与人类媲美的强人工智能甚至是超级人工智能最终能否实现，只能留待未来回答。② 第二，人工智能不具备享有权利和履行义务的意志能力，而这正是法律主体构成的事实条件。③ 第三，人工智能所引起的法律难题在现行法框架内尚能解决的情况下，肯定人工智能民事主体资格尚无迫切性，最终取决于能够更好地实现人类利益，是人类功利主义价值衡量的结果。④ 第四，法律人格发展至今始终以人类为中心，自然人的内涵、外延无法涵盖人工智能，法人亦与其背后的自然人密切相关。⑤ 第五，智能机器人无法理解和响应法律的行止要求、无法接受法律的调整、无法理解财产之于自身的意义，旨在通过赋予其法律人格以达到的责任限定效果不符合正义的基本要求，并且与法人的类比论证忽略了自然人

① 王利明：《人工智能时代对民法学的新挑战》，载《东方法学》2018 年第 3 期。

② 参见冯珏：《自动驾驶汽车致损的民事侵权责任》，载《中国法学》2018 年第 6 期。

③ 参见冯洁：《人工智能体法律主体地位的法理反思》，载《东方法学》2019 年第 4 期。

④ 参见石冠彬：《人工智能民事主体资格论：不同路径的价值抉择》，载《西南民族大学学报(人文社会科学版)》2019 年第 12 期。

⑤ 参见韩旭至：《人工智能法律主体批判》，载《安徽大学学报(哲学社会科学版)》2019 年第 4 期。

于法人的重要意义，因而赋予智能机器人以法律人格，从理论上看是无法成立的。①

笔者认为，虽然人工智能与生物意义上的自然人存在本质区别，但是人工智能的自主性和深度学习能力表明，人工智能可以像自然人一样实施民事活动，参与民事交往。随着人工智能的普及，是否赋予人工智能主体资格，就取决于人类的现实需要和功利目的。正如法人的创设是服务于复杂社会关系，为权利和义务建立一个独立的法律上的分配点，②如果人工智能深度参与到社会交往中，导致交互网络结构和法律交易变得异常复杂，我们亦可基于方便生活交往，降低交易成本，限制法律责任等特定目的赋予人工智能主体资格。“从交易成本考量，以电子人构建交易制度、权利制度、责任制度，可以减少人工智能自主性带来的交易不确定成本、信息成本、谈判成本、约束成本，实现交易成本最低。”③例如，数百人共同设计制造的用于专门投资的智能机器人，如果不承认其主体资格，则机器人缔约时必须要披露其背后的数百人并将这些人作为合同当事人，这显然会给交易带来不便，徒增交易成本。至于有学者担心智能机器人无法理解法律的行止要求，无法接受法律调整的问题，在笔者看来，这完全是技术问题。设计者完全可以将法律的权利义务规则，甚至将基本的道德规范嵌入人工智能，使其参与社会交往作出相应决策时能够将法律规范、道德规范等要素纳入考虑范畴。

① 参见冯珏：《自动驾驶汽车致损的民事侵权责任》，载《中国法学》2018 年第 6 期。

② 参见［德］本德·吕特斯、［德］阿斯特丽德·施塔德勒：《德国民法总论》，于馨淼、张姝译，法律出版社 2017 年版，第 122 页。

③ 郭少飞：《“电子人”法律主体论》，载《东方法学》2018 年第 3 期。

吴汉东教授曾经认为,机器人不是具有生命的自然人,也区别于具有自己独立意志并作为自然人集合体的法人,将其作为拟制之人以享有法律主体资格,在法理上尚有斟酌之处。① 然而,在其后续研究中认为,人工智能基于深度学习能力,自行收集、选择、识别数据,最终脱离限定的算法预设,可独立生成具有发明意义的技术方案。人工智能这种自我学习、自我思考、自我进行发明创造的能力与人类发明无异。因此,专利法意义上的发明人不再局限于自然人,对发明的实质性特点作出创造性贡献的人工智能,也可以成为发明人。② 同理,人机合一完成的作品,应确立"机器作者"与人类作者的二元创作主体结构。③ 既然将人工智能作为知识产权法上的作者或者发明人,显然承认了主体资格,因为只有法律上的人才能成为作者或者发明人。笔者认为,人工智能摆脱限定的算法预设创作的作品或者作出的发明,理应标示人工智能的身份,这有助于我们准确识别和判断作者或者发明人,进而实现作品与作者、发明与发明人之间的客观连结。值得一提的是,工具性人格说主张,智能机器人作为工具性主体并不享有伦理性的人格权或身份权,而是享有经济性的财产权利以及承担义务。然而,人工智能基于创作的事实主张表明其作者身份的权利恰恰是著作权法上的著作人格权。

人工智能仍处于快速发展之中,未来到底向何种方向和深度

① 参见吴汉东:《人工智能时代的制度安排与法律规制》,载《法律科学(西北政法大学学报)》2017 年第 5 期。

② 参见吴汉东:《人工智能生成发明的专利法之问》,载《当代法学》2019 年第 4 期。

③ 参见吴汉东:《人工智能生成作品的著作权法之问》,载《中外法学》2020 年第 3 期。

发展,仍处于不确定状态。但随着人工智能自主创作作品、独立实施发明以及智能投资人的出现,可以确定的是,人工智能将深度参与到人类社会网络和法律关系中。因此,完全否定人工智能的主体资格的观点显得极为保守和陈旧。我国未来立法应当突破现有法律主体制度的框架,适时赋予人工智能主体资格。但这并不意味着所有的人工智能都获得主体资格,这要取决于人类对特定智能机器的功能定位。如果人类只是将特定智能机器设计成为一种纯粹的工具,并不赋予其参与复杂社会交往的功能,则将此种智能机器作为客体,划入物的范畴更为合理。

具备运输功能的智能机动车,是否应赋予其法律主体资格。智能机动车以运输为目的,其并不参与复杂的社会交往和法律关系,因此,并无赋予其主体资格的必要。有疑问的是,智能机动车在运行过程中造成其他主体损害或者遭受其他主体的侵害,此时是否有必要承认其主体资格,使其独立承担赔偿责任或独立享有请求赔偿的权利。对此,有学者认为,《道路交通安全法》无法确定智能汽车侵权行为的过错,《产品责任法》不能确定智能汽车产品的缺陷,因此,基于智能汽车自动驾驶的特点,传统侵权法难以有效规范智能汽车的侵权责任。[①] 然而,在特定类型的交通事故中,机动车致人损害责任并不以过错为要件。即使机动车之间发生交通事故适用过错责任原则,该过错在很大程度上已经客观化,自动驾驶的智能汽车偏离交通规则,即可认定其存在过错。虽然驾驶系统的自主性给产品缺陷的判定带来一定困难,但是,通过消费者

① 参见许中缘:《论智能汽车侵权责任立法——以工具性人格为中心》,载《法学》2019年第4期;张志坚:《论人工智能的电子法人地位》,载《现代法学》2019年第5期;司晓、曹建峰:《论人工智能的民事责任:以自动驾驶汽车和智能机器人为切入点》,载《法律科学(西北政法大学学报)》2017年第5期。

合理期待标准、“事物自道其缘”法理的适用以及监管标准的确立①在很大程度上为缺陷的识别和判断提供思路。因此,类推法人制度,赋予智能机动车主体资格,以限制智能机动车相关主体的赔偿责任,既无必要也不合理。

(二)智能机动车的分类

根据人工智能系统与驾驶员对机动车的控制程度以及执行动态驾驶任务中的角色分配,可以将智能机动车划分为不同阶段。这种纯粹技术层面的分类对于智能机动车法律规则的构造至关重要,将直接影响各方当事人责任的承担。

国际自动机工程师协会(Society Automotive Engineers,SAE)于2014年发布《标准道路机动车驾驶自动化系统分类与定义》(以下简称《汽车驾驶自动化分级》)。该标准根据自动化程度将汽车分为无自动化、驾驶辅助、部分自动化、有条件自动化、高度自动化与完全自动化六个阶段。② 该标准在国际社会产生广泛影响,获得美国、英国、德国等国家有关部门采纳。③ 我国市场监督管理总局与国家标准化管理委员会于2020年联合发布的《汽车驾驶自动化分级》将智能汽车分为应急辅助(0级驾驶自动化)、部分驾驶辅助(1级驾驶自动化)、组合驾驶辅助(2级驾驶自动化)、有条件自动驾驶(3级驾驶自动化)、高度自动驾驶(4级驾驶自动化)和完全自动驾驶(5级驾驶自动化)六个层级。

---

① 参见冯珏:《自动驾驶汽车致损的民事侵权责任》,载《中国法学》2018年第6期。

② 该标准于2014年发布后,已历经2016年与2018年两次修订,载国际自动机工程师学会官网,https://www.sae.org/standards/,2020年8月20日访问。

③ 参见冯洁语:《人工智能技术与责任法的变迁——以自动驾驶技术为考察》,载《比较法研究》2018年第2期;冯珏:《自动驾驶汽车致损的民事侵权责任》,载《中国法学》2018年第6期。

在0级驾驶自动化阶段，驾驶员应当执行全部动态驾驶任务，而系统并不持续执行动态驾驶任务中的车辆横向或纵向运动控制，仅具有部分目标和事件探测与响应的能力。因此，0级驾驶自动化不是无驾驶自动化。在1级与2级驾驶自动化阶段，系统可以持续执行动态驾驶任务，驾驶员执行系统没有执行的其余动态驾驶任务，且随时监管系统，并在任何时候立即执行全部动态驾驶任务。两者的区别在于，在1级驾驶自动化阶段，系统只能持续执行动态驾驶任务中的车辆横向或者纵向运动控制，而在2级驾驶自动化阶段，系统可以执行动态驾驶任务中的车辆横向和纵向运动控制。显然，在2级驾驶自动化阶段，机动车的智能化程度已经达到较高水平，但仍需驾驶员执行系统没有执行的其余动态驾驶任务，且负有监管系统运行的义务。因此，《汽车驾驶自动化分级》将这两个阶段的驾驶自动化系统界定为辅助系统，驾驶员仍然是驾驶责任人。①

在3级驾驶自动化阶段，驾驶自动化系统激活后在设计运行条件内执行全部动态驾驶任务，驾驶员可将视线转移至非驾驶相关的活动，但保持一定的警觉性，对明显的外部刺激进行适当的响应。在收到接管请求或者发生车辆其他系统失效时，驾驶员应当及时接管动态驾驶任务。4级驾驶自动化覆盖3级驾驶自动化的全部功能。不仅如此，在该阶段，一旦驾驶自动化系统激活后，驾驶员成为乘客，其不再负有接管义务。当然，乘客亦可请求系统退出使自己重新获得驾驶员身份。5级驾驶自动化与4级驾驶自动化在用户与驾驶自动化系统的角色分配上完全一致，唯一的区别

① 参见胡静、邓俊泳：《标准〈汽车驾驶自动化分级〉（报批稿）解析》，载《环境技术》2020年第3期。

在于,4 级设有运行条件的限制,而 5 级没有限制。

在笔者看来,在 0 级驾驶自动化阶段,系统仅仅起到应急辅助功能,机动车全部动态驾驶任务均由驾驶员承担。因此,该阶段的机动车在性质上不属于严格意义的智能机动车。在 1 级与 2 级驾驶自动化阶段,虽然系统能够持续执行动态驾驶任务中的车辆横向、纵向运动控制,但是,驾驶员的身份没有发生根本改变,其不仅要执行其余动态驾驶任务,而且要随时准备接管动态运行任务。这种技术特征和角色分配对现行侵权责任的制度架构并未形成根本冲击。因此,本书研究的智能机动车仅指 3 级以上实现自动化驾驶的机动车。

值得一提的是,我国工信部、公安部、交通部于 2018 年联合制定的《智能网联汽车道路测试管理规范(试行)》(以下简称《测试管理规范》)明确规定,智能汽车仅包括有条件自动驾驶、高度自动驾驶和完全自动驾驶三个阶段。根据《测试管理规范》第 28 条第 2 款的规定,有条件自动驾驶是指系统完成所有驾驶操作,根据系统请求,驾驶人需要提供适当的干预;高度自动驾驶是指系统完成所有驾驶操作,特定环境下系统会向驾驶人提出响应请求,驾驶人可以对系统请求不进行响应;完全自动驾驶是指系统可以完成驾驶人能够完成的所有道路环境下的操作,不需要驾驶人介入。显然,这三个规范定义分别对应《汽车驾驶自动化分级》中的 3 级至 5 级驾驶自动化阶段,因此,在解释和适用《测试管理规范》时,应当结合《汽车驾驶自动化分级》描述的技术特征和角色分配来确定相关各方的法律责任。

上述研究表明,智能机动车的驾驶权既可能由驾驶自动化系统专享,也可能由驾驶自动化系统与人类驾驶员共享。如果驾驶权由驾驶自动化系统专享,则机动车完全由系统支配,成为真正意义上的无人驾驶。驾驶员在身份上变为单纯的乘客,此时传统侵权法上的驾驶员过错责任将不复存在。如果驾驶权由系统与驾驶员共享,则属于人机混合驾驶。在该状态下,驾驶员仍负有接管义务和注意义务,违反这些义务,则可能承担相应的赔偿责任。因此,驾驶权限的识别对侵权责任的判断至关重要。

二、智能机动车致害的侵权责任

传统机动车发生交通事故致人损害,应当由"机动车一方"依法承担交通事故责任。但如果交通事故系基于机动车的缺陷引发,则受害人亦可直接请求生产者、销售者承担产品责任。鉴于"机动车一方"的赔偿能力有限,为保护交通事故受害人,现行立法强制要求"机动车一方"投保机动车强制保险。因此,机动车强制保险是以机动车交通事故责任为保险标的的保险。然而,随着自动驾驶技术的发展和运用,机动车侵权责任的制度结构是否发生彻底改变?"机动车一方"将驾驶权移交给自动驾驶系统,是否仍承担机动车交通事故责任?相应地,自动驾驶系统驾驶机动车发生交通事故,生产者是否承担赔偿责任?如果承担,其责任性质是产品责任还是机动车交通事故责任?对这些问题的回答将直接影响着机动车强制保险的制度架构,因此,有必要进行深入分析。

(一)有条件自动驾驶机动车致害的侵权责任

正如前文所言,在有条件自动驾驶阶段,系统在其设计运行条件内持续地执行全部动态驾驶任务,但驾驶员必须保持一定的警觉性,对明显的外部刺激(如救护车警笛等)进行适当的响应,在收到接管请求或者车辆系统失效时,及时接管动态驾驶任务。我国《测试管理规范》第 28 条第 2 款规定的"根据系统请求驾驶人需要提供适当干预"的核心要义就在于,驾驶员要保持警惕,及时履行接管义务。然而,如果有条件自动驾驶机动车发生交通事故,到底由谁承担责任,承担何种责任?对此,有学者认为,如果使用人妥善接管仍无法避免损害发生,则应当由生产者承担产品责任。相反,如果使用人因接管不当导致交通事故发生,那么应当与生产者共同承担连带责任。① 当然,驾驶员妥善接管的前提是系统发出接管请求,如果系统本身存在缺陷没有及时发出接管请求,则驾驶员的接管义务就无从谈起。但问题在于,因驾驶员的过错没有履行妥善接管义务,生产者为何要承担连带责任?该责任在性质上是产品责任还是机动车交通事故责任?如果是产品责任,则驾驶员可否成为产品责任的主体?如果是机动车交通事故责任,则生产者可否成为机动车交通事故责任的主体?与前述观点截然对立,有学者认为,系统发出接管请求后,注意义务发生转移,驾驶员成为交通事故责任的唯一主体;反之,如果系统未能发出接管请求,则生产者与驾驶员承担连带责任。② 按照这一观点,机动车交通事故责任并未被产品责任替代。然而,将系统发出接管请求作为区分责任承担的时点存在明显缺陷。原因在于,在系统发出接管请求之前,驾驶员必须要保持警惕,不能完全信赖自动驾驶系统;在系统发出接管请求之后,系统应当继续执行一定时间的动态驾驶任务供用户接管,如果用户未响应,则系统应当适时执行风险减缓策略。

为应对智能汽车的发展与挑战,德国于 2017 年修订了《道路交通安全法》。该法第 1b 条第 2 款规定,驾驶员在自动驾驶期间负有警觉义务和接管义务。警觉义务是指在不亲自驾驶期间必须

① 参见郑志峰:《自动驾驶汽车的交通事故侵权责任》,载《法学》2018 年第 4 期。

② 参见张龙:《自动驾驶型道路交通事故责任主体认定研究》,载《苏州大学学报(哲学社会科学版)》2018 年第 5 期。

保持警觉,以便能随时履行法定的接管义务。接管义务是指当自动系统向驾驶员发出接管请求,或者驾驶员意识到或基于明显状况应当意识到,车辆不再具有自动驾驶功能所预设的使用条件时,驾驶员有义务立即接管汽车驾驶。① 显然,这种系统与驾驶员之间的角色分配与有条件自动驾驶相近。但是,该法在侵权责任的分配模式上并未改变传统的制度结构。机动车保有者(机动车运行支配者与运行利益享有者,通常为机动车所有人)仍承担严格的无过错责任,自动驾驶系统的生产者仅在产品存在缺陷时承担产品责任。② 对此,德国学者施哈德批判性地指出,由于生产者了解重要科技设备事实上具有的重要作用,而这些设备的功能是汽车继续运行,并且对汽车的运行具有关键性作用,因此,生产者取得了驾驶人的属性。在驾驶员位置的人仍然保留介入的可能,他并未丧失对机动车运行的支配。所以,应当将生产者与驾驶员作为共同驾驶人,在事故中根据共同侵权的规则处理。③ 我国亦有学者持相同观点,认为自动驾驶由系统根据算法对汽车进行控制,但人类驾驶者还保持着最终的决定权,且在必要时有义务对系统进行接管,因此,人类驾驶者与系统共同驾驶汽车,相应地,人类驾驶者与生产者共同构成机动车交通事故责任的赔偿主体。④

笔者认为,尽管自动驾驶系统是由机动车生产者设计、制造,

① 参见张韬略、蒋瑶瑶:《德国智能汽车立法及〈道路交通法〉修订之评介》,载《德国研究》2017 年第 3 期。

② 参见张韬略、蒋瑶瑶:《德国智能汽车立法及〈道路交通法〉修订之评介》,载《德国研究》2017 年第 3 期。

③ 参见冯洁语:《人工智能技术与责任法的变迁——以自动驾驶技术为考察》,载《比较法研究》2018 年第 2 期。

④ 参见韩旭至:《自动驾驶事故的侵权责任构造——兼论自动驾驶的三层保险结构》,载《上海大学学报(社会科学版)》2019 年第 2 期。

且机动车动态驾驶任务主要由系统执行，但是，不能将生产者作为机动车驾驶人，使其承担我国侵权法上的机动车交通事故责任。这是因为，智能机动车一旦交付消费者使用，作为人工智能的自动驾驶系统也将不再受生产者控制。具有自主性和深度学习能力的自动驾驶系统的服务对象亦不是生产者，而是机动车所有人。因此，生产者并非机动车运行的支配者和利益享有者，其不能作为机动车交通事故责任的主体。但是，这并不意味着机动车生产者不承担任何侵权责任，在机动车存在产品缺陷时，其仍然要承担产品责任。有学者认为，从自动驾驶运行原理来看，由消费者一方承担责任并不合适。消费者没有实际控制汽车的运行，让其承担责任显然不公。① 在笔者看来，虽然机动车所有人并未直接控制机动车的运行，但是，自动驾驶系统由所有人决定开启或者关闭，系统本身是为机动车所有人服务和工作。因此，智能机动车运行产生的抽象风险应当由所有人负担。更为重要的是，与人工驾驶相比，自动驾驶更便利、更安全，消费者在享有自动驾驶带来利益的同时，也应当负担相应的风险。

（二）完全自动驾驶机动车致害的侵权责任

在完全自动驾驶阶段，一旦驾驶自动化系统激活，驾驶员的身份转变为乘客，无须执行动态驾驶任务或动态驾驶任务接管，无须决定是否以及如何实现最小风险状态，且不需要判断是否达到最小风险状态。但在自动驾驶运行中，驾驶员可以请求系统退出，由其接管动态驾驶任务。因此，在我国汽车驾驶自动化分级中，不存在完全意义上的无人驾驶机动车。在高度自动驾驶阶段，驾驶员

① 参见郑志峰：《自动驾驶汽车的交通事故侵权责任》，载《法学》2018 年第 4 期。

与系统的角色分配完全一致,两者唯一的区别仅在于有无设计运行条件的限制。因此,关于完全自动驾驶机动车的研究,在结论上可以类推适用高度自动驾驶机动车。为行文方便,笔者在表述上仅针对完全自动驾驶机动车展开。

在完全自动驾驶状态下,如何构造机动车致害的侵权责任,学者之间认识不一,概言之,存在产品责任说和机动车交通事故责任说之分。产品责任说认为,完全自动驾驶汽车发生交通事故造成损害的,应当由产品生产者承担产品责任。① 杨立新教授亦认为,完全自动驾驶机动车或者处于自动驾驶状态的高度自动驾驶机动车发生交通事故造成损害,是因机动车的设计缺陷或者制造缺陷引起的,机动车的生产者、销售者承担产品责任。机动车交通事故责任说则认为,机动车致人损害,仍然成立机动车交通事故责任。但到底由谁承担责任,该说进一步区分为生产者责任说和机动车所有人责任说。生产者责任说认为,在无人驾驶中,只剩下系统作为唯一的驾驶者,理应由生产者承担交通事故责任。② “在高度自动驾驶以及无人驾驶阶段,汽车生产者完全掌握机动车运行,彻底取代人类驾驶者,成为唯一的责任主体。”③机动车所有人责任说认为,在无人驾驶阶段,所有人的责任仍然成立。因为所有人责任的基础是抽象风险,是每辆机动车无论如何均会给其他交通参与人

① 参见赵申豪:《自动驾驶汽车侵权责任研究》,载《江西社会科学》2018 年第 7 期。

② 参见韩旭至:《自动驾驶事故的侵权责任构造——兼论自动驾驶的三层保险结构》,载《上海大学学报(社会科学版)》2019 年第 2 期。

③ 张龙:《自动驾驶型道路交通事故责任主体认定研究》,载《苏州大学学报(哲学社会科学版)》2018 年第 5 期。

带来的风险。①

从我国现行法规范来看,产品责任与机动车交通事故责任在制度构造上存在显著区别。在产品责任下,责任主体并无投保强制保险的义务,其责任构成以产品存在缺陷以及缺陷与损害之间存在因果关系为要件,并且责任人具有诸多抗辩事由。然而,在机动车交通事故责任中,责任主体负有投保强制保险的义务。在保险赔付范围内,投保人之责任非常严格,不得以受害人存在过失、不可抗力等事由作为免责事由。在赔付范围之外,责任人承担的责任视交通事故的类型而定。因此,责任性质与责任主体的判断事关机动车强制保险的存废,事关各方当事人重大利益,不可不辨。

产品责任说的实质在于,以产品责任替代机动车交通事故责任,完全自动驾驶机动车致人损害,单纯由生产者承担产品责任,其他主体不承担赔偿责任。然而,这一责任构造必将损害交通事故受害人的合法利益,与传统机动车事故的受害人相比,无人驾驶事故受害人的法律地位处于明显劣势。首先,产品责任的成立以机动车存在缺陷为要件。如果机动车不存在缺陷,则受害人将得不到任何赔偿。在传统机动车事故中,机动车交通事故责任与产品责任并行不悖,只要构成要件满足,受害人均可主张。其次,机动车交通事故责任实行强制保险,所有人、管理人必须投保强制保险。在强制保险赔偿限额范围内,受害人将获得基本赔付,保险公司不得以过失相抵、不可抗力等作为抗辩事由。但产品责任领域并未建构强制保险制度,传统侵权法上的抗辩事由仍适用于产品

① 参见冯洁语:《人工智能技术与责任法的变迁——以自动驾驶技术为考察》,载《比较法研究》2018 年第 2 期。

责任。

机动车交通事故责任说并不排斥产品责任，如果机动车存在缺陷，则受害人仍可请求生产者、销售者承担产品责任。然问题的关键是，到底由谁来承担机动车交通事故责任。生产者责任说的理由在于，自动驾驶系统是由生产者设计、制造，因此，系统执行动态驾驶任务发生事故致人损害，理应由生产者承担交通事故责任。然而，自动驾驶系统作为完全自动驾驶机动车的组成部分，在买卖交易中已经随着机动车所有权一并移转给买受人。根据利益之所在，风险之所在的原则，由机动车所有人承担机动车运行的抽象风险，更为合理。

有学者认为，自动驾驶技术的发展将使通常被认定为机动车保有人的机动车主对车辆可能施加的影响或控制越来越小直至完全丧失，以至于再将其称为“保有人”可能已经脱离了保有人的本来含义。① 的确，自动驾驶技术的发展在一定程度上弱化了所有人对机动车运行的控制，但其并未从根本上动摇所有人的支配地位。“车辆产生的各种运行费用仍然由系统使用人承担，保有人仍然可以决定是否启动汽车和何时达到终点。”②机动车的维修、运行频次、运行路线、运行时间、运行模式等均由所有人决定，而这些因素与机动车运行风险紧密关联。不仅如此，机动车运行所产生的利益亦归属于所有人。随着自动驾驶技术日渐成熟，不仅交通事故率大幅降低，而且所有人也将从繁重的驾驶任务中解脱出来，能够享受到乘客专有的舒适和愉悦。还有学者认为，将自动驾驶汽车

① 参见冯珏：《自动驾驶汽车致损的民事侵权责任》，载《中国法学》2018 年第 6 期。

② 冯洁语：《人工智能技术与责任法的变迁——以自动驾驶技术为考察》，载《比较法研究》2018 年第 2 期。

的事故责任完全归于车辆的购买者或使用者是不可取的。因为消费者没有参与自动驾驶汽车的制造、设计和质量把控的任何环节，这种情况下，要求其承担全部责任，将引发公共政策的担忧。① 然而，消费者同样没有参与传统机动车的制造、设计之中，但其仍然要承担交通事故责任。更为重要的是，制造、设计存在缺陷是产品责任得以成立的核心要件，如果是完全自动驾驶机动车的缺陷导致事故的发生，则最终的赔偿责任主体仍然是生产者，而非消费者。

《民法典》第604条规定，标的物毁损、灭失的风险，在标的物交付之前由出卖人承担，交付之后由买受人承担，但是，法律另有规定或者当事人另有约定的除外。虽然该条是关于标的物毁损灭失这种“消极风险”负担的规定，但其同样可以类推适用于标的物致害这种“积极风险”的分配上。易言之，只要标的物不存在缺陷，标的物于交付后致人损害的，当然由买受人承担。但这并不意味着买受人在任何情况下都要承担自动驾驶系统的自主性所带来的风险。事实上，对于允许完全自动驾驶机动车上路通行，消费者最关心的问题仍然是安全问题。如果智能机动车事故频发，安全问题没有根本解决，这种产品是没有市场的。正因如此，沃尔沃总裁宣称将“对其自动驾驶模式下汽车造成的损失承担全部责任”。所以，机动车生产者完全可以与消费者就智能机动车的运行风险作出特别约定，以改变法定的“风险负担”规则，进而彰显企业对机动车安全的信心。在笔者看来，生产者与消费者作出特别约定的效力及于交通事故受害人，受害人作为合同外第三人可基于特别约

① 参见付新华：《自动驾驶汽车事故：责任归属、法律适用与“双层保险框架”的建构》，载《华东政法大学学报》2018年第4期。

定条款直接请求生产者承担自动驾驶机动车致害的赔偿责任。

《民法典》对机动车交通事故责任的归责原则并未作出直接规定，而是通过第1208条这一引致条款指向《道路交通安全法》。根据《道路交通安全法》第76条的规定，机动车致人损害的，首先由保险公司在交强险责任限额范围内承担赔偿责任。超出该赔偿范围的，则机动车之间发生交通事故，由有过错的一方承担赔偿责任，机动车与非机动车驾驶人、行人之间发生交通事故，由机动车一方承担有限的无过错责任。对此，有学者认为，机动车事故应该统一为所有人或者保有人的无过错责任，这样可以解决智能汽车和智能汽车、智能汽车与非机动车、智能汽车与行人之间的交通事故，不会出现智能汽车发生交通事故时可能导致的主体缺失和过错认定等方面的问题。① "从切实救济事故受害人的角度出发，我国可以考虑引入机动车保有人对于机动车这一本身风险物的无过错责任作为救济的责任基础。"②的确，在机动车强制保险赔付限额范围外，现行法律规范仍坚持传统的过错责任思想，这对交通事故受害人权益的保护极为不利。③ 综观域外立法，对机动车交通事故采危险责任是各国之通例，也是现代侵权立法之趋势。巴尔教授甚至认为，规定危险责任的最重要的生活领域曾经是而且也一直是道路交通。④ 但是，随着自动驾驶技术的发展，智能机动车将比

① 参见殷秋实：《智能汽车的侵权法问题与应对》，载《法律科学(西北政法大学学报)》2018年第5期。

② 冯珏：《自动驾驶汽车致损的民事侵权责任》，载《中国法学》2018年第6期。

③ 参见印通：《机动车交通事故责任归责原则评析——从过错责任思想到危险责任原则的引入》，载《湖北行政学院学报》2014年第5期。

④ 参见[德]克雷斯蒂安·冯·巴尔：《欧洲比较侵权行为法》(下卷)，焦美华译，法律出版社2004年版，第314页。

传统机动车变得更安全、可靠。如果实行统一的危险责任原则，在人机混合行驶的交通环境下，智能机动车一方将为人类驾驶员的过错"埋单"，这不利于智能机动车的推广和普及。笔者认为，我国未来立法应当区分人身损害与财产损害，因交通事故造成的财产损害，实行过错责任原则，而对交通事故造成的人身损害，实行危险责任原则，以充分体现民法的人文关怀。

综上，智能机动车致害事故在责任结构、责任主体等方面并未对侵权责任法造成根本冲击，经调适的机动车交通事故责任与产品责任足以应对自动驾驶带来的挑战。在未来人机混合行驶的交通环境中，用产品责任彻底代替机动车交通事故责任或者将生产者作为交通事故责任主体的构想，既无必要，也不合理。

第二节　人工智能时代机动车强制保险的基本构造

一、智能机动车强制保险的投保人与被保险人

（一）智能机动车强制保险的投保人

在交通事故领域，探讨损害赔偿责任必然无法绕过的要点是保险体系。智能汽车的出现，不仅对侵权责任的判定和划分提出了新要求，也对传统的保险体系提出了挑战。[①] 根据《交强险条例》第2条的规定，机动车所有人或者管理人，应当依照《道路交通安全法》的规定投保机动车交通事故责任强制保险。据此，传统机动车的投保义务人是所有人、管理人。然而，针对智能机动车引发的事故风

① 参见季若望：《智能汽车侵权的类型化研究——以分级比例责任为路径》，载《南京大学学报（哲学·人文科学·社会科学）》2020年第2期。

险，谁负有投保义务，理论上认识不一，存在生产者投保说、①所有人投保说②和共同投保说③等不同观点。

生产者投保说认为，应当对传统机动车强制保险制度进行彻底改革，生产者将取代所有人、管理人，负担强制投保的法律义务。比如，杨立新教授认为，自动驾驶机动车的损害主要是因自动驾驶机动车的缺陷所致，为了更好地督促生产厂商改进技术，保证安全，由生产者投保效果会更好。④ 生产者投保说的理由在于：第一，机动车交通事故责任主体是生产者而非所有人，因此，根据保险利益原则，生产者应当作为机动车强制保险的投保义务人。“既然责任主体为生产者，其就对保险标的具有保险利益，故由生产者购买保险符合保险法原理。”⑤第二，在自动驾驶领域，责任险旨在覆盖机动车侵权造成的一切损害，故保险额度较高，保费也相应提高。

① 参见赵申豪：《自动驾驶汽车侵权责任研究》，载《江西社会科学》2018 年第 7 期；沈雨岑：《AI 时代下自动驾驶事故侵权责任认定规则的设计与实现》，载《广西政法管理干部学院学报》2020 年第 3 期；杨立新：《自动驾驶机动车交通事故责任的规则设计》，载《福建师范大学学报（哲学社会科学版）》2019 年第 3 期；许闲：《自动驾驶汽车与汽车保险：市场挑战、重构与应对》，载《湖南社会科学》2019 年第 5 期；田野、胡笛：《自动驾驶汽车致损的规范进路：守成与创新》，载《中国应用法学》2019 年第 4 期；李烁：《自动驾驶汽车立法问题研究》，载《行政法学研究》2019 年第 2 期；付新华：《自动驾驶汽车事故：责任归属、法律适用与“双层保险框架”的建构》，载《华东政法大学学报》2018 年第 4 期。

② 参见韩旭至：《自动驾驶事故的侵权责任构造——兼论自动驾驶的三层保险结构》，载《上海大学学报（社会科学版）》2019 年第 2 期。

③ 参见侯郭垒：《自动驾驶汽车风险的立法规制研究》，载《法学论坛》2018 年第 5 期；张力、李倩：《高度自动驾驶汽车交通侵权责任构造分析》，载《浙江社会科学》2018 年第 8 期。

④ 参见杨立新：《自动驾驶机动车交通事故责任的规则设计》，载《福建师范大学学报（哲学社会科学版）》2019 年第 3 期。

⑤ 杜明强、冷传莉：《论无人驾驶汽车交通事故侵权责任》，载《安徽师范大学学报（人文社会科学版）》2020 年第 2 期。

如果强制消费者购买，将是一笔不小的负担，从而降低自动驾驶汽车的吸引力，而作为大型企业的生产者则更有能力承受这一成本。① “从保费成本上考虑，无人驾驶汽车的保费、保险金额较高，生产者较使用人而言更有能力承担这笔高额保费。”②第三，“无过错责任”实际上要求自动驾驶汽车必须拥有相关的保险，但是并不要求该保险必须由驾驶员或汽车所有人购买。保险理赔采用“无过错责任”意味着驾驶员的责任将降低，但是，汽车制造商责任将加大，所以，购买交强险的主体将由现有的汽车所有者转移到未来的汽车制造商。③ 第四，在自动驾驶领域，原有的保险模式需要进行创新，建立生产者强制责任保险制度相对来说是一种更为理想的模式，即保护的重心从消费者转向生产者，保护的内容从人类的驾驶失误风险转向汽车的产品设计风险。④ 第五，由生产者购买责任险，可以保证正常情况下一辆自动驾驶汽车在出厂之前就已购买了保险，从而避免受害人无法向保险公司求偿的情况。⑤

然在笔者看来，上述理由不足以支撑生产者投保说的观点。第一，正如前文所言，智能机动车的运行由所有人支配和控制，运行所产生的利益亦归属所有人，因此，机动车交通事故责任的赔偿主体是所有人。虽然机动车生产者仍然要承担车辆缺陷引发的产

---

① 参见赵申豪：《自动驾驶汽车侵权责任研究》，载《江西社会科学》2018 年第 7 期。

② 杜明强、冷传莉：《论无人驾驶汽车交通事故侵权责任》，载《安徽师范大学学报（人文社会科学版）》2020 年第 2 期。

③ 参见许闲：《自动驾驶汽车与汽车保险：市场挑战、重构与应对》，载《湖南社会科学》2019 年第 5 期。

④ 参见田野、胡笛：《自动驾驶汽车致损的规范进路：守成与创新》，载《中国应用法学》2019 年第 4 期。

⑤ 参见赵申豪：《自动驾驶汽车侵权责任研究》，载《江西社会科学》2018 年第 7 期。

品责任,但我国现行法并未将产品责任作为强制保险的标的。第二,虽然北京、上海等地出台的测试办法设置的保险赔付金额较高,但这并不必然意味着智能机动车的保费增加,这是因为智能机动车的安全系数远远高于传统机动车,事故率将显著下降。更为重要的是,不能因为保费高低而擅自改变投保义务主体,进而违反保险法的基本原理。第三,虽然机动车强制保险在很大程度上贯彻无过错责任原则,即在所有人没有过错的情况下,保险人仍需赔付保险金。但保险人赔付保险金本质上仍是替代侵权人承担赔偿责任。在机动车由所有人控制和支配的情况下,承担交通事故责任的赔偿主体是所有人。第四,机动车所有人对机动车运行的时间、路线、维修频率等处于绝对控制地位,而这些因素直接关涉事故发生的频率,进而影响保险费率的厘定。因此,将机动车所有人作为投保义务人,令其负担保险费,更符合正义理念。第五,智能机动车售出后到登记前的投保问题与传统机动车一致,完全可以通过严格的监管措施予以实现。

所有人投保说认为,自动驾驶技术并未根本改变机动车强制保险的基本制度构造,机动车所有人仍然是强制保险的投保义务人。从自动驾驶本身来看,选择生产者投保并不合适。生产者无从知晓所有人或管理人如何管理、是否上路、使用年限等关键信息。因此,《交强险条例》第 2 条所规定的所有人或管理人的投保义务应得到坚持。①

共同投保说主张智能机动车的生产者、所有人均负有投保强制保险的法律义务,但在具体制度设计上存在内部分歧。有学者

① 参见韩旭至:《自动驾驶事故的侵权责任构造——兼论自动驾驶的三层保险结构》,载《上海大学学报(社会科学版)》2019 年第 2 期。

认为，在自动驾驶技术参与道路交通时，可以考虑增加汽车生产者为投保主体，要求其必须为售出的每一台自动驾驶汽车投保“交强险”。① “对于高度自动驾驶汽车，生产者作为决定驾驶后果的重要主体，应当作为投保人，与所有人共同承担保费。”②这种观点对智能机动车的致害风险并未作细分，而是将生产者、所有人统一作为投保义务人。然亦有学者认为，为了避免自动驾驶技术的研发者承担过多的法律责任，可以建立“双轨制”的保险模式，由自动驾驶汽车公司（生产者）和汽车的所有人或者管理人（消费者）分别为自动驾驶汽车投保。与自动驾驶汽车自身部件如传感器、摄像头、雷达、控制器等设备相关的事项，由制造商投保；因未尽到严格的检查、维修义务或未按法律规定使用汽车等原因造成的交通事故，由消费者投保。③

共同投保说将机动车生产者纳入投保义务主体范畴，将面临生产者投保说相同的困境。生产者并非机动车交通事故责任的主体，强制其为他人的赔偿风险购买责任保险，显然欠缺正当性。不仅如此，“双轨制”保险模式通过区分智能机动车的不同致害风险而分别配置生产者、所有人的投保义务，这不仅会导致法律关系复杂化，而且还会给受害人的索赔制造不必要的障碍，严重损害受害人的合法权益。

既然智能机动车的出现并未根本改变交通事故责任的基本构

---

① 张龙：《自动驾驶背景下“交强险”制度的应世变革》，载《河北法学》2018年第10期。

② 张力、李倩：《高度自动驾驶汽车交通侵权责任构造分析》，载《浙江社会科学》2018年第8期。

③ 参见侯郭垒：《自动驾驶汽车风险的立法规制研究》，载《法学论坛》2018年第5期。

造,智能机动车的所有人、管理人就应当承担机动车运行的风险,负担强制投保的义务。换言之,与传统机动车一样,智能机动车所有人、管理人仍然是机动车强制保险的投保义务人。事实上,我国部分省市出台的智能机动车测试规范文件均将机动车的所有人、管理人作为投保义务主体。例如,《北京市关于加快推进自动驾驶车辆道路测试有关工作的指导意见(试行)》明确要求测试主体应具备赔偿能力,应购买每车不低于500万元人民币的交通事故责任保险或提供不少于500万元的自动驾驶道路测试事故赔偿保函。显然,测试主体具备机动车所有人或者管理人的地位。值得一提的是,在机动车保险模式中,存在单轨制与双轨制之分。所谓单轨制,是指法律仅允许以缔结责任保险契约担保对他人赔偿责任的方式。若是除订立责任保险契约之方式外,尚得以提供一定金额之保证金或其他替代方式而免除投保义务者,即谓之双轨制。① 显然,该测试指导意见改变《道路交通安全法》的单轨制,采行双轨制模式。笔者认为,这仅仅是行政机关针对道路测试而采取的权宜之计,在传统机动车强制保险仍然实行单轨制模式的情况下,智能机动车不宜擅自改弦更张。

强制投保义务是一项法定义务,机动车所有人、管理人违反该项义务的,除应当承担《交强险条例》第38条规定的行政责任,还应当承担《道路交通事故司法解释》第19条规定的民事责任。该条规定:"未依法投保交强险的机动车发生交通事故造成损害,当事人请求投保义务人在交强险责任限额范围内予以赔偿的,人民法院应予支持。"这一规定同样适用于智能机动车领域,机动车所

---

① 参见江朝国:《强制汽车责任保险法》,中国政法大学出版社2006年版,第104页。

有人违反投保义务,在机动车强制保险赔付限额范围内,应当承担与保险人同样的赔偿责任。这一责任在性质上接近结果责任,只要存在损害结果,投保义务人就要赔偿,且不得主张过失相抵、不可抗力等抗辩事由。

(二)智能机动车强制保险的被保险人

机动车强制保险在本质上仍属于第三方责任保险,系以被保险人对第三者依法应负的交通事故责任为保险标的的保险。因此,被保险人范围的界定,关涉保险人、事故受害人的重大利益,有必要厘清。

《交强险条例》第 41 条第 2 项规定,被保险人是指投保人及其允许的合法驾驶人。根据这一规定,机动车强制保险中的被保险人包括投保人和投保人允许的合法驾驶人两类。《保险法》第 10 条第 2 款规定,投保人是指与保险人订立保险合同,并按照合同约定负有支付保险费义务的人。据此,投保人身份系通过保险合同的缔结而取得,凡是作为当事人参与缔结保险合同并负担保险费支付义务的主体即为投保人。然而,《交强险条例》第 41 条第 1 项关于投保人的规定与《保险法》第 10 条第 2 款存在显著区别。该项规定,投保人是指与保险公司订立机动车交通事故责任强制保险合同,并按照合同负有支付保险费义务的机动车所有人、管理人。对此,有学者认为,该条规定的投保人仅指参与缔约的机动车所有人、管理人,但这种理解有悖常理,因为所有人、管理人以外的主体完全可以通过缔结保险合同取得投保人身份。因此,应当将该项之投保人理解为投保义务人。① 笔者认为,这种解释方案超出

① 参见沈小军:《交强险中被保险人身份的内涵确定》,载《保险研究》2018 年第 8 期。

了法律文字的可能含义,违反了法律解释的基本原则。从文义来看,该项是关于投保人而非投保义务人的规定。该项与第2项形成体系关联,为第2项关于被保险人的界定做好铺垫。事实上,通过解释可以发现,该项关于投保人的规定不仅不存在法律漏洞,而且更符合机动车强制保险的制度属性。正如前文所言,机动车所有人、管理人是机动车强制保险的投保义务人。在实践中,通常是所有人、管理人与保险公司订立强制保险合同,并负担保险费交付义务。即使在特殊情况下,所有人、管理人以外的主体参与了保险合同的缔结,亦可将该主体视为所有人、管理人的代理人,进而确定所有人、管理人的投保人身份。因此,《交强险条例》第42条第1项与第2项规定的投保人均指机动车的所有人、管理人。

根据《交强险条例》第41条第2项之规定,机动车强制保险中被保险人的第二种类型是投保人(机动车所有人、管理人)允许的合法驾驶人。据此,投保人以外之主体取得被保险人身份必须满足两个要件,即驾驶机动车获得投保人"允许"且为"合法驾驶人"。对此,有学者认为,"允许"的解释应基于偏离记名被保险人允许的程度来弹性判断,"辗转允许"要根据记名被保险人授权范围的大小来判断共同被保险人的范围。① 然笔者认为,将获得投保人"允许"作为驾驶人取得被保险人身份的要件,不恰当地赋予投保人决定被保险人范围的权利,有违机动车强制保险的本质属性。机动车强制保险的制度价值在于,为交通事故受害人提供快速及时的基本医疗保障和生活保障。如果将未经投保人允许的驾驶人排除在被保险人范围之外,将导致部分受害人无法获得机动车强制保

① 参见樊启荣、刘玉林:《机动车第三者责任险被保险人之扩张及其限度——以共同被保险人为中心》,载《保险研究》2015年第4期。

险的赔付，进而减损该项制度的价值和功能。事实上，根据《交强险条例》第 22 条第 2 项的规定，只有在被保险机动车被盗抢期间肇事的，保险人才不承担保险赔付责任，但仍应在责任限额范围内负担垫付抢救费用的义务。① 《民法典》第 1215 条对这一规则进行了重申。不仅如此，《道路交通事故司法解释》第 2 条以及《民法典》第 1209 条、第 1212 条在责任构造上实现了未经允许驾驶机动车与租赁、借用等情形下获得允许驾驶机动车的统一。换言之，无论驾驶机动车是否获得所有人允许，在赔付结构上应作相同处理，保险人均应承担赔付责任。当然，盗窃、抢劫或者抢夺等情形除外。因此，从现行法的规范体系来看，应当从宽解释《交强险条例》第 41 条第 2 项规定之"允许"要件，凡是不属于盗窃、抢劫、抢夺等情形驾驶机动车的，均视为满足投保人允许驾驶的要件。

在立法论上，有学者主张被保险机动车在盗抢期间致人损害的，保险人仍应承担赔付责任。"只有将所有因被保险机动车肇事可能承担民事责任的主体均纳入被保险人的范围，才能完全实现交强险保护交通事故受害人的立法目的。"②正如前文所言，机动车强制保险的主要功能在于为交通事故受害人提供快速及时的基本保障，即使在被保险机动车盗抢期间肇事的，保险人仍应承担赔付责任，而不限于抢救费用的垫付。因此，《交强险条例》第 22 条第 1 款第 2 项以及《民法典》第 1215 条第 2 款之规定消减了机动车强

① 这一规则在司法实践中得到普遍适用，如《四川省高级人民法院机动车交通事故责任纠纷案件审理指南》第 18 条规定，盗窃、抢劫或者抢夺的机动车发生交通事故造成损害的，由盗窃人、抢劫人或者抢夺人承担赔偿责任。保险公司仅承担在交强险责任限额内垫付抢救费用的义务，并就其垫付抢救费用对侵权人享有追偿权。

② 沈小军：《交强险中被保险人身份的内涵确定》，载《保险研究》2018 年第 8 期。

制保险的制度价值,在立法政策上值得探讨。

投保人以外之主体取得被保险人身份的第二项要件是该主体系合法驾驶人。对此,有学者认为,合法驾驶人是指符合《道路交通安全法》要求的可以驾驶机动车的人员。① 亦有学者认为,为贯彻保障受害人的立法目的,需对“合法”进行从宽解释,“合法”仅限于“主体合格”和“手段合法”,“目的合法”或“使用方式合法”要件并不需要满足;②还有学者认为,“合法”要件实际上是对被保险人所负担的不真正义务的规定。对于政策性的交强险来说,被保险人违反不真正义务不应具有使保险人获得对抗受害人的外部效力,而仅能使保险人具有对抗被保险人的内部效力。③ 事实上,《交强险条例》第 41 条第 2 项规定的“合法驾驶人”系私法评价的结果,即凡是获得投保人允许和授权的驾驶人均为“合法驾驶人”。至于驾驶人是否具有驾驶资格、驾驶行为是否处于适法状态等因素均不影响“合法驾驶人”的身份。这种解释方案最大限度扩展了被保险人的范围,有利于保护交通事故受害人的利益。

值得一提的是,根据《交强险条例》第 22 条第 1 款之规定,在驾驶人未取得驾驶资格或者醉酒、被保险人故意制造道路交通事故等严重违法情形下,保险人无需承担保险赔付责任,仅垫付抢救费用。这一规定似乎与《交强险条例》第 41 条第 2 项之“合法驾驶人”高度契合。然而,根据《道路交通事故司法解释》第 15 条的规

① 参见《机动车交通事故责任强制保险条例释义》编写组编:《机动车交通事故责任强制保险条例释义》,中国法制出版社 2006 年版,第 87 页。

② 参见樊启荣、刘玉林:《机动车第三者责任险被保险人之扩张及其限度——以共同被保险人为中心》,载《保险研究》2015 年第 4 期。

③ 参见沈小军:《交强险中被保险人身份的内涵确定》,载《保险研究》2018 年第 8 期。

定，即使在驾驶人未取得驾驶资格等严重违法情形下，保险人仍需对受害人承担保险赔付责任。因此，驾驶人严重违法并不影响其被保险人身份的取得。①

综上，所有人、管理人及基于所有人、管理人允许和授权的合法驾驶人均可成为机动车强制保险中的被保险人。然而，问题的关键是，在特定的交通事故案件中，到底谁是被保险人？机动车强制保险在性质上属于第三方责任保险，系以被保险人对第三者依法应负的交通事故责任为保险标的。因此，在个案中，承担机动车交通事故责任的主体才是被保险人。相应地，上述问题可以转化为，特定交通事故发生后在机动车强制保险赔付限额范围内，到底谁是侵权责任主体。通常情形下，保险人履行赔付义务，所以，谁是交强险责任限额范围内的侵权责任主体，对于赔偿权利人来说无关紧要。但是，在机动车没有投保强制保险、保险人破产、受害人系机动车所有人等特殊情形下，谁是机动车强制保险责任限额范围内的侵权主体，则直接关系受害人能否获得实际赔偿。②

《道路交通事故司法解释》第 19 条第 2 款规定，投保义务人和侵权人不是同一人，当事人请求投保义务人和侵权人在交强险责任限额范围内承担连带责任的，人民法院应予支持。机动车所有人、管理人（投保义务人）没有使用机动车，为何仍要承担赔偿责任，对此，理论上存在不同认识。惩罚说认为，《道路交通事故司法解释》第 19 条第 2 款的规范旨意在于惩罚投保义务人以及保障交

① 保险人承担赔付责任后可以向严重违法的被保险人追偿，可以有效抑制被保险人的道德风险，进而减少交通事故的发生。

② 参见李新天、印通：《论机动车交通事故责任的赔偿主体》，载《时代法学》2014 年第 6 期。

通事故受害人。[①] 赔偿说则认为，该款以《侵权责任法》第6条第1款为依据，未投保交强险的行为侵害了第三人不能获得交强险赔偿的利益，属于违反保护他人法律致人损害的侵权类型。[②] 两种观点的相同点在于，机动车所有人承担的责任在性质上并非机动车交通事故责任。事实上，机动车所有人、管理人违反投保义务与机动车交通事故所生的损害并无因果关系。换言之，如果所有人未投保机动车强制保险，机动车使用人是侵权赔偿主体且具有充分的赔偿能力，这对受害人并无任何损害。因此，将机动车所有人的责任认定为违反保护他人法律的致害责任，并不妥当。惩罚说将机动车所有人的赔偿责任视为对违反投保义务的惩罚，然而，《交强险条例》第38条针对该项违法行为设置了专门的惩罚性规定，因此，按照惩罚说的解释方案势必推导出同一违法行为受到双重惩罚的结果，这有违正义法则。在笔者看来，机动车所有人在未投保机动车强制保险的情况下仍然要承担赔偿责任，其根本理由在于，在法律预设的强制保险赔付限额范围内，作为机动车运行支配和运行控制的所有人承担严格的交通事故责任。即使在租赁、借用等情形下发生所有人与使用人的分离，所有人亦未丧失对机动车运行的支配、控制，其仍应当承担严格的危险责任。因此，在机动车强制保险责任限额范围内，机动车所有人、驾驶人均为机动车交通事故责任的主体，两者共同构成机动车强制保险的被保险人。这一解释方案完全符合《交强险条例》第41条第2项"及"这一用语的文义，符合法律解释的基本原则。当然，在机动车所有人与驾

① 参见杨立新主编：《最高人民法院〈关于审理道路交通事故损害赔偿案件适用法律若干问题的解释〉理解与适用》，中国法制出版社2013年版，第248页。

② 参见杜万华等：《〈关于审理道路交通事故损害赔偿案件适用法律若干问题的解释〉的理解与适用》，载《法律适用》2013年第3期。

驶人分离且所有人系交通事故受害人时,为最大限度实现对受害人的救济,可将驾驶人视为唯一的被保险人,从而赋予遭受损害的机动车所有人“受害第三者”身份。

上述研究表明,在传统机动车强制保险的制度结构中,机动车所有人及其允许的驾驶人共同构成被保险人。然而,在智能机动车领域,如何判断机动车强制保险的被保险人,则不无疑问。对这一问题的回答,取决于如何看待智能机动车的法律地位。如果认为智能机动车具有独立的主体资格,则当然应将智能机动车本身作为被保险人。有学者将智能机动车投保强制保险作为其享有法律人格的物质性要件。① 换言之,一旦智能机动车发生交通事故致人损害,则保险人代智能机动车承担赔偿责任,这表明该机动车具备了赔偿能力。然而,这一认识值得商榷。首先,在保险法律关系中,智能机动车只有具备主体资格才能成为保险法上的被保险人,而不是获得保险保障使其具备主体资格。其次,在机动车强制保险责任限额范围之外,智能机动车如何独立承担赔付责任?可见,从保险法的视角来看,亦不应赋予智能机动车独立主体资格进而使其取得被保险人身份。

正如前文所言,智能机动车的生产者不可能成为交通事故的责任主体,因此,以智能机动车交通事故责任为保险标的的强制保险亦不应将生产者作为被保险人。然有疑问的是,《交强险条例》第41条第2项关于被保险人的规定是否适用于智能机动车领域。首先,智能机动车的所有人、管理人仍然是机动车交通事故责任的主体,正是为了分散这些主体的赔付风险才设置机动车强制保险

① 参见彭诚信、陈吉栋:《论人工智能体法律人格的考量要素》,载《当代法学》2019年第2期。

制度，因此，所有人、管理人仍然是智能机动车强制保险的被保险人。其次，与传统机动车相比，智能机动车的承租人、借用人虽然可以占有使用机动车，但其对机动车的支配力和控制力减弱。在此情形下是否仍应在强制保险责任限额范围内赋予其严格的危险责任，进而使其成为智能机动车强制保险的被保险人。对此，笔者认为，即使在高度自动驾驶和完全自动驾驶阶段，驾驶员仍可能结束自动驾驶状态，由其接管驾驶任务。相应地，驾驶员仍是潜在的机动车交通事故责任主体。因此，因租赁、借用等情形实际使用智能机动车之人亦应纳入被保险人的范围。所以，《交强险条例》第22条适用于智能机动车时需作出重大调整。例如，在完全自动驾驶阶段，驾驶人醉酒但未接管驾驶任务的情形下发生交通事故的，保险人承担保险责任后不得向驾驶人追偿。①

二、智能机动车强制保险的赔付对象

《交强险条例》第21条规定，被保险机动车发生道路交通事故造成本车人员、被保险人以外的受害人人身伤亡、财产损失的，由保险公司依法在机动车交通事故责任强制保险责任限额范围内予以赔偿。据此，我国现行机动车强制保险的保障对象仅限于本车车上人员、被保险人以外的受害人。然正如前文所言，该条将“车上人员”排除在赔付对象之外，值得探讨，我国未来立法应当将车

① 此外，在责任承担上现行法亦应作出重大调整。例如，《民法典》第1209条规定，因租赁、借用等情形机动车所有人、管理人与使用人不是同一人时，发生交通事故造成损害，属于该机动车一方责任的，由机动车使用人承担赔偿责任；机动车所有人、管理人对损害的发生有过错的，承担相应的赔偿责任。在智能机动车领域，应当按照相反的逻辑构造责任制度，即原则上应由机动车所有人承担赔偿责任，使用人对损害的发生有过错的，承担相应的赔偿责任。

上人员纳入强制保险的保障范围。这一立法建议同样适用于智能机动车强制保险。但随之而来的问题是,在智能机动车领域,是否所有的车上人员均应纳入保障范围,是否需要进一步区分车上乘客与驾驶员。对此,有学者认为,我国法律应当把交强险的保障范围扩大到自然人司机。在智能汽车自动驾驶情形,所谓的司机已经不再控制汽车,他不制造风险,也不会增加道德风险。交通事故基本不是自然人司机造成的,司机可能是纯粹的受害者。因此,智能汽车本车司机因汽车事故遭受损害的应当得到保险保障。① 然根据我国汽车驾驶自动化分级的描述,驾驶员仍然可以接管动态驾驶任务,因此,"司机不控制汽车不制造风险"的判断并不准确。事实上,在不同自动驾驶阶段,驾驶员对智能机动车运行的控制程度存在显著差异。在有条件自动驾驶阶段,当收到接管请求或者车辆系统失效时,驾驶员应当及时接管动态驾驶任务。与此不同,在高度自动驾驶和完全自动驾驶阶段,驾驶员并无接管动态驾驶任务的义务,其对机动车的控制力较弱。但这并不意味着驾驶员完全丧失对机动车运行的控制,因为其仍然可以主动选择接管动态驾驶任务。

自动驾驶的技术特征在一定程度上模糊了驾驶员与车上乘客的界限,这给智能机动车强制保险保障对象的判断带来困难。笔者认为,在自动驾驶系统自主运行的情况下发生交通事故的,车上所有人员均应纳入强制保险的保障范围。因为此时坐在驾驶位置的司机与普通乘客没有本质区别,他们对交通事故的发生并未施加任何影响。这种保险制度设计能够有效引导自动驾驶技术的升

① 参见刑海宝:《智能汽车对保险的影响:挑战与回应》,载《法律科学(西北政法大学学报)》2019 年第 6 期。

级，鼓励让更加安全的自动驾驶系统控制机动车的运行。然有疑问的是，在驾驶员接管驾驶任务的情况下发生交通事故，驾驶人能否获得保险赔付，对此应当持否定观点。因为交通事故是在驾驶员的支配和控制下发生的，其在保险关系中应属于被保险人的范畴。

值得一提的是，机动车在自动驾驶系统的控制下发生交通事故，导致机动车所有人、管理人发生损害的，受害人是否应当获得保险赔付。从《交强险条例》第**21**条之文义来看，被保险人亦被排除在保险赔付对象之外。但正如前文所言，智能机动车的所有人、管理人恰恰属于被保险人的范畴。在传统机动车领域，学界通说认为，机动车所有人、管理人与使用人不一致，且在交通事故中发生损害的，可以获得机动车强制保险的赔付。这一观点在司法实务中得到普遍采纳。笔者认为，智能机动车强制保险亦应采纳这一立场，在所有人、管理人并未实际驾驶机动车且因交通事故遭受损害的，亦应获得机动车强制保险的赔付。但此时面临的难题是，是否存在被保险人？在欠缺被保险人的情况下，保险人的赔付责任是否成立？与传统机动车不同，智能机动车自主运行导致所有人、管理人损害的，并无实际使用人存在，因此，也就不存在独立的被保险人。然这并意味着保险人能够免除赔付责任。在责任保险的法律构造中，保险人、被保险人、受害第三者共同构成责任保险赔付结构的基本主体。保险人以被保险人的赔偿责任为保险标的，一旦被保险人对第三者的损害赔偿责任成立，则保险事故发生，保险人应当依法承担赔付责任。按照这一逻辑推导，如果欠缺被保险人，则保险人的赔付责任不可能成立。然正如霍姆斯那句反复被传诵的名言，法律的生命不在逻辑，而在于经验。在智能机动车强制保险领域，自动驾驶系统控制机动车发生交通事故导致所有人、管理人损害的,保险人仍然要承担赔付责任。因为在此情形下所有人、管理人与其他受害第三者一样,并未实际支配控制机动车。在比较法上,《英国自动与电动汽车法案》亦突破传统责任保险的基本结构,将自动驾驶状态下的司机纳入保障范围。①

三、智能机动车强制保险费率的厘定

《交强险条例》第6条规定,机动车交通事故责任强制保险实行统一的保险条款和基础保险费率。国务院保险监督管理机构按照机动车交通事故责任强制保险业务总体上不盈利不亏损的原则审批保险费率。释义文本一般认为,不盈利不亏损原则是指保险人在确定保险费率时只考虑成本因素,不设定预期利润率,即费率构成中不含利润。为确保不盈利不亏损原则得以贯彻,保险费率需保险监督机构审批确定。然而对此有学者批判性地指出,我们难以找到去强制那些商业性保险公司担当公益性保险业务的法理依据,难以找到政府在不给予保险行业任何金钱补贴的情况下,实现国家保护事故受害人利益这一公共政策目标的同时,却让保险公司承担"不盈不亏"为国家"埋单"的营业代价的正当理由。② 有学者认为,从比较法来看,不盈利不亏损的原则主要是针对政府,要求政府不能从交强险中营利,但作为类似受托人的保险公司仍可通过提高管理效率、降低管理成本的方式实现盈利。③

---

① 参见曹建峰、张嫣红:《〈英国自动与电动汽车法案〉评述:自动驾驶汽车保险和责任规则的革新》,载《信息安全与通信保密》2018年第10期。

② 参见韩长印:《我国交强险立法定位问题研究》,载《中国法学》2012年第5期。

③ 参见顾长河、张婧:《交强险运营模式探讨及兼论不盈利不亏损原则》,载《西北民族大学学报(哲学社会科学版)》2011年第3期。

事实上,不盈利不亏损原则并非针对特定的保险人,而是针对整个保险行业。换言之,保险监督管理机构在厘定保险费率时,应当从整个保险行业出发,确定能够平衡各方当事人利益的基础保险费率。在该基础费率下,特定的保险人仍能够通过降低经营成本实现盈利。相反,如果舍去不盈利不亏损的费率厘定原则,引入市场化机制,赋予合同当事人自由确定保险费率的权利,将可能导致保险人滥用其缔约优势地位,损害消费者合法权益。机动车强制保险与其他强制合同一样,其价格条款理应纳入管制的范畴。因此,改不盈利不亏损的费率模式为适度盈利的费率模式,既无必要也无可能。当然,保险经营中一个永远无法回避的事实是,在保险人设定费率之时,他们都无法确定所设定的费率水平将会带来盈利还是造成亏损。① 这势必给保险监管机构在审查和确定保险费时造成困难,为此,保险监管机构应当在历史数据的统计和分析基础之上对保险费率进行适时调整,以确保不盈利不亏损原则的贯彻。

监管费率最困难之处在于,如何确保公平地对不同类型的保单收取有差别的保险费率。② 根据我国现行法律的规定,决定某一机动车保险费率的因素包括机动车类型、交通违法行为、交通事故率等。首先,《机动车交通事故责任强制保险基础费率表》以车型、使用性质为标准将机动车区分为家庭自用汽车、非营业客车、营业客车、非营业货车、营业货车、特种车、摩托车和拖拉机 8 种类型,并以此为基础分别确定保险费率。其中,营业车辆的费率高于非

---

① 参见[美]肯尼斯·S. 亚伯拉罕:《美国保险法原理与实务》,韩长印等译,中国政法大学出版社 2012 年版,第 113 页。

② 参见[美]约翰·F. 道宾:《美国保险法》,梁鹏译,法律出版社 2008 年版,第 321 页。

营业车辆,大型车辆的费率高于小型车辆。对此,有学者认为,现行的交强险费率在很大程度上是不公平的,它强迫低风险的车辆在保费上补贴高风险的车辆。① 现行法将车型、使用性质作为确定保险费率的重要因素,其基本理由在于,营业车辆的行驶里程长、载荷重、风险大,导致交通事故发生的概率高,造成的损害通常亦较为严重。② 然而,在智能机动车领域,应当对这些决定传统机动车保险费率的因素作出修正。未来立法应当根据机动车的智能层级分别确定不同的保险费率,使保费与被保险机动车的风险水平相对应。一般而言,智能层级越高,其清除人类错误驾驶行为越彻底,危险系数越彻底,从而保费越低。

机动车类型决定基础保险费率,交通违法行为、交通事故决定浮动保险费率。③ 根据《交强险条例》第8条的规定,被保险机动车没有发生道路交通安全违法行为和道路交通事故的,保险公司应当在下一年度降低其保险费率。在此后的年度内,被保险机动车仍然没有发生道路交通安全违法行为和道路交通事故的,保险公司应当继续降低其保险费率,直至最低标准。反之,被保险人机动车存在交通违法行为或者交通事故的,提高其保险费率。然原中国保监会发布的《机动车交通事故责任强制保险费率浮动暂行办

---

① 参见孟生旺:《交强险的经营结果和费率结构分析》,载《统计研究》2008年第4期。

② 参见管贻升:《关于厘定交强险费率的若干相关因素》,载《中国保险》2006年第7期。

③ 中国银保监会2020年9月2日发布的《关于实施车险综合改革的指导意见》指出,在提高交强险责任限额的基础上,结合各地区交强险综合赔付率水平,在道路交通事故费率调整系数中引入区域浮动因子,浮动比率中的上限保持30%不变,下浮由原来最低的-30%扩大到-50%,提高对未发生赔付消费者的费率优惠幅度。对于轻微交通事故,鼓励当事人采取“互碰自赔”,在线处理等方式进行快速处理,并研究不纳入费率上调浮动因素。

法》仅将保险费率浮动与交通事故挂钩，并在发布的通知中明确要求，暂不实行保险费率与交通违法行为相联系。对此，有学者主张不应将交通违法行为作为厘定保费的因素，否则有违机动车交通事故责任强制保险的目的与宗旨，会扭曲交强险费率浮动机制的功能和本来作用。① 但亦有学者认为，建构浮动保险费率与交通违法记录联动机制，不仅对守法机动车所有人、保险人大有益处，而且将对提升驾驶人守法意识、减少交通违法、预防事故发挥重要作用。②

毫无疑问，交通违法行为的严重程度和发生频次必然会影响交通事故发生的概率，因此，根据保险的基本原理，对严重违法的驾驶车辆收取较高的保费具有正当性。这有助于通过保险费率机制防止被保险人的道德风险，减少交通事故发生。然而，在智能机动车领域，交通违法行为、交通事故是否也应作为厘定浮动保险费率的因素？对此，有学者认为，自动驾驶汽车的运行在相当程度上并不依赖汽车驾驶人，而是依靠自动驾驶汽车自身的程序运行。所以对于机动车保费费率的计算，应当根据汽车自动驾驶的等级、生产厂家产品的事故率、生产商执行的安全标准等汽车产品本身的性能和特征进行计算。③ 但是，自动驾驶系统并不因保费增加而更加严格遵守交通规则，因此，通过保险费率机制并不能发挥该项制度减少事故概率的功能。在笔者看来，只有在人工驾驶状态且存在严重违法行为或者发生交通事故，才能将其作为影响浮动保

① 参见青锋：《反思交强险费率与交通违章挂钩问题出在哪里？》，载《行政法学研究》2007 年第 3 期。

② 参见王爱伶、田颖涛、金连成：《关于建立交强险费率与事故和严重违法信息"双挂钩"机制的思考》，载《汽车与安全》2019 年第 3 期。

③ 参见牛彬彬：《我国高度自动驾驶汽车侵权责任体系之建构》，载《西北民族大学学报(哲学社会科学版)》2019 年第 3 期。

险费率的因素。

虽然自动驾驶技术的优势已经被一系列实验数据不断揭明，但是法律无法规定统一的时间界限，确定从那一刻起禁止所有的人工驾驶汽车上路。① 因此，未来一段时间将出现智能机动车与传统机动车混合行驶的现象。与传统机动车相比，智能机动车更安全、更可靠。可以预见，智能机动车强制保险的费率将大幅低于传统机动车。② 我国未来立法应当分别厘定智能机动车与非智能机动车的保险费率，且智能机动车的费率在计算结果上应当低于同类非智能机动车，否则难以反映智能机动车的安全性和可靠性。

四、智能机动车强制保险的赔付限额

机动车强制保险的立法目的在于为交通事故受害人提供基本保障，然《交强险条例》《交强险条款》所确立起的事故限额、分项限额、责任区分限额等赔付限额制度难以实现这一立法目的。不仅如此，现行赔付限额制度在受害人救济方面存在严重失衡，轻伤害受害人可以获得完全赔偿，而重伤害受害人却得不到基本保障。③ 值得一提的是，《关于实施车险综合改革的指导意见》指出，为更好发挥交强险保障功能作用，根据《交强险条例》，银保监会会同公安部、国家卫生健康委员会、农业农村部研究提高交强险责任限额，将交强险总责任限额从12.2万元提高到20万元，其中死亡伤残赔偿限额从11万元提高到18万元，医疗费用赔偿限额从1万元提高

① 参见冯珏：《自动驾驶汽车致损的民事侵权责任》，载《中国法学》2018年第6期。

② Francesco Paolo Patti, *The European Road to Autonomous Vehicles*, 43 Fordham Int'l L. J. 125 (2019).

③ 参见印通：《机动车强制保险赔付限额制度之反思与重构》，载《保险研究》2017年第7期。

到1.8万元，财产损失赔偿限额维持0.2万元不变。无责任赔偿限额按照相同比例进行调整，其中死亡伤残赔偿限额从1.1万元提高到1.8万元，医疗费用赔偿限额从1000元提高到1800元，财产损失赔偿限额维持100元不变。这一改革方案提高了交强险赔付责任限额，将在很大程度上缓解交通事故受害人保护不足的问题。然而，事故限额、分项限额、责任区分限额等赔付限额制度的存在将进一步限制受害人获得保障的程度。更为重要的是，简单提升赔付限额并不能解决轻伤害受害人与重伤害受害人的救济失衡问题，重伤害受害人仍不能完全获得基本保障。

与传统机动车相比，智能机动车将更加安全，事故发生的概率将更低。但其在单项事故中造成的损害也可能更大。正因如此，域外立法显著提升了智能机动车强制保险赔付责任限额。根据德国《道路交通安全法》第12条第1款的规定，自动驾驶造成的人员伤亡和财产损失的最高限额分别为1000万欧元与200万欧元，为普通情形下的2倍。[①] 我国《测试管理规范》第9条第8项规定，申请智能机动车上路的测试主体应当提交交通事故责任强制险凭证，以及每车不低于500万元人民币的交通事故责任保险凭证或不少于500万元人民币的自动驾驶道路测试事故赔偿保函。换言之，测试机动车不仅要参加机动车强制保险，还要另外投保每车不低于500万元人民币的交通事故责任保险或提供不少于500万元人民币的自动驾驶道路测试事故赔偿保函。显然，该规范将智能机动车仍作为普通机动车纳入传统强制保险的投保范畴。但正如前文所言，智能机动车与传统机动车在强制保险制度构造上存在

① 参见张韬略、蒋瑶瑶：《德国智能汽车立法及〈道路交通法〉修订之评介》，载《德国研究》2017年第3期。

较大差异。因此，这一规范仅仅是针对测试智能机动车所作的权宜之计。《上海市智能网联汽车道路测试和示范应用管理办法(试行)》则不要求智能机动车参与传统的机动车强制保险。该规范第8条第6项规定，申请道路测试和示范应用的主体需要为申请车辆购买每车不低于500万元人民币的交通事故责任保险或提供不少于500万元人民币的自动驾驶道路测试事故赔偿保函。其中，对于客车、半挂牵引车、专项作业车等商用车应购买每车不低于1000万元人民币的交通事故责任保险或提供不低于1000万元人民币的交通事故赔偿保函。可见，在赔付限额上，智能机动车明显高于传统机动车。

为何智能机动车的赔付限额要高于传统机动车，对此，有学者认为，虽然与传统机动车相比，智能机动车更安全，但在单项事故中，智能机动车受系统支配的特性决定了其造成的损害会更大。但亦有学者认为，智能机动车在造成人身伤害和财产损失的“潜力”上与传统机动车并无本质区别。即使在非法干扰其运行的情况下，也不会造成比传统机动车更大的破坏力。① 在笔者看来，认为智能机动车比传统机动车在单项事故中造成更大的破坏是主观臆想的结果，并无实证研究作为支撑。现行《测试管理规范》之所以设置高额的赔付限额，是因为对未来不确定性的恐惧和对新技术的不信任。尽管如此，《测试管理规范》确立的高赔付限额应当为未来智能机动车强制保险所借鉴和吸收，原因在于现行传统机动车的赔付限额仍然不能满足交通事故受害人基本保障的需要。

---

① Michael Chatzipanagiotis & George Leloudas, *Automated Vehicles and Third-Party Liability: A European Perspective*, 2020 U. ILL. J. L. TECH. & POL'y 109 (2020).

“赔偿限额的提高可在一定程度上加强对受害人的保护,这一设想应该得到支持并予以落实。”①德国《道路交通安全法》要求强制保险的最低保险金额为,人身伤害750万欧元,财产损失122万欧元,纯粹经济损失5万欧元。②

另外,未来智能机动车强制保险制度应当彻底改变传统的限额赔付模式。以每次交通事故为标准设置赔偿限额,将导致多人伤亡情形下无法获得有效救济,因此,智能机动车强制保险应当建立“每人每次事故赔偿限额”模式。被保险人在交通事故中无责任,并不意味着受害人对交通事故负全责,因此,有责限额与无责限额的区分不仅不利于受害人获得赔偿,而且还会损害被保险人的利益。机动车强制保险将医疗费用与死亡伤残损害加以区分,实行分项限额,没有理论根据。对死亡损害与伤残损害(包括不同伤残等级的损害)设置同一赔偿限额,显然没有考虑不同伤残程度的受害人需要不同程度的保障。我国侵权责任法上关于死亡赔偿金和伤残赔偿金的计算方法存在重大缺陷,机动车强制保险关于死亡赔偿金和伤残赔偿金的赔付没有必要依附于侵权责任法。针对死亡和不同伤残等级分别设置不同的定额保险金,更有利于为受害人提供生活保障,从而实现机动车强制保险的基本目的。

① 邢海宝:《智能汽车对保险的影响:挑战与回应》,载《法律科学(西北政法大学学报)》2019年第6期。

② Michael Chatzipanagiotis & George Leloudas, *Automated Vehicles and Third-Party Liability: A European Perspective*, 2020 U. ILL. J. L. TECH. & POL'y 109 (2020).

第三节　智能机动车强制保险的未来与展望

在智能机动车尚处于测试和试验的当下，要准确预测智能机动车强制保险的未来并在此基础上提出制度设计建议，将面临很大的风险。因为智能机动车的发展仍存在诸多不确定的因素。但可以肯定的是，智能机动车将以渐进的方式占据更多市场，因为与传统机动车相比，智能机动车在减少事故、缓解交通拥堵、降低通行时间和成本、控制汽车尾气排放等方面具有显著优势。① 美国电气与电子工程师协会（Institute of Electrical and Electronics Engineers，IEEE）预测，在 21 世纪中叶前，智能汽车将占据全球汽车保有量的 75%。因此，在未来相当一段时间，将出现智能机动车与传统机动车并行的复杂交通环境。虽然智能机动车不会"醉驾""怒驾"，其理性更强和反应更快等优势将使交通事故概率大为降低，②但是，智能机动车与传统机动车、行人相互交往过程中，交通事故仍不可避免。为转移消费者的责任风险，鼓励消费者放心使用新型智能机动车，未来一段时间仍应采行智能机动车强制保险制度。③ 正如前文所言，智能机动车交通事故责任的基本结构不会发生根本改变，所有人、管理人仍然是基本的责任承担者，与此相

① Pete Goldin, 10 *Advantages of Autonomous Vehicles*, https://www.itsdigest.com/10-advantages-autonomous-vehicles, February 20, 2018.

② 参见张志坚：《论人工智能的电子法人地位》，载《现代法学》2019 年第 5 期。

③ Francesco Paolo Patti, *The European Road to Autonomous Vehicles*, 43 Fordham Int'l L. J. 125 (2019).

应,智能机动车强制保险也不会发生结构性变革。然而,有学者认为,长远来看,这种制度构造并非最优选择。原因在于,它并未将责任分配给最节约的成本避免者(cheapest cost avoider),拥有技术的智能机动车生产者无疑能够最有效控制事故的发生。① 但事实上,通过竞争机制,"劣质"的智能机动车势必被市场淘汰,这足以激励生产者创新技术以改进自动驾驶系统的性能,确保机动车安全运行。还有学者认为,在自动驾驶时代,目前的私家车模式将逐步让位于购买交通服务的共享模式,从而使自动驾驶汽车的制造商同时成为车辆的保有人。在这种情况下,可以考虑在时机成熟时,将自动驾驶领域的产品责任和机动车保有人责任合并并升级为辅之以保险的制造商的无过错责任。② "随着无人驾驶和共享汽车的深入发展与高度融合,一种全新的交通模式——共享智能汽车正孕育而生。"③然而,无论共享模式如何发展,都不可能完全取代私家车模式。在自由选择的市场机制下,必定存在购买私家车的需求。

随着智能机动车的发展与传统机动车的退出,未来交通环境将更加安全,交通事故发生率将大大降低。有学者预测,智能网联对汽车行业的革命可表现在交通安全上,未来辅助驾驶和互助驾驶,能纠正驾驶员在驾驶过程中的错误行为,把交通事故发生率

① Francesco Paolo Patti, *The European Road to Autonomous Vehicles*, 43 Fordham Int'l L. J. 125 (2019).

② 参见冯珏:《自动驾驶汽车致损的民事侵权责任》,载《中国法学》2018年第6期。

③ 高奇琦:《共享智能汽车对未来世界的影响》,载《人民论坛·学术前沿》2017年第20期。

降低90% ~95% 。[①] 因此,在未来社会,因交通事故引起的严重社会问题将得到极大缓解。机动车强制保险的本质在于通过限制机动车所有人的财产权,强制其缔结保险合同,以实现为交通事故受害人提供基本保障的目的。强制保险的正当性基础正是源于这种"社会公益性"。[②] 即使为了满足保护交通事故受害人的公益性目的,也应当符合宪法上的比例原则,不得超出必要限制。随着交通事故发生率降低,交通事故受害人的保护不再是严重的社会问题。因此,智能机动车的普及和交通事故的大幅减少,将动摇机动车强制保险制度的合理性和正当性。换言之,机动车强制保险只能是特定历史阶段的产物,智能机动车强制保险制度终将消灭。

---

① Gabrielle Ball, *En Garde: A Civil Law Approach to Autonomous Vehicle Liability under Louisiana Law*, 94 Tul. L. Rev. 155 (2019).

② 参见王理万:《商业性强制保险制度的合宪性分析》,载《法学家》2017年第2期。

结　语

机动车交通事故损害赔偿问题已构成现代社会严重的社会经济问题。机动车强制保险以保障交通事故受害人获得及时、有效的救助为基本目标,具有与任意责任保险完全不同的制度功能。从《道路交通安全法》第76条的规定来看,机动车强制保险在本质上仍属第三方责任保险,与无过失保险、社会保险具有本质差异。《道路交通安全法》第76条关于机动车强制保险的结构性规定是一项制度创新,并非责任保险与无过失保险结合的"怪胎"。从机动车强制保险制度的实际运行效果来看,《道路交通安全法》第76条的立法成果在很大程度上已经被《交强险条例》和《交强险条款》所规定的不合理限额制度抵销。按照《交强险条例》《交强险条款》的相关规定,交通事故受害人难以获得快速、及时的基本保障。对此,本书提出了具体的完善建议和修法路径。

本书的研究仅限于机动车强制保险赔偿制度,至于赔偿范围以外的损害赔偿,受害人仍需通过侵权责任法来获得救济。然而,《道路交通安全法》第76条第1项和第2项将机动车交通事故区分为机动车之间的交通事故和机动车与非机动车驾驶人、行人之间的交通事故,并分别适用不同的归责原则,是否有其合理性基础,仍有待深入研究。此外,随着我国社会保险制度的逐步完善,当交通事故受害人获得基本医疗保险赔偿或工伤保险赔偿时,如何协调和规范机动车强制保险和基本医疗保险、工伤保险之间的关系,则是未来机动车强制保险研究不可回避的话题。

参考文献

一、中文文献

（一）著作类

1. 江朝国:《强制汽车责任保险法》,台北,元照出版有限公司 2006 年版。

2. 刘锐:《机动车交通事故侵权责任与强制保险》,人民法院出版社 2006 年版。

3. 王泽鉴:《侵权行为》,北京大学出版社 2009 年版。

4. 郭左践主编:《机动车强制责任保险制度比较研究》,中国财政经济出版社 2008 年版。

5. 刘炤、杨华柏、郭左践主编:《机动车交通事故责任强制保险条例释义》,法律出版社 2006 年版。

6. 李青武:《机动车责任强制保险制度研究》,法律出版社 2010 年版。

7. 杨立新主编:《道路交通事故责任研究》,法律出版社 2009 年版。

8. 王利明、周友军、高圣平:《中国侵权责任法教程》,人民法院出版社 2010 年版。

9. 王利明主编:《中华人民共和国侵权责任法释义》,中国法制出版社 2010 年版。

10. 最高人民法院侵权责任法研究小组编著:《〈中华人民共和国侵权责任法〉条文理解与适用》,人民法院出版社 2010 年版。

11. 王胜明主编:《〈中华人民共和国侵权责任法〉条文解释与立法背景》,人民法院出版社 2010 年版。

12. 全国人大常委会法制工作委员会民法室编:《中华人民共和国侵权责任法条文说明、立法理由及相关规定》,北京大学出版社 2010 年版。

13. 梅夏英:《中华人民共和国侵权责任法讲座》,中国法制出版社 2010 年版。

14. 杨立新:《〈中华人民共和国侵权责任法〉精解》,知识产权出版社 2010 年版。

15. 马俊驹、余延满:《民法原论》,法律出版社 2010 年版。

16. 温世扬主编:《保险法》,法律出版社 2007 年版。

17. 于敏:《机动车损害赔偿责任与过失相抵——法律公平的本质及其实现过程》,法律出版社 2006 年版。

18. 袁西安、郑红雯主编:《道路交通安全法教程》,中国人民公安大学出版社 2005 年版。

19. 刘士国:《现代侵权损害赔偿研究》,法律出版社 1998 年版。

20. 郎胜主编:《中华人民共和国道路交通安全法释义》,法律出版社2003年版。

21. 高圣平主编:《中华人民共和国侵权责任法立法争点、立法例及经典案例》,北京大学出版社2010年版。

22. 李薇:《日本机动车事故损害赔偿法律制度研究》,法律出版社1997年版。

23. 张新宝、陈飞:《机动车第三者责任强制保险制度研究报告》,法律出版社2005年版。

24. 刘士国等:《侵权责任法重大疑难问题研究》,中国法制出版社2009年版。

25. 孙佑海主编:《侵权责任法适用与案例解读》,法律出版社2010年版。

26. 李显冬主编:《侵权责任法经典案例释论》,法律出版社2007年版。

27. 王利明等主编:《侵权责任法案例解读》,人民法院出版社2010年版。

28. 吴高盛、邢宝军主编:《中华人民共和国侵权责任法精解》,中国政法大学出版社2010年版。

29. 胡安潮主编:《机动车交通事故及高度危险责任例解与法律适用》,人民出版社2010年版。

30. 杨曙光:《机动车交通事故损害赔偿法律问题研究》,中国人民公安大学出版社2010年版。

31. 丁凤楚:《机动车交通事故侵权责任强制保险制度》,中国人民公安大学出版社2007年版。

32. 孙玉荣:《道路交通事故责任认定与损害赔偿》,法律出版社 2011 年版。

33. 王振民、吴革主编:《交通事故损害赔偿指导案例与审判依据》,法律出版社 2011 年版。

34. 程啸:《侵权责任法教程》,中国人民大学出版社 2011 年版。

35. 梁慧星:《中国民事立法评说》,法律出版社 2010 年版。

36. 廖焕国:《道路交通事故侵权责任争点与案例》,法律出版社 2010 年版。

37. 张新宝:《侵权责任法》,中国人民大学出版社 2010 年版。

38. 邹海林:《责任保险论》,法律出版社 1999 年版。

39. 江朝国:《保险法基础理论》,中国政法大学出版社 2002 年版。

40. 邱聪智:《新订民法债编通则》(下),中国人民大学出版社 2004 年版。

41. 陈聪富:《侵权违法性与损害赔偿》,北京大学出版社 2012 年版。

42. 张民安:《现代法国侵权责任制度研究》,法律出版社 2007 年版。

43. 于敏:《日本侵权行为法》,法律出版社 2006 年版。

44. 梁慧星:《民法学说判例与立法研究》,法律出版社 2003 年版。

45. [日]田山辉明:《日本侵权行为法》,顾祝轩、丁相顺译,北京大学出版社 2011 年版。

46. [日]吉村良一:《日本侵权行为法》,张挺译,中国人民大学出版社 2013 年版。

47. 苏永钦:《走入新世纪的私法自治》,中国政法大学出版社2002年版。

48. 徐国栋:《民法哲学》,中国法制出版社2009年版。

49. 邓正来编译:《西方法律哲学文选》(上、下册),法律出版社2008年版。

50. [加]温里布:《私法的理念》,徐爱国译,北京大学出版社2007年版。

51. [美]E. 博登海默:《法理学:法律哲学与法律方法》,邓正来译,中国政法大学出版社2004年版。

52. [美]小罗伯特·杰瑞、[美]道格拉斯·里士满:《美国保险法精解》,李之彦译,北京大学出版社2009年版。

53. [美]约翰·道宾:《美国保险法》,梁鹏译,法律出版社2008年版。

54. [美]盖多·卡拉布雷西:《事故的成本——法律与经济的分析》,毕竟悦等译,北京大学出版社2008年版。

55. [英]科林·史密斯:《责任保险》,陈彩芬译,中国金融出版社1991年版。

56. [德]布吕格迈耶尔、朱岩:《中国侵权责任法学者建议稿及其立法理由》,北京大学出版社2009年版。

57. [德]迪特尔·施瓦布:《民法导论》,郑冲译,法律出版社2006年版。

58. [德]K. 茨威格特、[德]H. 克茨:《比较法总论》,潘汉典等译,法律出版社2003年版。

59. [德]罗伯特·霍恩等:《德国民商法导论》,楚建译,中国大百科全书出版社1996年版。

60. [德]罗尔夫·克尼佩尔:《法律与历史——论〈德国民法典〉的形成与变迁》,朱岩译,法律出版社2003年版。

61. [德]卡尔·拉伦茨:《德国民法通论》,王晓晔等译,法律出版社2003年版。

62. [德]汉斯－贝恩德·舍费尔、[德]克劳斯·奥特:《民法的经济分析》(第四版),江清云、杜涛译,法律出版社2009年版。

63. [德]格哈德·瓦格纳主编:《比较法视野下的侵权法与责任保险》,魏磊杰等译,中国法制出版社2012年版。

64. [德]乌尔里希·马格努斯主编:《社会保障法对侵权法的影响》,李威娜译,中国法制出版社2012年版。

65. [德]乌尔里希·马格努斯主编:《侵权法的统一:损害与损害赔偿》,谢鸿飞译,法律出版社2009年版。

66. [德]乌尔里希·马格努斯、[西]马丁·卡萨尔斯主编:《侵权法的统一:共同过失》,叶名怡、陈鑫译,法律出版社2009年版。

67. [日]星野英一:《现代民法基本问题》,段匡、杨永庄译,上海三联书店2012年版。

68. [荷]威廉·范博姆等主编:《侵权法与管制法》,徐静译,中国法制出版社2012年版。

69. [荷]威廉·范博姆、[荷]米夏埃尔·富尔主编:《在私法体系与公法体系之间的赔偿转移》,黄本莲译,中国法制出版社2012年版。

70. [奥]肯·奥利芬特主编:《损害的合并与分割》,周学峰、王玉花译,中国法制出版社2012年版。

71. [奥]伯恩哈德·科赫、[奥]赫尔默特·考茨欧主编:《侵权法的统一：严格责任》，管洪彦译，法律出版社 2012 年版。

72. 欧洲侵权法小组编著：《欧洲侵权法原则：文本与评注》，于敏、谢鸿飞译，法律出版社 2009 年版。

73. [澳]彼得·凯恩：《阿蒂亚论事故、赔偿及法律》（第六版），王仰光等译，中国人民大学出版社 2008 年版。

（二）论文

1. 韩长印：《我国交强险立法定位问题研究》，载《中国法学》2012 年第 5 期。

2. 刘锐：《强制责任保险与无过失保险可否兼容？》，载《中央财经大学学报》2006 年第 7 期。

3. 刘锐：《〈道路交通安全法〉第 76 条评析》，载《比较法研究》2005 年第 6 期。

4. 刘锐：《〈机动车交通事故责任强制保险条例〉评析》，载《人民司法》2006 年第 5 期。

5. 刘锐：《交强险基本模式问题探析——从最高法院司法解释和国务院行政法规的对抗谈起》，载《保险研究》2013 年第 11 期。

6. 刘锐：《解决交强险与侵权责任关系的困难与建议》，载《人民司法》2012 年第 17 期。

7. 张新宝、解娜娜：《"机动车一方"：道路交通事故赔偿义务人解析》，载《法学家》2008 年第 6 期。

8. 程啸：《机动车损害赔偿责任主体研究》，载《法学研究》2006 年第 4 期。

9. 刘锐：《侵权责任立法如何规范机动车事故侵权责任——兼评〈侵权责任法（草案）〉的相关规定》，载《比较法研究》2009 年第 6 期。

10. 张新宝:《道路交通事故中的机动车第三者责任强制保险》,载《法学家》2005 年第 1 期。

11. 杨立新:《道路交通安全法第 76 条立法有错吗》,载《法治快报》2004 年 11 月 3 日,第 5 版。

12. 张新宝:《道路交通事故责任归责原则的演进与〈道路交通安全法〉第 76 条》,载《法学论坛》2006 年第 2 期。

13. 杨立新:《我国道路交通事故责任归责原则研究》,载《法学》2008 年第 10 期。

14. 刘家安:《机动车交通事故责任的归责原则及责任归属》,载《政治与法律》2010 年第 5 期。

15. 姜南:《论责任保险第三人利益属性——解析新〈保险法〉第 65 条》,载《保险研究》2009 年第 12 期。

16. 贾春旺:《关于〈中华人民共和国道路交通安全法(草案)〉的说明》,来自北大法宝数据库。

17. 梁慧星:《关于中国道路交通事故赔偿的法律制度》,载《安徽大学学报(哲学社会科学版)》1995 年第 6 期。

18. 梁慧星:《论制定道路交通事故赔偿法》,载《法学研究》1991 年第 2 期。

19. 吕玉宝:《机动车所有人在道路交通事故赔偿案件中的民事责任》,载《法律适用》2003 年第 Z1 期。

20. 梁慧星:《"行人违章撞了白撞"是违法的》,载《人民法院报》2001 年 2 月 23 日,第 3 版。

21. 毛牧然、李红:《对"撞了白撞"交通规则的法律思考》,载《当代法学》2003 年第 1 期。

22. 刘黎明:《交通事故定责规则及其相关问题的法理学思

考》，载《法商研究》2001 年第 2 期。

23. 程啸：《论侵权行为法上的过失相抵制度》，载《清华法学》2005 年第 2 期。

24. 李志浩：《道路交通事故责任主体研究——兼评〈侵权责任法〉相关规定》，载《江西科技师范学院学报》2010 年第 3 期。

25. 李中原：《论机动车所有人与使用人的责任承担机制——关于〈侵权责任法〉第 49 条和第 52 条的再思考》，载《苏州大学学报（哲学社会科学版）》2011 年第 6 期。

26. 李晓东、陈艳红：《未过户车辆肇事非“运行供用者”应免责》，载《法制日报》2003 年 1 月 8 日。

27. 于敏：《机动车损害赔偿责任保险的定位与实务探讨》，载《法律适用》2005 年第 12 期。

28. 陈飞：《责任保险与侵权法立法》，载《法学论坛》2009 年第 1 期。

29. 杜忠连：《论责任保险与侵权法融合过程中几个冲突的解决》，载《特区经济》2010 年第 6 期。

30. 温世扬：《道路交通事故中保险公司“无责赔付”之我见》，载《中国金融》2005 年第 9 期。

31. 刘锐、毕征：《国外机动车强制保险的经验》，载《学习时报》2011 年 2 月 21 日，第 2 版。

32. 赵明昕：《机动车第三者责任强制保险的利益衡平问题研究》，载《现代法学》2005 年第 4 期。

33. 孙玉荣：《机动车交通事故责任强制保险存在的问题及完善建议》，载《法律适用》2009 年第 5 期。

34. 文杰：《机动车交通事故责任强制保险法律制度的完善》，

载《法治论丛(上海政法学院学报)》2007 年第 6 期。

35. 李青武:《交强险的角色与担当》,载《中国保险报》2010 年 8 月 25 日,第 2 版。

36. 宫邦友:《交强险中六个突出法律问题的澄清》,载《法律适用》2010 年第 8 期。

37. 杨泽云:《美国无过失汽车保险的经验及启示》,载《西南金融》2011 年第 5 期。

38. 黄平:《我国机动车强制保险立法模式探究》,载《山西省政法管理干部学院学报》2012 年第 1 期。

39. 刘锐:《中国机动车强制保险的目标定位与模式选择》,载《保险研究》2011 年第 7 期。

40. 佘凌云:《争议何在? 出路何在?》,载《法学家》2005 年第 1 期。

41. 宁乐然:《再论生命权与通行权》,载《法学杂志》2006 年第 5 期。

42. 王建平:《因交通事故对乘客进行赔偿的处理原则与方法》,载《政治与法律》1995 年第 6 期。

43. 王军、高瑛玮:《现代保险体制下机动车方对非机动车方的责任比较研究》,载《环球法律评论》2008 年第 3 期。

44. 王长军:《无证无牌正常行驶者对交通事故的发生应否担责》,载《人民司法》2008 年第 24 期。

45. 郑学林、陈现杰、宋春雨:《审理道路交通事故损害赔偿案件的几个问题》,载《人民司法》2002 年第 1 期。

46. [日]圆谷峻:《日本民法关于侵权行为法规定和特别法》,赵莉译,载《金陵法律评论》2009 年第 2 期。

47. 李薇:《日本机动车损害赔偿保障法上的“他人”性研究》,载《外国法译评》1996 年第 4 期。

48. 王成:《侵权法的规范体系及其适用——以〈侵权责任法〉第 5 条的解释适用为背景》,载《政治与法律》2011 年第 1 期。

49. 郑雅芳、周国均、张永坡:《论因果关系理论在交通事故责任认定中的应用——兼论交通事故责任划分标准的瑕疵及矫正》,载《中国人民公安大学学报(社会科学版)》2007 年第 6 期。

50. 戚挚:《论机动车肇事损害赔偿责任主体的确定》,载《法律适用》2004 年第 8 期。

51. 杜甲华、孙祥和:《交通事故中多人侵权责任的法理分析——兼评“不幸总是落在被击中者的头上”》,载《法学》2004 年第 1 期。

52. 吴行政:《交通事故责任与保险赔偿责任辨析》,载《人民司法》2009 年第 10 期。

53. 徐猛:《交通事故损害赔偿的归责原则探讨——兼评〈中华人民共和国道路交通安全法〉第七十六条》,载《中国人民公安大学学报(社会科学版)》2006 年第 3 期。

54. [韩]高翔龙:《韩国的机动车事故发生现状和损害赔偿责任——以机动车损害赔偿保障法第三条为中心》,朴爱圣译,载《金陵法律评论》2009 年第 2 期。

55. 孙公幸、邢乐勤:《过失相抵在道路交通事故损害赔偿中的运用》,载《法律适用(国家法官学院学报)》2002 年第 5 期。

56. 陈吉生:《道路交通事故损害赔偿案件中若干法律问题探析》,载《人民司法》2005 年第 1 期。

57. 李洪祥、潘标标:《〈侵权责任法(草案)〉第四十八条规定之检讨及立法建议》,载《法学杂志》2009年第11期。

58. 宁乐然:《〈道路交通安全法〉中“交通事故”定义评析》,载《法学论坛》2007年第5期。

59. 杨润凯:《我国道路交通事故概念的法律分析》,载《中国人民公安大学学报(社会科学版)》2010年第3期。

60. 于恩忠:《论道路交通事故损害赔偿归责原则》,载《政法论丛》2004年第2期。

61. 刘黎明、陈升华:《行人违章交通事故归责原则异议》,载《西南政法大学学报》2003年第6期。

62. 杨朝晖:《道路交通事故中车辆所有人责任问题研究》,载《河北法学》2002年第3期。

63. 马强:《道路交通事故责任问题研究》,载《法律适用(国家法官学院学报)》2002年第11期。

64. 陈明:《〈道路交通安全法〉第76条之运行实效分析》,载《广西政法管理干部学院学报》2007年第1期。

65. 孙玉红:《机动车保有人、保险人之交通事故赔偿责任性质解析》,载《河北学刊》2010年第1期。

66. 刘晓红:《机动车交通事故损害赔偿责任主体的认定基准研究》,载《当代法学》2003年第1期。

67. 李敏:《论机动车交通事故的侵权责任主体及其责任范围》,载《宁夏社会科学》2011年第4期。

68. 郑冲:《德国机动车民事责任之规定及其对我国立法的借鉴》,载《法学杂志》2007年第1期。

69. 麻昌华:《〈侵权责任法〉的解释论与立法论》,载《法商研究》2010年第6期。

70. 管满泉:《〈道路交通安全法〉主要内容解读及相关问题思考》,载《上海公安高等专科学校学报》2004 年第 1 期。

71. 王克先:《对〈道路交通安全法〉第七十六条的质疑》,载《湖北经济学院学报(人文社会科学版)》2005 年第 1 期。

72. 吴晓萍:《对新道路交通安全法第 76 条的补救建议》,载《上海政法学院学报》2005 年第 5 期。

73. 于敏:《海峡两岸强制汽车责任保险法律制度比较研究——从国际趋势和受害人保护看两岸措施统合之必要》,载《中国法学》2007 年第 5 期。

74. 冉克平:《机动车致人损害赔偿法律问题研究——兼评〈道路交通安全法〉第 76 条之规定》,载《山东大学法律评论》2006 年第 00 期。

75. 谢薇、韩文:《对〈侵权责任法〉上机动车交通事故责任主体的解读——以与〈道路交通安全法〉第 76 条责任主体的对接为中心》,载《法学评论》2010 年第 6 期。

76. 陈忠五:《法国交通事故损害赔偿法的发展趋势——以 1985 年 7 月 5 日法律的改革为中心》,载《台湾大学法学论丛》2005 年第 1 期。

77. 陈忠五:《法国交通事故损害赔偿法的适用范围》,载《台湾大学法学论丛》2006 年第 3 期。

78. 陈忠五:《新世纪法国侵权责任法的挑战——以交通事故损害赔偿责任的发展为例》,载《台湾大学法学论丛》2006 年第 2 期。

79. 陈忠五:《论法国交通事故损害赔偿责任的成立要件——损害、牵连关系与归责关系之研究》,载《政大法学评论》2007 年第

97 期。

80. 陈忠五:《法国侵权责任法上损害之概念》,载《台湾大学法学论丛》2001 年第 4 期。

81. 汪信君:《论动力车辆事故之侵权行为责任、责任保险与无过失补偿:以经济抑制理论为基础》,载《台湾大学法学论丛》2010 年第 1 期。

82. 王泽鉴:《损害赔偿法之目的:损害赔偿、损害预防、惩罚制裁》,载《月旦法学杂志》2005 年第 123 期。

83. 王泽鉴:《动力车辆驾驶人责任与强制汽车责任保险制度》,载《台湾本土法学》2005 年第 73 期。

84. 黄茂荣:《强制汽车责任保险与责任竞合》,载《植根杂志》2003 年第 2 期。

85. 林建智:《强制汽车责任保险之修正建议——论汽车交通事故之界定》,载《月旦法学杂志》2001 年第 11 期。

86. 施文森:《论醉酒驾车之责任及其由保险转嫁之可行性》,载《月旦法学杂志》2009 年第 172 期。

87. 张英磊:《论汽车交通事故成本之分配——以侵权行为、全民健康保险与强制汽车责任保险为中心》,载《月旦法学杂志》2002 年第 7 期。

88. 叶启洲:《从审判实务检讨现行强制汽车保险机制之难题:以保险汽车与未保险汽车共生事故为例》,载《成大法学》2005 年第 9 期。

89. [美]约翰 · C. P. 格尔德波格:《20 世纪侵权行为法理论》,杨燕、云建芳译,载《私法》2005 年第 1 期。

90. [美]斯蒂芬 · D. 舒格曼:《通过损害赔偿金规则的变革进

行侵权法的改革——以美国为视角》，高建学、王婧译，载沈四宝、王军主编：《国际商法论丛》（第11卷），法律出版社2013年版。

91. [美]罗伯特·L. 拉宾：《以史为鉴：20世纪人身伤害法的五大里程碑对侵权法未来的启示》，高建学、周兆玉译，载沈四宝、王军主编：《国际商法论丛》（第10卷），法律出版社2010年版。

92. [美]斯蒂芬·D. 舒格曼：《20世纪美国人身伤害法的演变》，高建学、张颖琨译，载《国际商法论丛》（第6卷），法律出版社2004年版。

93. [德]沃尔夫冈·多伊布勒：《德国损害赔偿法的改革》，朱岩译，载南京大学—哥廷根大学中德法学研究所编：《中德法学论坛》（2002年第1辑），南京大学出版社2003年版。

94. [德]格哈特·瓦格纳：《当代侵权法比较研究》，高圣平、熊丙万译，载《法学家》2010年第2期。

95. [奥]赫尔穆特·柯启尔：《论法典化对法的塑造力——以〈奥地利民法典〉、〈法国民法典〉和〈德国民法典〉中的损害赔偿法为例》，史梦宵、邸楠译，载邵建东、方小敏主编：《中德法学论坛》（第10辑），法律出版社2013年版。

96. 苏敏慧：《强制汽车责任保险之保障范围》，台湾中正大学1998年硕士学位论文。

97. 陈怡雯：《数辆汽车共生交通事故之保险理赔与责任分担》，台湾大学2001年硕士学位论文。

98. 游淑君：《两岸强制汽车责任保险法制重要问题比较研究》，台湾政治大学2008年硕士学位论文。

99. 谢宗颖：《论“强制汽车责任保险法”中保险人之免责范围》，台湾中兴大学1999年硕士学位论文。

100. 周萌翔:《"强制汽车责任保险法"基本架构与定位之研究》,台湾政治大学2006年硕士学位论文。

101. 许胜南:《论强制汽车责任保险保障范围之研究》,台湾铭传大学2010年硕士学位论文。

102. 施文森:《强制汽车保险之基本理论》,载《月旦民商法杂志》2006年第16期。

103. 陈欣、于涛:《道路交通事故中的责任保险的功能、现状与改革方向》,载《月旦民商法杂志》2010年第6期。

二、英文文献

1. Elisabeth M. Landes, *Compensation for Automobile Accident Injuries: Is the Tort System Fair?*, 11 J. Legal Stud. 253 (1982).

2. Jeffrey O'Connell & Charles Tenser, *North America's Most Ambitious No-Fault Law: Quebec's Auto Insurance Act*, 24 San Diego L. Rev. 917 (1987).

3. Richard A. Epstein, *A Clash of Two Cultures: Will the Tort System Survive Automobile Insurance Reform?*, 25 Val. U. L. Rev. 173 (1990 - 1991).

4. Jeffrey O'Connell, *No-Fault Auto Insurance: Back By Popular (Market) Demand?*, 26 San Diego L. Rev. 993 (1989).

5. Gary T. Schwartz, *Reality in the Economic Analysis of Tort Law: Does Tort Law Really Deter?*, 42 Ucla L. Rev. 377 (1994).

6. Craig Brown, *Deterrence in Tort and No-Fault: The New Zealand Experience*, 73 Cal. L. Rev. 976 (1985).

7. Stephen D. Sugarman, *Doing Away with Tort Law*, 73 Cal. L.

Rev. 555(1985).

8. Jeffrey O'Connell & Robert H. Joost, *Giving Motorists a Choice Between Fault and No-Fault Insurance*, 72 Va. L. Rev. 61(1986).

9. Trevor M. Gordon, *To Reform or Repudiate? An Argument on the Future of No-Fault Auto Insurance*, 17 Quinnipiac Health L. J. 63(2013 – 2014).

10. James T. Mellon & David A. Kowalski, *The Foundations and Enactment of Michigan Automobile No-Fault Insurance*, 87 U. Det. Mercy L. Rev. 653(2010).

11. Shaun Springer, *The Future of Michigan No-Fault Auto Insurance*, 87 U. Det. Mercy L. Rev. 731(2010).

12. Holly R. Blanchard, *Elimination of the Oswin V. Shaw Serious Life Impact Requirement: A Serious Impact on the Future of New Jersey's No-Fault Automobile Insurance*, 37 Seton Hall L. Rev. 281(2006).

13. Gary T. Schwartz, *Auto No-Fault and First-Party Insurance: Advantages and Problems*, 73 S. Cal. L. Rev. 611(2000).

14. Terry Tyrpin & Diana Lee, *An Analysis of the Minnesota Private Passenger Automobile No-Fault System*, 24 Wm. Mitchell L. Rev. 1019 (1998).

15. Claudia Maria Darmofal, *The Dismantling of Michigan's No-Fault Auto Insurance Law by House Bill* 4156, 71 U. Det. Mercy L. Rev. 597(1994).

16. Michael Flynn, *Deductibles and Florida No-Fault Automobile Insurance: "We Regret to Inform You..."*, 18 Nova L. Rev. 625 (1993).

17. Jeffrey O'Connell, *A Draft Bill to Allow Choice Between No-*

Fault and Fault-Based Auto Insurance, 27 Harv. J. on Legis. 143 (1990).

18. Peter Cane, *Does No-Fault have a Future?*, J. P. I. L. (1994), Dec, 302 - 310.

19. Jeffrey O'Connell, Peter Kinzler & Dan Miller, *No-Fault Insurance at 40: Dusting Off an Old Idea to Help Consumers Save Money in an Age of Austerity.*

20. James K. Hammitt & John E. Rolph, *Limiting Liability for Automobile Accidents: Are No-Fault Tort Thresholds Effective?* The Institute for Civil Justice, N - 2418 - ICJ(1985).

21. James M. Anderson, Paul Heaton & Stephen J. Carroll, *The U. S. Experience with No-Fault Automobile Insurance.*

22. David Perlow, *It's Time for a Ture Up: Torquing Michigan's "Faulty" Automobile-Insurance System*, 24 T. M. Cooley L. Rev. 281 (2007).

23. Roumiana Velikova, *Theorizing the Automobile No-Fault Tort Threshold*, 42 Tort Trial & Ins. Prac. L. J. 1043(2007).

24. Guido Calabresi, Jon T. *Hirschoff*, *Toward a Test For Strict Liability in Torts*, 81 Yale L. J. 1055(1972) .

25. Hon. Jack Davies, *No-Fault Automobile Insurance Law Consumer Choice in the Minnesota Auto Insurance Market: A No-Fault History*, 24 Wm. Mitchell L. Rev. 839(1998).

26. Olivier Moreteau, *French Tort Law in the Light of European Harmonization*, 6 J. Civ. L. Stud. 759 (2013).

27. Adrienne Cohen Rogove, *No-Fault Insurance—The New Jersey Automobile Insurance Freedom of Choice and Cost Containment*, 7 Seton

Hall Legis. J. 219 (1983 – 1984).

28. Izhak Englard, *Reform of the Automobile Accident Compensation System*, 9 Isr. L. Rev. 234 (1974).

29. Lori A. Dvorak, *No-Fault Automobile Insurance Law: Speaking Out on New Jersey's Verbal Threshold*, 16 Seton Hall Legis. J. 716 (1992).

30. D. S. Greer, *No-Fault Compensation for Personal Injuries Arising from Road Accidents: Developments in the United States*, 21 Anglo-Am. L. Rev. 221 (1992).

31. Megan K. Gajewski, *Automobile Insurance Reform in New Jersey: Could a Pure No-Fault System Provide a Final Solution?*, 25 Seton Hall L. Rev. 1219 (1994 – 1995).

32. André Tunc, *The French Law of Traffic Victims Compensation: The Present and the Possible*, 31 Am. J. Comp. L. 489 (1983).

33. Charles Manga Fombad, *Compensation of Victims of Motorvehicle Accidents in Botswana: An Appraisal of the Mva fund Act Scheme*, 43 J. Afr. L. 151 (1999).

34. Jörg Fedtke, *Strict Liability for Car Drivers in Accidents Involving "Bicycle Guerrillas"? Some Comments on the Proposed Fifth Motor Directive of the European Commission*, 51 Am. J. Comp. L. 941 (2003).

35. Caroline van Schoubroeck, *Traffic Accident Compensation in Belgium: An Example for Europe?*, 10 Maastricht J. Eur. & Comp. L. 199(2003).

36. Jan Hellner, *Social Insurance and Tort Liability in Sweden*, 16 Scandinavian Stud. L. 187 (1972).

37. Bernhard Gomard, *Compensation for Automobile Accidents in the Nordic Countries*, 18 Am. J. Comp. L. 80 (1970).

38. Jan Hellner, *Modem Swedish Perspectives: The New Swedish Tort Liability Act*, 22 Am. J. Comp. L. 1 (1974).

39. Guido Calabresi, *Policy Goals of the "Swedish Alternative"*, 34 Am. J. Comp. L. 657 (1986).

40. Bertil Bengtsson, *Tort Liability and Insurance Practice*, 38 Scandinavian Stud. L. 281 (1999).

41. Erland Strömbäck, *Personal Injury Compensation in Sweden Today*, 38 Scandinavian Stud. L. 431 (1999).

42. Bo von Eyben, *Alternative Compensation Systems*, 41 Scandinavian Stud. L. 193 (2001).

43. Jan Hellner, *Compensation for Personal Injuries in Sweden—A Reconsidered View*, 41 Scandinavian Stud. L. 249 (2001).

44. Bill W. Dufwa, *Collectivization of Tort Law Satire, Elegy, Idyll and Realism*, 48 Scandinavian Stud. L. 51 (2005).

45. David Kretzmer, *No-Fault Comes to Israel the Compensation for Victims of Road Accidents Law*, 11 Isr. L. Rev. 288 (1976).

46. Walter J. Blum & Harry Kalven, *Public Law Perspectives on a Private Law Problem—Auto Compensation Plans*, 31 U. Chi. L. Rev. 641 (1963 - 1964).

47. Arthur A. Ballantine, *Compensation for Automobile Accidents: A Symposium*, 32 Colum. L. Rev. 785 (1932).

48. Roger C. Henderson, *No-Fault Insurance for Automobile Accidents: Status and Effect in the United States*, 56 Or. L. Rev. 287 (1977).

49. Gary T. Schwartz, *The Ethics and The Economics of Tort Liability Insurance*,75 Cornell L. Rev. 312 (1989 - 1990).

50. David S. Loughran, *The Effect of No-Fault Automobile Insurance on Driver Behavior and Automoblic Accidents in the United States.*

51. Paul Heaton, Eric Helland, *No-Fault Insurance and Automobile Accidents*, WR - 551 - ICJ, October (2008).

52. John C. P. Goldberg, *Twentieth-Century Tort Theory*, 91 Geo. L. J. 513(2003).

53. Gary T. Schwartz, *Contributory and Comparative Negligence*: A Reappraisal, 87 Yale L. J. 697 (1978).

54. Robert E. Keeton & Jeffrey O'Connell, *Basic Protection—A Proposal for Improving Automobile Claims Systems*, 78 Harv. L. Rev. 329(1964).

55. Kenneth S. Abraham, *Liability Insurance and Accident Prevention: The Evolution of An Idea*, 64 Md. L. Rev. 573(2005).

56. Guido Calabresi, *Optimal Deterrence and Accidents*, 84 Yale L. J. 656(1975).

57. Rep. Bruce & F. Vento, *No-Fault Automobile Insurance Law Consumer Choice in the Minnesota Auto Insurance Market*, 24 Wm. Mitchell L. Rev. 849(1998).

58. Vadim Mantro, *A Victim of a Road Traffic Accident not Fastened by a Seat Belt and Contributory Negligence in the EU Motor Insurance Law*, 2014 Eur. J. Risk Reg. 115 (2014).

59. Julie M. Straughan, *Developments in European Road Traffic Law*, 2007 Int'l Travel L. J. 24(2007).

60. André Tunc, *Traffic Accident Compensation in France: The Present Law and A Controversial Proposal*, 79 Harv. L. Rev. 1409 (1965).

61. André Tunc, *Loi Badinter-On Traffic Accidents and Beyond*, 67 Tul. Civ. L. F. 27(1991).

62. B. A. Koch & H. koziol, *Unification of Tort Law: Strict liability*, Kluwer Law international(2002).

63. Josephine Y. King, *No Foult antomobile accident law* , Wilery Law publication(1987).

64. Stephen J. Carrol & James S. Kakalik, *No-Fault Approaches to compensating Anto Accident Victims*, U. S. : Rand(1993).

65. Martin Hannibal & Stephen Hardy, *Road traffic law*, London: Cavendish Pubishing Ltd. (2001).

66. Mark A. Geistfeld, *A Roadmap for Autonomous Vehicles: State Tort Liability, Automobile Insurance, and Federal Safety Regulation*, 105 Calif. L. Rev. 1611 (2017).

67. Hanna Rzeczycka & Mitja Kovac, *Autonomous Self-Driving Vehicles—The Advent of a New Legal Era?*, 10 King's Student L. Rev. 30 (2019).

68. Alfred R. Cowger Jr. , *Liability Considerations When Autonomous Vehicles Choose the Accident Victim*, 19 J. High Tech. L. 1 (2018).

69. Gary Marchant & Rida Bazzi, *Autonomous Vehicles and Liability: What Will Juries Do*, 26 B. U. J. Sci. & Tech. L. 67 (2020).

70. Joshua Borneman, *Let's Get This Show on the Road: Driverless Cars Have Arrived and It's Time to Advance the Regulatory Framework*,

28 Cath. U. J. L. & Tech. 51 (2019).

71. Ryan M. Mardini, *The Quantification of Remedying Change: How the Proliferation of Autonomous Vehicles Will Transform Michigan's Insurance Regime*, 35 W. Mich. U. Cooley L. Rev. 193 (2019).

72. Mason Baranczyk, *Driving the Future: Antiquated Treaties, Unintended Effects, and Inconsistent Implementation of Autonomous Vehicle Law*, 37 Wis. Int'l L. J. 110 (2019).

73. Francesco Paolo Patti, *The European Road to Autonomous Vehicles*, 43 Fordham Int'l L. J. 125 (2019).

74. Robert W. Peterson, *New Technology—Old Law: Autonomous Vehicles and California's Insurance Framework*, 52 Santa Clara L. Rev. 1341 (2012).

75. Nora Freeman Engstrom, *When Cars Crash: The Automobile's Tort Law Legacy*, 53 Wake Forest L. Rev. 293 (2018).

76. Mark A. Geistfeld, *The Regulatory Sweet Spot for Autonomous Vehicles*, 53 Wake Forest L. Rev. 337 (2018).

77. Matthew Blunt, *Highway to a Headache: Is Tort-Based Automotive Insurance on a Collision Course with Autonomous Vehicles*, 53 Willamette L. Rev. 107 (2017).

78. Jacob B. Jensen, *Self-Driving but Not Self-Regulating: The Development of a Legal Framework to Promote the Safety of Autonomous Vehicles*, 57 Washburn L. J. 579 (2018).

79. Leesa Guarnotta, *Death of the DUI: Should Autonomous Vehicles Be Considered Synonymous to Designated Drivers under Georgia Law*, 70 Mercer L. Rev. 1113 (2019).

80. Gabrielle Ball & En Garde, *A Civil Law Approach to*

Autonomous Vehicle Liability under Louisiana Law, 94 Tul. L. Rev. 155 (2019).

81. Andrew M. Brown, *Blame It on the Machines: How Autonomous Vehicles Will Impact Allocation of Liability Insurance and the Resulting Impact on the Legal Community*, 95 N. C. L. Rev. Addendum 29 (2016 - 2017).

82. Carrie Schroll, *Splitting the Bill: Creating a National Car Insurance Fund to Pay for Accidents in Autonomous Vehicles*, 109 NW. U. L. Rev. 803 (2015).

83. Michael Chatzipanagiotis & George Leloudas, *Automated Vehicles and Third-Party Liability: A European Perspective*, 2020 U. Ill. J. L. Tech. & Pol'y 109 (2020).

西南财经大学法学院 **光华法学文丛**

- 契约正义论　胡启忠　著
- 刑法科学主义初论　文海林　著
- 经济宪法学导论
  ——转型中国经济权与权力之博弈　吴　越　著
- 中国农民工非正式的利益抗争
  ——基于讨薪现象的法社会学分析　王伦刚　著
- 公司经理权问题研究　杜　军　著
- 论保险代位权制度的建构
  ——以权利法定代位的制度选择为中心　黄丽娟　著
- 我国民间金融规范化的法律规制　高晋康 唐清利 等　著
- 修正金融刑法适用研究：
  立法·理论·实务　胡启忠　石　奎 等　著
- 银行监管权边界问题研究　熊　伟　著
- 金融控股公司内部治理机制研究　梁远航　著
- 城市住宅区业主自治运行实效研究
  ——基于个体决策的视角　陈　丹　著
- 遵从·背离·弥合
  ——我国中央与地方财政关系的重构　马骁　唐清利 等　著
- 中国农民专业合作社运行的民间规则研究
  ——基于四川省的法律社会学调查　王伦刚　著
- 公私权模糊领域的合作治理研究　唐清利　著
- 民法法典化的历史追究：
  侧重于民族统一与复兴的视角展开　吴治繁　著
- 疑罪新论　金　钟　著
- 中国相互制保险公司治理的法律规制
  ——基于公司治理主体权利视角　方国春　著
- 民间金融协同规制论　林越坚　著
- 执法经济学：以转型时期的中国法治为研究对象　戴治勇　著
- 公私权模糊领域的合作治理研究　唐清利　著

西南财经大学法学院 **光华法学文丛**

- 土地利用制度变化下的乡村社会治理法律机制研究　何 真 等 著
- 我国地方政府间竞争失范法律治理机制研究　刘弘阳 著
- 法人代表权限制的效力规则研究——基于案例统计和两大法系的比较法研究　吴 越 等 著
- 非法集资刑法应对的理论与实践研究　胡启忠 等 著
- 我国食品安全治理的信任机制研究　马力路遥 著
- 民法埋藏物发现制度研究　赖虹宇 著
- 预防与纠错：刑事司法的理念　熊谋林 著
- 食品安全治理中的自律失范研究——基于近十年我国重大食品安全事件实证分析　鲁 篱 等 著
- 机动车强制保险赔偿制度研究——兼论智能机动车强制保险的变革与展望　印 通 著